김준혁 교수가 들려주는
변방의 역사 1
낮의 히히히스토리

2022년 1월 20일 초판 1쇄 찍음
2022년 1월 25일 초판 1쇄 펴냄

지은이　김준혁
펴낸이　이상
펴낸곳　가갸날
주소　　경기도 고양시 일산동구 강선로 49 BYC 402호
전화　　070.8806.4062
팩스　　0303.3443.4062
이메일　gagyapub@naver.com
블로그　blog.naver.com/gagyapub
페이지　www.facebook.com/gagyapub
디자인　노성일

ISBN　979-11-87949-85-5 (04910)
　　　　979-11-87949-84-8 (04910) (세트)

이 도서는 한국출판문화산업진흥원의 '2021년 출판콘텐츠 창작 지원 사업'의 일환으로
국민체육진흥기금을 지원받아 제작되었습니다.

김준혁 교수가 들려주는
변방의 역사

1

낮의 히히히스토리

가갸날

저자의 말

역사가 어렵다고 이야기한다. 어떤 이들은 역사를 고리타분하다고 폄훼하기도 한다. 그러나 역사는 너무도 재미있고 우리의 삶을 나아지게 하기도 한다.

조선시대 국왕의 제왕학 교육의 80%는 역사교육이다. 중국의 역사에서부터 우리의 역사에 이르기까지 역사교육은 동서고금을 막론하고 국가 지도자 교육의 필수였다.

우리가 잘 알고 있는 말 중에서 단재 신채호 선생님의 "역사를 잊은 민족은 미래가 없다"는 말이 있듯이 역사는 미래를 예언하는 학문이기도 하다. 역사 공부를 하면서 느낀 것은 사람들의 삶과 사회의 운영은 거의 비슷하다는 것이다. 도구의 발달로 인하여 문명의 편리가 시대에 따라 다를 뿐 인간의 희로애락과 권력과 금력에 대한 의지는 과거나 현재나 하나도 다르지 않다. 역사 속의 인간의 모습과 지금 우리의 모습은 거의 같다고 할 수 있다. 그렇기 때문에 현재를 넘어 미래의 새로운 사회를 만들기 위해서는 역사를 공부하고 그것을 토대로 설계하면 된다. 이처럼 역사는 우리에게 교훈만이 아니라 실제의 삶을 나아지게 만드는 매우 중요한 학문이다. 그래서 나는 역사를 실학이라고 생각한다.

이러한 역사를 많은 이들이 편안하게 공부하고 이해하는 것은 역사를 연구하는 것만큼 중요한 일이다. 이른바 역사의 대중화이다. 지금은 역사의 대중화가 너무도 당연한 것으로 인식되고 있다. 그러나 근 20여 년 전만 하다라도 역사를 대중화하자는 역사학자들이 매도되기도 하였다. 연구자가 연구실 안에서 연구만 하면 되지 사람들 앞에 나가 오락 프로그램 운영하듯 떠드냐는 비아냥이 있었다. 역사학자들의 연구 중에는 매우 의미있는 성과도 있지만, 같은 연구자들조차 이해하기 힘든 논문도 적지 않다. 연구실 안에서 연구만 해야지 대중들이 이해하기 쉽고 간결하게 설명하는 것은 올바르지 않은 것인가?

나는 절대 그렇지 않다고 생각한다. 수많은 이들의 지적 호기심을 채워주고 그들이 자신의 미래를 설계하도록 도움되는 일을 하는 것이 역사학자의 중요한 과제라고 생각하기 때문이다.

시대가 많이 바뀌어 텔레비전과 라디오에서도 역사를 교육하는 방송 콘텐츠가 엄청나게 늘었다. KBS의 '역사스페셜'에서부터 '역사저널 그날'에 이르기까지 공영방송은 역사 교육을 기반으로 하는 매우 흥미로운 프로그램을 만들었다. 지금은 종편에서도 '벌거벗은 세계사' 등 한국사의 영역을 넘어 세계사까지 프로그램이 만들어지고 있다. 이러한 이유는 무엇 때문일까? 그것은 간단하다. 바로 역사를 공부하고 싶은 국민들의 욕구가 넘치기 때문이다. 수요와 공급의 논리를 방송사에서 적극 활용하는 것이다. 그렇게 치자면 역사는 실용의 학문, 즉 실학으로 볼 수 있다. 나 역시 KBS의 '역사스페셜'에 다수 출연하고 JTBC의 '차이나는 클라스'에 2회 출연하면서 한국 사회에서 가장 인지도 높은 역사학자로 이름을 알리게 되었다. 이 역시 역사를 원하는 대중들 때문인 것이다.

20세기의 마지막 시기에 새롭게 등장한 방송 형식이 유튜브다. 유튜브에서 모든 것을 배우고 유튜브를 통해 엄청난 돈을 벌기도 한다. 유튜브에서 무엇인가를 만들어내는 이들을 크리에이터라고 하고, 이들은 2030 세대들에게 선망의 대상이 되고 있다.

유튜브에는 너무도 많은 분야의 방송이 있는데 그중 가장 선호되는 분야가 정치와 역사이다. 우리나라 사람은 정치평론가 아닌 사람이 없을 정도라고 한다. 지역감정과 계층갈등에 더해 진보와 보수로 크게 나뉘어 있어서 정치 분야에 대한 유튜브 방송이 넘쳐난다. 역사를 대중화하는 유튜브 방송도 엄청나다. 강남의 유명학원 강사들이 학원을 박차고 나와 독자적으로 연구소를 만들고 수능 유튜브를 만들어 엄청난 인기와 부를 누리고 있기도 하다. 아직 대학 교수들이 독자적인 유튜브를 하고 있지는 않지만 지금은 역사 유튜브의 전성시대라고 해도 과언이 아니다.

나는 정치와 역사를 동시에 담은 유튜브를 하고 싶었다. 역사를 통해 오늘의 정치현실을 이야기하고 싶었다. 지금의 정치와 과거 우리 역사 속의 정치를 비교하고, 지금의 잘못된 악인들을 과거의 악인들과 대비하여 이야기하고 싶었다. 온갖 권력을 누리는 악인들을 반드시 하늘이 응징할 것이라는 희망을 국민들에게 주고 싶었다. 정의가 살아 있다는 것을 알아야 새로운 사회를 만드는 데 주저하지 않고 참여할 수 있다고 생각하기 때문이다.

이런 고민을 하다 보니 자연스럽게 동지들을 만나게 되었다. 그 대표적인 동지가 바로 김용민 PD였다. 김용민 PD는 '나는 꼼수다'로 유명한 분이다. 김어준, 주진우, 정봉주라는 기라성 같은 인물들을 배치하여 이명박과 싸운 '나는 꼼수다'를 기획한 PD이니 그는 천재라고 할 수 있다.

그와의 인연은 독특하다. 국민들의 자본으로 만든 국민라디오에 책을 소개하는 프로그램이 있었는데, 거기에 내가 고정으로 출연하고 있었다. 그때 김용민 PD를 처음 만났다. 김PD가 나의 방송을 듣고 내 팬이 되었다고 했다. 영광이었다. 이 엄청난 사람이 나의 팬이라니!

그 뒤 그와 깊은 인연을 맺으며 오늘까지 이어지고 있다. 그 과정에서 유튜브 전 단계인 팟캐스트를 같이 방송하기도 했다. 나는 전철 안에서도 거리에서도 그의 전화를 받고 역사의 눈을 통해 현재의 문제를 이야기해주었다. 팟캐스트에서 100만 명을 넘기기는 여간 어려운 일이 아닌데, 내가 한 방송 중에 그런 일이 일어났다. 김용민 PD가 감격해서 전화를 준 것이 지금도 기억에 생생하다.

그후 김PD는 김용민TV를 만들면서 내게 제안을 했다. 팟캐스트에서 방송하던 것을 유튜브에서 흥미롭게 해보자는 것이었다. 그러면서 제목을 이야기했다. 바로 '히히히스토리'였다. 즐겁게 웃는 '히히히'와 역사를 말하는 '히스토리'를 합친 것이다.

포복절도하듯 웃으면서 강력한 철퇴로 악의 무리들을 내려치는 방송, 뒤로 쓰러지며 웃다가도 눈물 흘리며 감동 받는 역사 방송을 만들자는 의도였다. 나는 그의 제안을 아무 조건 없이 받아들였다. 그러고는 2년여 기간 동안 매주 서울로 올라가 방송을 하였다.

처음에는 한국 진보계의 여신이라 불리게 된 박지희 아나운서와 함께 방송을 진행하고, 나중에는 대중들의 엄청난 사랑을 받는 오윤혜 방송인과 같이 진행하였다. 두 사람 모두 인간을 사랑하는 따뜻한 마음을 지닌 분들이다. 이 자리를 빌어 김용민 PD와 박지희, 오윤혜 세 분께 진심으로 감사의 말씀을 전한다.

방송에서 들려준 이야기들은 거의가 정사正史에 기록된 것들이다. 제대로 밝혀지지 않은 부분을 자세히 찾아내어 이야기하느라 숨은 이야기처럼 되어 버렸다. 나의 말솜씨 때문에 재미있어 하면서도 한편으로는 야사野史로 생각하는 이들도 많았다. 그러나 분명히 이야기하건데 나는 기록에 없는 이야기는 일체 하지 않는다. 그러니 야사처럼 들렸더라도 단연코 정확한 그 시대의 역사이고, 그에 대한 나의 역사 해석이다.

역사를 대중화하여 우리나라의 민주주의 발전에 기여하고 정의가 다시 자리잡게 하겠다는 나의 마음은 늘 한결같다. 나의 이 한결같은 마음이 방송을 통해, 그리고 다시 이 책을 통해 보여질 것이다. 조선시대의 노론에서 시작한 권력이 일제강점기에 친일파로, 해방 이후 다시 친미파로 변하면서 지금까지 이어지고 있는 그 비극의 역사를 청산하고, 이제 진짜 민초들이 권력을 갖고 그들의 창의와 지혜 그리고 정의로 운영되는 나라가 되어야 한다는 것이 나의 한결같은 소망이다.

이 책이 그런 나라를 만드는 데 얼마나 도움이 될지 알 수는 없다. 하지만 정말 많은 국민들이 이 책을 읽고 단순히 흥미로운 역사의 뒷이야기가 아니라 그 뒷이야기 속에 숨어 있는 진실, 세상을 바꾸고자 하는 민초들의 열망을 함께 느끼기를 바란다. 그러면 우리는 한 발 한 발 앞으로 나가 세상을 바꿀 것이다.

임인년이 시작되는 첫달! 호시우행虎視牛行! 즉, 호랑이의 눈으로 소처럼 걸어가면 우리는 반드시 새로운 시대를 만들어 낼 것이다.

신영복 교수님의 말씀처럼 역사의 승리는 변방이 중심으로 들어가는 것이다. 우리 역사의 뒷담화가 변방이라면 이 변방의 역사가 중심으로 들어가 혁명의 시대를 만들어 낼 수 있을 것이다.

2022년 새해 첫달
수원 일보헌一步軒에서 김준혁

차례

망국의 날에
죽는 선비 하나
없어서야

다음주면 삼일운동 100주년이에요. 문화재청에서 서대문형무소를 전시관으로 만들어놓지 않았습니까? 거기서 독립운동가 유품전을 개최하고 있어요. 그 중에서 제가 가장 관심 있게 본 것은 매천 황현 선생 관련 전시예요. 황현 선생이 쓴 《매천야록》과 〈절명시〉 원본을 전시하고 있어요. 매천 황현 선생님이 자결을 하셨거든요. 1910년의 경술국치로 나라가 완전히 일본에 넘어가게 되자 선생은 〈절명시〉를 쓰고 나서 자결했어요. 〈절명시〉를 한번 읽어보죠.

어지러운 세상에 떠밀려 백발의 나이에 이르도록　　亂離滾到白頭年
몇 번이나 목숨을 끊으려다가 이루지 못했네　　幾合捐生却未然

이제는 더 이상 어쩔 수가 없으니   今日眞成無可奈

바람 앞 가물거리는 촛불 푸른 하늘 비추누나   輝輝風燭照蒼天

새 짐승 슬피 울고 바다와 산도 시름거리니   鳥獸哀鳴海岳嚬

무궁화 세상은 다 망하고 말았네   槿花世界已沈淪

가을 등불 아래 책 덮고 역사를 돌이켜보니   秋燈掩卷懷千古

글 아는 사람 구실 어렵기만 하구나   難作人間識字人

-매천 황현, 〈절명시〉 1, 3연

지식인의 고뇌와 회한이 느껴지죠? 당시에 어떤 일들이 있었는지 이야기를 하고 싶어요. 지금도 국민을 위한 이야기가 아니라 철저히 일본을 위한 이야기만 하는 정치인들이 많이 있어요. 냉정하게 말해 이 사람들은 과거 친일파들의 후예거든요.

과거시험에 1등하고도 낙방한 황현

황현은 전라도 사람이에요. 아버지의 원래 고향은 광양인데, 나중에 구례로 옮겨 살았죠. 완전한 몰락 양반이었어요. 거기서 천재가 하나 태어난 거죠. 아들이 원체 똑똑하니까 서울로 올려 보내요. 아버지가 온갖 고생 끝에 돈을 좀 모았거든요. 한양에 특별한 연줄은 없지만, 아들이 명망가들하고도 어울리고 입신출세하기를 바랐

김규진이 찍은 매천 황현의 사진.

던 거죠. 아버지의 바람은 황현이 과거시험에 합격해 관리가 되는 거였어요.

황현이 한양에 올라와 만난 사람이 이건창, 신기성 같은 사람이 었어요. 이건창은 당대의 지식인이자 문장가였어요. 조선시대의 당파와 관련된 내용을 총정리한 《당의통략》黨議通略이라는 책을 지은 사람이죠. 지금도 사색당파 같은 조선시대의 당쟁을 연구하기 위해서는 이 책을 보아야 돼요. 신기선하고도 어울렸는데 신기선은 단재 신채호의 먼 친척이었어요. 단재 선생을 키운 사람이죠.

강위라든가 《한사경》을 저술한 김택영 같은 사람과도 가까이 지냈어요. 주로 양명학을 공부한 사람들과 어울렸는데, 양명학은 지행합일知行合一을 강조하는 학문이었죠. 이들 문사들과 어울리고 함께 세상의 개혁을 논하면서 많은 이야기를 듣게 되었어요. 자신의 눈으로 직접 본 것도 있고요. 이처럼 자신이 보고 들은 이야기를 편년체 역사서 형태로 저술한 것이 《매천야록》梅泉野錄이에요.

1883년에 과거시험이 있었거든요. 널리 인재를 구하겠다는 보거과保擧科라는 시험이었죠. 황현은 시험에서 1등을 하고도 낙방하고 말았어요. 연줄이 없었기 때문이지요. 황현은 이 나라는 "귀신들이 사는 망국의 세상"이라는 말을 남기고 미련 없이 고향으로 내려갔어요.

김구 선생이 쓴 《백범일지》에도 과거시험 이야기가 등장해요. 백범이 과거시험을 보러 간 거예요. 거기에는 김구가 본 것과 들은 여러 가지 시험 부정이며 매관매직에 관한 이야기가 등장해요. 타락할 대로 타락했던 거예요. 사실 조선시대에도 시험부정은 있었어요. 부정이 심하게 벌어져 큰 옥사가 벌어지기도 했어요. 시험관이 자기 당파의 사람을 부정하게 선발한다든지, 거벽巨擘이라고 해서 과거시험을 대신 봐주는 사람까지 있었어요. 시험장 밖에서 답안지를 작성해 들여오기도 했지요.

낙향한 황현은 그 시대의 대표적인 재야인사였지요. 고향에 내려 온 황현은 친분이 있는 문사들과 교유를 계속하면서 학문 연구와 저술 활동에 힘을 쏟았어요. 그의 대표적인 저서는 《매천야록》

과《오하기문》이에요. 갑오농민전쟁, 갑오경장, 청일전쟁 같은 큰
사건이 잇달아 발생하자 황현은 나라가 큰 위기에 봉착했다고 느
꼈죠. 그는 어지러운 세상을 살면서 자기가 보고 들은 것을 후손들
에게 전해 주어야 한다는 절박감을 갖고 책을 썼어요.

황현은 지리산 골짜기에 살면서도 세상과 연결되는 끈을 가지려
했어요. 그가 중요하게 생각한 것은 신문 구독이었어요. 신문을 통
해 세상이 돌아가는 동향을 알려 했던 거지요. 아버지가 모아놓은
돈이 좀 있었기 때문에 그게 가능했어요.《한성순보》같은 신문을
우편으로 받아 봤지요. 당시는 교통 사정도 우편 제도도 발달하지
않았기 때문에 발행된 지 여러 날이 지나서야 신문이 도착했지만,
그래도 세상이 돌아가는 걸 어느 정도는 알 수 있었지요.

나의 죽음을 슬퍼하지 말라

1905년 11월에 을사늑약이 체결되자 황현은 통분을 금하지 못
했어요. 국권회복운동에 투신하기 위해 중국에 망명할 결심을 하
기도 했지요. 하지만 실패하고 말았죠. 이때 황현의 가까운 벗 김택
영은 중국으로 건너갔어요. 김택영은 황현이《매천야록》의 초고를
검토해달라고 부탁할 만큼 가까운 사이였지요. 민영환, 조병세 같
은 애국지사들은 을사늑약의 체결에 목숨을 던져 항거하지 않았습
니까? 황현은 추모시를 지어 그들의 혼을 애도했어요. 일제와 한통

속이 되어 놀아나는 친일파를 조롱하는 시를 짓기도 했지요.

그는 나라가 망해가고 있다는 것을 몸으로 느낄 수 있었어요. 매일같이 신문을 예의 주시했지요. 그러던 어느 날 일제에 나라를 송두리째 빼앗긴 걸 알게 됐어요. 경술국치일이 1910년 8월 29일이지 않습니까? 신문에는 8월 30일에 처음 보도되었어요. 황현은 가슴이 아프고 목이 막히는 며칠을 보냈어요. 다음에 배달되어 온 신문을 아무리 훑어봐도 나라를 빼앗긴 것에 분노해 자살한 관료나 선비가 없는 거예요. 나라를 운영하는 책임을 진 고위관료라면 마땅히 그 책임을 져야 할 것 아니겠어요? 황현은 절망했어요. 더 지켜봐도 마찬가지였어요. 그래서 결심을 하죠. 자신이라도 죽는 것이 도리라고 생각한 거예요. 나라를 빼앗겼는데 아무도 죽지 않는다면 이는 나라를 되찾을 힘이 없는 것이나 진배없다고 생각한 거였죠.

죽기로 결심을 한 황현은 음력 8월 3일 밤에 마음을 가다듬고 〈절명시〉를 썼어요. 짧은 유서도 작성했죠. 그리고 조용히 앉아 아편을 탄 술을 마셨어요. 아주 진한 아편을 탄 건데, 하루쯤 지난 뒤에 온몸으로 퍼져서 죽게 되거든요. 그런데 황현이 음독했다는 사실을 동생이 알게 된 거예요. 놀란 동생이 여기저기 뛰어다니더니 어린아이 오줌과 생강즙을 들고 방안으로 뛰어들어왔어요. 민간에서 아편 해독제로 쓰는 거였어요. 동생이 빨리 마시라고 아무리 강권해도 황현은 듣지 않았죠. "내가 이 아편을 입에 댔다가 뗀 것이 무려 세 차례다"라며 어렵게 내린 결단인 만큼 말리지 말 것을 부탁하고, 마침내 세상을 떴지요.

황현이 남긴 유서에는 그가 세상에 전하고 싶었던 말이 담겨 있어요.

"내가 조정을 위해 죽어야 할 의리는 없다. 하지만 나라가 선비를 기른 지 5백 년인데, 망국의 날을 맞아 죽는 선비 한 명 없다면 이 얼마나 통탄할 일인가? 위로 하늘에서 받은 양심을 저버릴 수 없고, 아래로는 평생 읽은 책의 교훈을 저버릴 수 없다. 길이 잠들려 하니 통쾌할 뿐이다. 나의 죽음을 지나치게 슬퍼하지 말라."

친일파 이홍경: 불륜도 친일의 도구였다

황현처럼 망해가는 나라를 위해 목숨을 바치는 사람이 있는가 하면 일본에 나라를 팔아먹는 데 앞장서거나 일본에 붙어 자기 이익을 챙기는 데 골몰하는 사람도 있었죠. 《매천야록》을 보면 굉장히 충격적인 친일파들의 이야기가 등장해요. 그 가운데 이홍경이라는 여자가 있어요. 신여성인데, 을사오적의 하나인 이지용의 부인이었어요. 영어도 잘하고 일본어도 굉장히 잘했죠. 이 여자가 원래 성이 홍씨이거든요. 그런데 서양 물을 좀 먹고 일본 물도 먹었잖아요. 그래서 일본 사람들처럼 성을 두 자로 바꾼 거예요. 일본 사람들의 성씨는 대부분 두 글자 아닙니까? 풍신수길豊臣秀吉의 '풍신'豊臣, 이등박문伊藤博文의 '이등'伊藤이 성이니까요. 그래서 이 여자가 자기 성 '홍'자에다 남편 성 '이'자를 합해서 '이홍'이라는 성을 만든 거예요. 이름 '경'卿은 '정승급 벼슬'을 의미하는 글자를 갖다 붙인 거죠.

이홍경은 조선통감부의 일본인 관료, 대한제국 고위 관료의 아내들과 부인회를 조직하는 등 활발한 활동을 펼쳤는데요, 일본인들과 연애를 한 것으로도 유명해요. 조선 주둔군 사령관 하세가와 요시미치를 비롯해 일본 공사관 서기관 등 여러 사람과 드러내놓고 연애를 했어요. 그렇게 할 수 있었던 것은 남편 이지용의 허락이

이토 히로부미 부부(중앙)와 사진을 찍은 이지용(뒤줄 오른쪽)과 이홍경(아랫줄 오른쪽 2번째). 맨 오른쪽은 이토의 딸.

있었기 때문이지요. 사고가 자유분방해서였을까요? 권력과 정보를 가진 일본인 실세들과 가깝게 지내는 것이 자신들의 이익을 도모하는 데 도움이 되기 때문에 아내는 불륜을 저지르고, 남편은 불륜을 조장 방조한 것이었지요.

그러던 중에 이홍경이 사귀던 통감부 서기관이 일본으로 발령이 났어요. 그 사람과 이홍경은 서로 죽고 못 사는 사이가 되었거든요. 송별회가 열리게 됐어요. 두 사람이 갑자기 송별회 자리에서 서로를 끌어안고 한참 동안 진한 키스를 나눈 거예요. 그 자리에 있던 사람들이 다들 깜짝 놀랐죠. 속으로 혀를 끌끌 찼겠죠. 이홍경이 하세가와 요시미치 사령관과 특별한 관계라는 소문이 온 나라에 자자했거든요. 하지만 이들은 풍문에 전혀 개의치 않고 이런 만인이 손가락질할 일탈행위를 벌인 거예요. 당시 친일파들의 매국 행위가 얼마나 상상을 초월했는지 알 수 있죠.

한용운의 시 〈매천 선생〉

서대문형무소에서 열리고 있는 전시에 가면 만해 한용운이 황현의 순국을 애도한 시도 만날 수 있어요. 시 제목은 〈매천 선생〉이에요. 한용운은 삼일운동 민족대표의 한 사람으로 〈독립선언서〉 말미의 공약 3장을 쓴 사람이죠. 〈매천 선생〉을 읽어보면 한용운의 삶에 황현이 깊숙이 새겨져 있음을 알 수 있지요.

의리로써 나라의 은혜를 영원히 갚으시니　　　就義從容永報國
한번 죽음은 역사의 영원한 꽃으로 피어나네　　　一暝萬古劫花新
이승의 끝나지 않은 한 저승에는 남기지 마소서　　莫留泉坮不盡恨
괴로웠던 충성 크게 위로하는 사람 절로 있으리　　大慰苦忠自有人

최초로 공개되는 〈수택존언〉手澤存焉은 황현이 이토 히로부미를 저격한 안중근 의사와 관련한 기록을 모은 자료집이에요. 안중근 의사의 공판 기사와 안 의사가 남긴 시가 수록되어 있어요. 황현이 안중근 의사의 의거에 관심을 갖고 꼼꼼히 자료를 수집했음을 알 수 있는 거죠.

이렇게 수집한 자료를 토대로 황현은 《매천야록》에 안중근 의사에 관한 기록을 담았어요.

"이토 히로부미가 죽은 지 하루도 채 지나지 않아 동서양 모두에 소식이 전해졌다. 만국이 놀라며 조선에 아직은 사람이 있다고 하였다. … 소식이 한양에 당도하자 사람들은 감히 통쾌하다고 말하지는 못했지만, 모두 어깨를 들썩이며 저마다 방안 깊숙한 곳에서 술을 따르며 경하하였다."

오늘의 땅투기와
조선시대의
땅 빼앗기

　오늘의 주제는 땅에 대한 이야기입니다. 옛말에 이런 말이 있죠. 송곳 꽂을 땅도 없다. 땅 한 평 갖지 못한 사람들이 너무 많았던 거죠. LH 직원들이 신도시 예정지 광명, 시흥 일대의 개발 정보를 입수해 땅을 매입한 사실이 크게 국민의 공분을 샀죠. 보상 차액을 노리고 불법적인 행동을 한 건데, 유사한 이야기를 좀 해보기로 하죠.

　조선시대 때는 땅투기는 없었고, 땅을 빼앗는 일은 있었습니다. 요즘 시대에 개발정책에 관여한다든지 정보력을 가진 사람들이 땅을 은밀하게 사들이는 것은 조선시대에 힘있는 사람들이 가난한 백성들의 땅을 빼앗은 것과 다르지 않다고 생각합니다. 그래서 조선시대 때 땅을 빼앗는 일이 어떻게 이루어졌는지 살펴보도록 하겠습니다. 또 일제강점기에 조선총독부가 우리나라 사람들의 땅을 빼앗아 일본 사람들에게 나누어주었는데, 그에 대해서도 간략하게 이야기해보도록 하죠.

호남 땅의 대부분, 5%의 지유가 소유하다

다산 정약용 선생이 쓴《목민심서》에 호남 땅의 거의 대부분을 5%의 지주들이 가지고 있다는 이야기가 있어요. 호남지방이 평야가 얼마나 넓습니까? 그 넓은 땅을 소수가 차지하고 대다수 농민들은 그들의 땅을 경작하는 소작농으로 살아가고 있었던 거예요.

다산이 유배 가서 강진에서 살았거든요. 그래서 호남지방의 사정을 잘 알 수 있었죠. 집밖을 못 나가는 위리안치가 아니었기 때문에 강진 땅 안에서는 자유로이 돌아다닐 수가 있었어요. 그러다 보니까 제자들도 가르치고, 강진 일대의 명사들도 다산을 찾아오고 했지요. 그곳에서 제자들의 권유로 여인을 만나 '홍이'라는 딸을 낳기도 했어요. 또 강진에서 멀지 않은 해남에 다산의 외가가 있었어요. 해남 윤씨 집안이죠. 고산 윤선도의 증손자인 공재 윤두서의 손녀가 다산의 친어머니거든요. 그 집안에 만 권 이상의 책이 있었기 때문에, 다산이 책을 쓰면서 많은 도움을 받았지요.

원래 조선 초기만 하더라도 땅은 다 국가 소유라는 개념이 있었어요. 토지의 공유를 원칙으로 하면서 농민들이 국가에 세금을 내고 땅을 경작했지요. 국가 창업이나 역적을 토벌한 공신들에게 소유가 인정되는 토지를 준 경우도 있었어요. 이 경우에도 세금을 거두는 권리를 부여하는 개념이었어요. 관료들한테 월급을 줄 때도 직급에 따라 땅을 주고, 그 땅에서 나오는 세금을 갖고 생활하게 했지요.

그런데 토지 국유제가 차츰 흔들리게 돼요. 특히 임진왜란 이후 국가의 운영체제가 허술해지면서 관료들이 땅을 자신들의 것으로 만들어버린 거예요. 현직 관료뿐 아니라 퇴직한 관료들도 땅을 소유하게 되고, 개인들 가운데 많은 땅을 소유하는 사람이 생기게 돼요. 임진왜란 전까지만 하더라도 아직 천석꾼, 만석꾼 하는 대지주들은 존재하지 않았는데, 전쟁을 거치면서 가난한 사람들은 완전

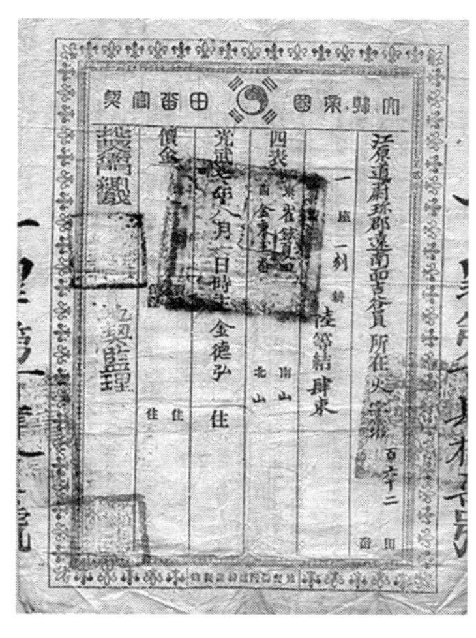

1904년 대한제국 시기에 근대적 토지 소유권 제도를 확립하기 위해 발행한 문서 지계地契.

두 번째 이야기

히 망가지고 부자들은 더 큰 부자가 돼요.

가난한 농민들이 경작하던 땅이 하나둘 부자들한테 넘어가는 거예요. 서서히 땅을 빼앗긴 거지요. 농민들은 과도한 세금을 감당할 수가 없었어요. 세금을 가지고 힘들게 하니까 차라리 지주한테 땅을 팔아넘기는 일이 생기게 되는 거예요.

악질적인 땅 빼앗기는 어떻게 이루어졌나

그런데 더욱 황당한 일들이 벌어지게 됩니다. 백성들 가운데도 자기 땅을 갖고 싶어하는 사람들이 있지 않겠어요. 그래서 산속에 들어가 화전을 일구는 사람들이 생깁니다. 버려진 황무지를 개간하는 사람들도 나오고요. 자기 땅이 될 줄 알고 개간한 농민들의 땅을 강제로 빼앗아버리는 거예요.

황무지 개간은 농업 기술의 발전과 관련이 있는데요. 다름아닌 이앙법 때문입니다. 그 전에는 밭에 씨앗을 직접 뿌리는 직파법을 사용했어요. 직파법은 가뭄에 강한 대신 소출이 적어요. 이앙법은 볍씨를 모판에서 키운 다음 모내기를 통해 옮겨 심는 방식이에요. 이앙법을 하게 되면 노동력이 훨씬 절감되고, 생산량이 늘어나요. 대신 물을 안정되게 공급해주는 저수지 같은 수리시설이 필요하죠. 가뭄이 들면 논농사를 완전히 망치게 돼요. 그래서 이앙법이라는 새로운 농법이 등장했음에도 불구하고 이앙법을 못하게 법으로 막았어요. 조정에서는 안정적인 소출을 중요하게 생각했던 거죠. 그런데 숙종 시대쯤에 오면 이앙법이 상당히 널리 퍼지게 돼요. 그러다 보니 이앙법을 허용해주게 되죠. 정조 같은 경우는 저수지를 많이 만들어 논농사를 활성화시켜 주었고요.

또 한편으로 퇴비를 사용해 지력을 증진시키는 기법이 등장합니다. 그때까지 버려져 있던 황무지는 대부분 토양이 안 좋기 때문이었어요. 소금기를 품은 땅도 있었고요. 자갈이 많은 땅도 경작할 수가 없었지요. 이런 땅에는 농사를 지어봐야 소용없기 때문에 버려진 땅으로 남아 있었던 거죠. 하지만 17세기 들어 농업기술이 발달하면서 이앙법과 퇴비 농법이 등장하고, 물을 안정적으로 공급하게 되면서 황무지를 개간하는 사람들이 나타나게 되었어요. 내 땅을 갖고 싶은 열망이 그만큼 강했던 거죠.

순박한 농민들은 자신들이 개간했으니 자기 땅이다 생각하고 농사를 지었을 것 아닙니까? 그런데 어느 날 갑자기 간악한 지주들이 나타납니다. 이들은 관과 한통속이 되어 움직이지요. 요즘 같으면 공무원이나 공공기관을 움직이는 거예요. 관이나 왕실에서 나온 사람들이 양안量案 등재 여부를 확인해 양안에 올라 있지 않으면 빼앗아버리는 거예요. 양안은 조선시대의 토지대장인데, 일반 백성들은 양안이 뭔지도 잘 몰랐거든요.

권력을 가진 부자들은 양안에다 넓은 토지를 조그맣게 등재하거나 토질이 좋은 땅을 하급지로 기록해 세금을 빼돌리는 일이 비일비재했어요. 권력자들이니 그들의 땅이 양안에 들어가 있지 않다고 누가 시비를 걸겠어요. 그런데 힘없는 백성들이 죽어라 노력해서 화전 일구고 황무지 개간한 토지는 양안에 없다는 이유로 어느 날 갑자기 소유권을 빼앗겨버리는 것이죠. 이렇게 관에서 나와 빼앗아간 땅은 어느 틈에 지주들 손으로 넘어가게 됩니다.

이 시기부터 소작 방식이 종래와 달라지기 시작합니다. 좀 어려운 말이지만, 타조법, 도조법이란 게 있어요. 타조법은 지주와 소작인이 생산량을 반반씩 나누는 것입니다. 그런데 만약 흉년이 들면 어떻게 될까요? 조선 후기에는 흉년 드는 해가 많았거든요. 전 세계가 소빙하기에 들어 생태계가 파괴되었기 때문이지요. 그러니까 영악한 지주들이 도조법이라는 걸 도입해요. 풍년이 들건 흉년이 들건 해마다 일정한 양을 바치게 하는 것이죠. 지주들 입장에서는 안정된 수입이 보장되니까 좋은 거예요. 그리고 나머지 세금이라든가 이런 것은 모두 소작인들에게 부담시키는 거죠.

그런데 더러 요령 좋은 사람들이 있지요. 소작인 중에서 많은 땅을 임대해 돈을 벌고, 그 돈으로 땅을 사는 사람들이 나타나요. 노비들 가운데서도 돈을 버는 노비가 나타나고요. 주인집 땅을 경작하던 외거노비가 부를 축적하고 땅까지 사게 되면 그 주인의 심정이 어떨까요. 영조 때 만든《속대전》에 의하면 노비도 토지를 소유할 수 있었어요. 그만큼 토지 소유권을 널리 인정하는 방향으로 사회가 변한 거지요.

그러나 법이 존재한다고 세상이 법대로 움직이나요. 자신의 소유물인 노비의 땅이니 자기 것이나 다름없다는 인식이 있는 거예요. 그래서 노비의 땅을 빼앗아버리는 일이 많았어요. 그럴 때 하는 전형적인 방식은 노비가 주인을 모욕했다는 죄를 덮어씌우는 겁니다. 4대 강상죄라고 해서 조선시대 때 가장 나쁜 범죄가 4가지 있어요. 신하가 임금을 능멸한 죄, 자식이 어버이를 능멸한 죄, 아내가 남편을 능멸한 죄, 노비가 주인을 능멸한 죄가 그것입니다. 실제 그런 일이 없어도 주인이 노비를 신고하면, 조사하고 판결하는 수령이 누구 편이겠어요. 억지 구실을 만들어 붙이면 땅을 빼앗기고 마는 거죠.

조선시대의 토지에 대한 세금은 지주가 내는 것이 아니라 경작하는 사람들이 냈어요. 지주들은 세금도 안 내고, 땅은 계속 불려 나갈 수 있었지요. 이런 잘못된 행태들이 나타난 것은 지주와 관이 결탁했기 때문입니다.

일제의 토지조사사업은 합법적인 땅 빼앗기

이 같은 황당한 일은 더욱 증폭되면서 일제강점기까지 이어졌지요. 일본은 아주 일찍부터 조선을 연구하기 시작했어요. 그리고 메이지유신 직후부터 조선에 엄청난 숫자의 첩보원을 보냈어요. 조선의 지리, 생활 풍습, 민속, 사람들의 심리까지 모조리 조사를 한 겁니다. 나라를 빼앗으려고 하면 조선을 알아야 하니까요. 그래서 지금 우리나라 민속학 연구의 기본 사료가 죄다 일본인들의 손 안에 들어가 있어요. 얼마나 무서운 일이에요.

그런 과정에서 조선의 법과 토지제도에 대한 정보도 알게 되지요. 역사적으로 지주들이 백성들의 토지를 어떻게 빼앗았는지 속속들이 들여다보게 됩니다. 조선총독부는 바로 이 같은 방식을 이용하기로 한 거예요. 국권을 침탈한 직후 바로 토지조사사업이라는 이름으로 토지를 신고하게 합니다. 언제까지 관청에 가서 자신이 소유한 토지를 신고하라고 공고를 냅니다. 지금처럼 텔레비전 뉴스가 나가고, 인터넷이 있고 한 시절이 아니잖습니까. 많은 사람들은 그런 제도가 시행되는 줄도 모르고 있었지요. 알았던 사람들 가운데도 반일감정 때문에 조선총독부가 하는 일을 일부러 거부한 사람들도 있고요. 신고를 안한 사람들은 어떻게 되었지요? 벌겋게 눈뜬 상태에서 땅을 뺏겨버린 겁니다.

뭐 수십 년 동안 자신이 농사를 지어왔으니 내 땅인데 별일이야 있으랴 싶었겠고, 토지 신고가 의무인지 모른 사람도 많았겠지요. 토지조사를 하려면 현장에 나가 기존의 토지문서를 확인해보면 되는 것 아닌가요? 그리고 조사한 대로 땅 소유주를 기입해 토지대장을 만들면 되는 거죠.

앞서 이야기했지만 조선시대 때도 양안이라는 토지대장이 있었죠. 정조正祖 같은 경우는 관리들이나 왕실 종친 같은 사람들이 백성의 토지를 빼앗으면 그 사람의 재산까지 몰수해버렸어요. 그러니까 힘있는 사람들이 감히 일반 백성들의 땅을 빼앗을 생각을 못 했죠. 참 무서운 법을 만들었죠. 그러나 정조가 그렇게 강력하게 추진한 법이 정조가 죽고 나서는 휴지조각이 되고 말았어요. 안동 김씨를 비롯한 권세가들이 국정을 쥐락펴락하면서 자신들의 배를 불렸기 때문입니다.

그것이 그대로 조선총독부로 이어진 거예요. 조선총독부에 땅을 빼앗긴 사람들은 어떻게 되었을까요? 반일감정을 갖고 있던 민족주의자들, 중소 지주들은 한순간에 몰락해버리고 말아요. 몇 백 년 동안 갖고 있던 땅이 몇 달 만에 조선총독부 땅이 되어버린 거죠. 그로 인해 독립운동의 동력도 약화되고 말았죠. 그럼에도 불구하고 나라를 빼앗긴 지 9년 만에 거족적 삼일만세운동이 일어난 것은 정말 대단한 일입니다. 세계적으로 이런 유례가 없어요.

일본의 무뢰배들, 하루아침에 조선의 대지주가 되다

강제로 우리의 땅을 빼앗다시피 한 조선총독부는 그 땅을 일본인들에게 넘겼어요. 동양척식주식회사라는 일본인들이 설립한 회사에 헐값으로 팔아넘긴 거예요. 동양척식주식회사는 어마어마한 땅을 날로 먹은 거지요. LH 몇십 배 크기의 땅을 소유한 토지회사가 된 거지요.

동양척식주식회사는 일본 이민자들을 모집해 그들에게 싼값에 땅을 불하해 주었어요. 일본 내에서도 계급간의 차별이 심해져 아주 심각한 사회문제로 대두하고 있었거든요. 그러니까 일본 내에서 더 이상 살기 힘들어 하는 사람들, 교육도 제대로 받지 못하고 변변한 직업도 없는 사람들을 조선으로 건너오게 한 겁니다. 일본에서 가장 낮은 신분에 위치해 있던 사람들, 가장 어렵게 살던 사람들이 조선에 와서는 하루아침에 대지주가 된 거예요. 대지주 권력자가 된 이들은 일본 내에서 핍박 받던 설움을 거꾸로 조선 백성들을 대상으로 풀어냈지요.

이들 일본인에 의해 우리의 전통문화와 미풍양속이 변질되기 시작해요. 구타라든지 무조건적인 복종이라든지 하는 저급한 문화가 만들어진 거예요. 이런 부분은 사실 조선총독부가 고도로 계획해서 만들어진 거라고 할 수 있습니다. 땅을 매개로 해서 만들어진 것이죠.

동양척식주식회사 경성지사.

땅이라고 하는 것은 그렇게 하면 안되죠. 조선 후기의 실학자들이 땅을 소수의 세력이 독점하는 것을 경계한 이유가 바로 그것입니다. 반계 유형원 같은 학자는 모든 사람이 땅을 공동 소유해 균등하게 나누어 농사를 지어야 한다는 균전론均田論, 성호 이익 선생은 정전법井田法을 주장했지요.

다산 정약용 선생은 여전제閭田制를 주장했는데, 한 마을이 일정한 규모의 땅을 공동으로 소유하고 동네 사람들이 함께 노동하게 하자는 개념이었어요. 마을 사람 가운데 현명한 한 명은 농사를 짓지 않고 마을 사람들의 노동력이 각자 얼마나 투여되었는지, 어떤 도구를 사용했는지 등을 분석하고 평가합니다. 마을에서 공동 생산했다고 해서 그걸 똑같이 분배하면 불합리하기 때문이죠. 불합리함을 해결하기 위해 각자의 기여량을 정확히 평가해 그에 맞게끔 생산량을 분배하는 것이죠.

이들이 주장하는 기본정신은 바로 지주들의 잘못을 바로잡자는 것이죠. 땅은 소수의 개인이 독점해서는 안된다는 것입니다. 땅을 이용해 잘못된 부를 얻어서는 안된다는 것입니다. 땅은 백성들의 생명과도 같은 것이기 때문에 땅에 뿌리를 내리고 올바르고 안정되게 먹고 사는 문제를 해결해야 한다는 것입니다.

그래야 사회의 조화가 이루어지는 것이죠. 인정이 꽃피고 미풍양속이 자라나는 것이죠. 가난한 사람들을 도와주고, 힘없는 사람들을 배려해주고, 약자들을 보듬어 안아주는 게 미풍양속 아니겠어요? 그러기 위해서는 다름아닌 땅을 통해서 안정된 기반을 마련해야 합니다.

　소수의 지배자, 소수의 지주들이 땅을 독점해 부와 권력을 농단하는 일은 없어야 합니다. 그런데 그런 일들이 줄곧 있어 왔지요. 심지어 백성들의 땅을 불법적으로 빼앗아가는 일도 존재했고요. 그러한 일이 더 이상 일어나지 않도록 하자는 것이 민주주의의 정신 아닐까 합니다.

조선의
진짜 무사들
이야기

　오늘의 주제는 조선시대 무사들 이야기입니다. 무사들이 얼마나 많았겠습니까? 그 가운데는 매우 뛰어난 무사들, 정의를 세우려 한 무사들이 많았죠. 몇 년 전에 일본 오사카 부립도서관에 간 적이 있어요. 일제시대 때 일본인들이 가져간 우리나라 자료가 굉장히 많이 소장되어 있거든요. 그곳에 있는 자료 중에《무인명신록》武人名臣錄이란 고문헌이 있어요. 조선시대 때 만든 자료인데 우리 역사 전 시기의 무인들을 모아놓았어요. 그걸 복사해 왔지요. 재미있는 건 무인을 1등급, 2등급, 3등급 이렇게 등급을 매겨놓았어요. 1등급은 강감찬, 을지문덕, 양만춘, 이순신 같은 장수들이에요. 우리나라 사람들이 역사 속의 무인을 평가하고 기리는 작업을 했던 것이지요. 조선시대에 무인을 조금 더 높이 평가하고 대우를 했더라면 임진왜란이나 병자호란, 나중에 일본에게 나라를 빼앗기는 일은 없었을 것입니다. 저는 이런 생각을 늘 하고 있어요. 그래서 제가 조선 후기 정조시대의 군사정책과 무예에 대한 연구를 하였던 것입니다.

오늘 이야기하려는 사람은 정조 때의 백동수, 백동수의 스승이었던 영조 때의 김광택, 김광택의 아버지였던 숙종 때의 김체건이에요. 조선시대의 무인 가운데 오늘날 가장 널리 알려진 전설적인 무인이라고 할 수 있지요. 사람들 사이에 회자되는 흥미로운 이야기들이 많아요.

영조를 보필한 전설적 무인 김광택

김체건과 김광택 부자 이야기부터 시작하죠. 김광택이라는 이름은 영조가 직접 지어준 거예요. 유본학이 쓴 〈김체건전〉 〈김광택전〉이라는 기록이 있어서 그 사람들의 이야기를 알 수 있지요. 김광택은 김체건의 서자예요. 김체건과 노비 사이에서 태어났어요. 영조는 숙종의 아들이잖습니까? 영조의 어머니 숙빈 최씨가 원체 건강한 사람이어서 영조는 체질적으로 아주 건강했어요. 원래 왕자들은 열 살 때까지만 궁중에서 살 수 있고, 그 뒤로는 궁궐 바깥으로 나가서 살아야 돼요. 세자만 궁궐에 남는 거죠. 궁 밖으로 나온 왕자들은 보통 판서나 참판 같은 힘있는 신하 집에서 거처하다가 결혼하면 독립된 공간에서 살게 돼요. 김광택의 어머니는 영조, 곧 연잉군의 집에서 살고 있었어요. 아주 간단하게 이야기하면 김광택은 연잉군의 노비 같은 존재였죠. 그런데 아버지 김체건한테서 무예를 배워서 어려서부터 무예가 뛰어났어요. 두뇌도 상당히 비상했던가 봐요. 어깨 너머로나마 한문 공부를 해서 문리를 깨쳤다고 해요.

김광택은 아주 낮은 신분의 얼자 출신이었음에도 불구하고 글을 배운 뛰어난 무인이 됐던 거예요. 연잉군은 김광택을 자신의 호위무사로 삼았죠. 그 시절에 이미 최고의 무사가 되었는데, 당시 김광택의 이름은 노미였어요. 큰놈, 작은놈 할 때의 '놈'이 이름이었던 거죠. 그 시절에는 오래 살라는 의미로 아이들 이름을 천하게 짓는 게 관행이었어요. 그러던 중 갑자기 연잉군이 왕세제로 책봉이 된 거예요. 노론들이 앞장서서 경종한테 연잉군을 왕세제로 책봉하고 대리청정까지 하게 한 거죠. 궁궐 바깥에 있다가 동궁이 돼버린 거잖아요. 연잉군은 궁 안으로 들어가게 되죠. 김광택은 연잉군을 따라가지 않았어요.

연잉군을 따라갔으면 왕세제의 호위무사도 하고 얼마나 좋겠습니까. 그런데 김광택은 영조하고 이별하는 길을 선택했어요. 궁 안에 갇혀 살지 않고 자유롭게 살겠다고 한 거예요. 그 전까지는 자기가 연잉군을 지켜야 된다고 생각했는데, 동궁이 되었으니 이제 군사들이 지켜주잖습니까? 자기가 더 이상 없어도 된다고 생각한 거죠. 영조는 어려서부터 김광택의 됨됨이를 봤잖아요. 매우 특이한 성품이고 비록 얼자이지만 함부로 대할 수 없다는 것을 잘 알았죠. 그런 기질을 잘 알기에 자유롭게 살고 싶다는 김광택을 말릴 수 없었죠.

김광택은 산에 들어가서 자연과 함께 생활했어요. 무예도 열심히 수련했죠. 영조가 어느 날 김광택이 너무 그리운 거예요. 자기를 곁에서 진심으로 지켜줄 사람도 필요했고요. 왕위에 오른 지 이삼십 년 지나고 나면 자기 정치를 하고 싶은 생각도 들지 않겠어요. 그런데 신하들이 어디 만만합니까? 노론들이 당시 주류였는데, 영조가 신하들의 의견을 좀 누르려고 하면 주상의 자리에 오른 게 누구 때문이지 잊었느냐며 눈을 동그랗게 뜨니, 영조가 그런 소리를 들을 때마다 얼마나 부르르 떨렸겠습니까? 같은 편이지만 왕을 자기네들의 허수아비로 생각했던 거죠. 강력한 왕이 되고 싶을수록 신변에 대한 두려움도 커지는 거예요. 그래서 안되겠다며 김광택을 찾으라고 지시한 거죠.

김광택을 어렵게 찾아내 궁으로 불러들인 거예요. 두 사람이 만나는 장면에 대한 기록이 있어요. 혜경궁 홍씨의 작은아버지인 홍용한이라는 사람이 영조와 김광택이 만나 대화를 나누는 장면을 곁에서 보고 기록을 남겼어요. 홍용한은 문학적 능력이 매우 뛰어난 사대부 관료였죠. 영조가 어떻게 지냈느냐고 묻자 김광택은 비승비속非僧非俗의 생활을 하고 있다고 답해요. 산천을 주유하면서 다니다 보니까 출가한 것은 아니지만 속인의 삶과는 거리가 먼 생활이라는 의미였죠. 무협소설이나 무협영화 같은 데 보면 천하를 주유하는 강호의 고수들이 등장하지 않습니까? 영조가 또 묻습니다. 요즘도 글씨를 쓰느냐고요. 그랬더니 계속 글씨를 쓰고 있다고 대답하죠. 영조는 어려서부터 김광택이 서예적 능력이 뛰어난 걸 알고 있었거든요.《승정원일기》에 의하면 이때 영조가 김광택에게 '국가를 위해 몸을 잊는다'는 의미의 '위국망신'爲國忘身 현판을 쓰게 했다고 해요. 그리고 말합니다. 자신이 이름을 지어주겠다고요. 그래서 '노미'에서 김광택金光澤이 된 겁니다.

이때부터 김광택은 영조의 명을 받고 금위영에서 일하게 되죠. 금위영 교련관으로 무사를 양성하는 일을 맡게 된 거예요. 김광택 한테 배운 무인 중의 한 명이 임수웅이란 사람이에요. 임수웅은 사도세자의 호위무사인데, 사도세자와 함께《무예신보》武藝新譜라는 무예서를 만든 사람이죠.

조선제일검 김체건

그러면 김체건은 어떤 사람인지 살펴보죠. 김체건에 대해서는 정조 때 영의정을 지낸 당대의 학자 채제공이 〈김체건전〉을 썼어요. 체제공은 영조 때 도승지를 지내면서 영조가 사도세자를 폐위시키려고 할 때 영조의 발목을 잡아 말리기도 했죠. 임금의 발목을 잡는다는 건 상상하기 어려운 일이거든요. 그만큼 임금의 신뢰를 받았다는 증표이겠고, 한편으로는 임금의 옳지 못한 행동을 죽음을 무릅쓰고 말렸던 거죠. 그 후 1년 뒤에 채제공의 어머니가 세상을 뜨게 돼요. 채제공이 모친상을 치르느라 벼슬에서 물러나 있는 사이에 영조가 사도세자를 죽인 거죠. 만일 채제공이 조정에 남아 있었다면 사도세자가 죽지 않았을지도 모르죠. 나중에 정조는 신하들한테 말합니다. "채제공과 나는 공적으로는 군신의 관계이나 사적으로는 부자의 관계다." 즉, 아버지와 아들의 관계다라고 말한 것이지요. 이렇게 대단했던 사람인 체제공이 〈김체건전〉을 쓴 거예요. 앞서도 이야기했지만, 정조시대 규장각 검서관이었던 유득공의 아들 유본학도 〈김체건전〉을 남겼죠.

김체건의 이야기는 굉장히 드라마틱해요. 채제공하고 같이 공부한 사람 중에 이서우라는 인물이 있어요. 많이 알려져 있지는 않지만, 실학자로 활동했죠. 이서우는 당대의 실학자로 유명한 성호 이익의 실질적인 스승과도 같은 사람이었어요. 그러한 반면 채제공은 이익의 제자였죠. 채제공은 경기도 관찰사가 되면서 안산에 있는 이익을 찾아갑니다. 그리고 이익에게 제자가 되고 싶다고 요청을 하여 두 사람은 사제의 인연을 맺었죠. 성호 이익의 스승 같은 인물인 이서우는 애국적인 인물이었어요. 당시에 이서우는 동래부사로 있었어요. 지금은 동래가 부산의 일부이지만, 조선시대에는 동래가 훨씬 컸고, 부산포는 작은 어촌으로 동래부에 속해 있었죠. 동래부에는 조선 후기에 한일 관계에서 중요한 역할을 하던 왜관이 위치해 있었어요. 왜관은 일본과의 외교창구이자 유일하게 일본과의 교역이 허가된 곳이었어요.

임진왜란 이후 왜관은 부산진역 근처인 두모포에 있었는데, 현종 때 지금의 용두산공원 자리인 초량으로 옮겼어요. 임진왜란 때 일본이 우리나라를 침범하지 않았습니까? 전쟁중에 일본군과 일대일 맞대결을 할 때 우리가 이기지 못한 경우가 많았어요. 일본은 단병기, 곧 검을 이용한 전투 능력이 아주 뛰어났어요. 우리는 장병기, 곧 활이나 대포 같은 무기를 활용하는 전술이 중심이었거든요. 그래서 성문을 닫아 건 채 성 안에서 바깥을 향해 활이나 대포를 쏘아 방어하는 데 주력했지요. 일본은 성문을 부수고 들어와 맞붙는 일대일 접전에 강했죠.

임진왜란 때부터 부족한 검술 능력을 키우기 위해 많은 궁리를 했죠. 당시 한교韓嶠라는 사람이 있었어요. 문신인데 무예도 능하고 특히 중국어를 잘했어요. 선조가 급하니까 중국 무예를 도입하는 일을 한교한테 시킨 거예요. 당시에 명나라 장수들이 파병 왔잖습니까? 무술에 뛰어난 장수에 낙상지駱尚志라는 인물이 있었어요. 낙상지는 별명이 천근이었어요. 천근이나 되는 돌을 들어서 내던질 정도의 장사였기 때문이에요. 한교는 낙상지부터 시작해서 중국의 무예 고수들에게 뇌물을 주고 술도 사주고 하면서 중국 무예를 전수받은 거예요. 그런데 아무리 무예를 잘한다 하더라도 정식 무인이 아니다 보니까 한계가 있었어요. 그럼에도 한교는 명나라 장수들에게 중국의 검법, 창법을 배워서 이를 바탕으로 6가지 무예를 만들어냈어요.

원래 우리나라에는 조선 검법이라는 게 있었어요. 우선 신라의
황창랑이라는 화랑이 만들었다는 본국검이라는 게 있어요. 그리고
아주 오래전부터 써온 조선세법이라는 검법이 있어요. 중국에서
도 알아줄 정도로 굉장히 뛰어난 검법이었죠. 그런데 중국 무예를
도입하다 보니까 우리 검법은 점점 더 뒤로 밀리고 잊히게 된 거예
요. 중국 것은 우리에게 잘 맞지 않고 우리 검법 문화는 퇴행해버
린 상황에서 일본을 제압하기 위해 일본의 뛰어난 검법도 배워서
새로운 검법을 창안하자는 문제의식이 싹튼 거죠. 제가 예전에 논
산훈련소에 입소했을 때가 생각나는데요. 훈련소에서 기본훈련으
로 총검술을 배우잖습니까? 그때 우리는 북한 총검술도 배웠어요.
북한을 이기기 위해 북한 총검술도 배웠던 거죠. 어쨌든 숙종은 일

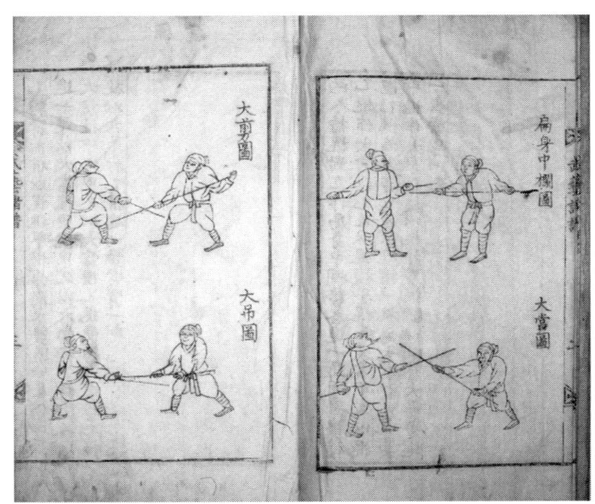

한교가 만든 무예서
《무예제보》.

본 검법을 배워 오라는 특명을 내리는데, 그 특명을 받은 사람이 김체건이었어요.

김체건, 조선검법의 길을 찾아 일본에 잠입하다

김체건은 나라를 위해 만주어까지 공부한 사람이에요. 함경도 일대에서 여진족의 청나라 사람들과 맞붙어 있던 상태에서 만주어를 배우고, 청나라 무인들과 싸우면서 청나라 검법을 익힌 인물이었죠. 훈련도감 소속으로 후진을 양성하던 중에 다시 부산으로 내려가서 일본 무예를 배워 오라는 명령이 떨어진 거예요. 그때부터 일본어를 집중해서 공부하기 시작했죠. 김체건은 초량 왜관에 잠입하기로 결심합니다. 왜관에 들어가는 데 도움을 준 사람이 동래부사 이서우예요. 이서우는 큰돈을 들여 일본인들을 매수해 가지고 김체건이 왜관에 노비로 들어갈 수 있도록 해주었어요. 이것도 홍용한이 쓴 글에 나오는 이야기예요. 목적을 감추기 위해 왜관에서 허드렛일 심부름하는 사람으로 위장한 거지요. 일본 사람들도 자기들의 검법이 조선 사람들 눈에 띄지 않도록 왜관 내의 훈련장에서만 연습했거든요.

김체건은 눈에 불을 켜고 일본 무사들이 검법을 지켜봤죠. 몰래 지켜보며 눈에 익힌 다음 한밤중에 그 동작들을 시연하면서 배워 나간 거죠. 하나라도 더 가까이에서 찬찬히 지켜보기 위해서 훈련장 건물 마루 밑에 토굴을 파고 그 속에 들어가 있기도 했다고 해요. 그러기를 3년 가까이 했어요. 왜관에서 배울 수 있는 것은 다 배웠죠. 그래도 만족스럽지가 못한 거예요. 부족하다는 생각이 든 거죠. 김체건은 일본으로 건너갈 결심을 합니다. 숙종 초에 일본으로 떠나는 조선통신사가 있었어요. 김체건은 통신사 사행단에 자기를 넣어달라고 했죠. 그렇게 해서 6개월 정도 일본에 다녀오게 된 거예요. 보통 사행단의 규모가 3백 명에서 4백 명 정도 되는데, 김체건은 이번에도 사행단의 짐꾼으로 위장을 했어요. 일본에 건너간 다음 최고의 고수를 만나기 위해 일본 무도관으로 잠입하기도 했죠. 일본어를 배웠다 해도 낯선 땅에 가서 신분과 목적을 숨긴 채 남의 나라 무예의 정수를 배워 온다는 게 얼마나 힘든 일이었겠어요. 힘든 노력 끝에 김체건은 일본 정통 검법을 완전히 터득하게 되었죠. 일본 검법을 제대로 배움으로써 조선 검법을 통해 일본 검법을 이길 수 있는 방법까지 깨우치게 된 거예요.

마침내 조선으로 돌아왔죠. 김체건이 돌아오자 숙종은 일본 검법을 시연해 보라고 했어요. 〈김체건전〉을 보면 엄지발가락에 의지해 몸을 세운 채 나는 듯한 동작을 보여주었다고 해요. 충분히 감탄할 만했지만 숙종은 김체건의 진짜 무예 실력을 보기 위해 바닥에 재를 뿌리라고 했어요. 짚을 태운 재를 뿌리면 조금만 동작이 서툴어도 재가 바람에 날리겠지요. 그런데 김체건은 두 발의 엄지발가락만으로 바닥을 디디며 붕붕 날아다녔다는 거예요. 시연이 끝났을 때 재 위에는 발자국 하나 남지 않았다고 해요. 그만큼 무예 실력이 출중했다는 거죠. 사람들은 김체건을 가리켜 '조선제일 검'이라고 부르게 됐죠.

그 후 김체건은 임진왜란 때 한교가 만든 6가지 무예를 다시 조선화시키고, 그 검법을 자기 아들 김광택한테 전수해주었어요. 만주에 가서, 왜관에 가서, 일본에 가서까지 그렇게 평생을 걸면서 외국 검법의 배우고, 그것을 통해 우리 검법을 발전시킨 노력이 얼마나 대단합니까? 무인으로서의 외길을 구도자 같은 자세로 걸어간 것은 이 나라를 지켜야겠다는 진정한 애국적 마음이 아니면 안 될 일이죠. 김체건이 나이 80이 넘도록 살았거든요. 그 나이가 되어서도 피부가 어린아이 같았다고 해요. 늘 운동하고 심신을 수양하는 생활을 하다 보니 그렇게 되었겠지요.

십팔기를 창안한 사도세자

김광택은 그런 김체건에게서 최고의 무예를 전수 받은 거였죠. 영조의 지시를 받고 금위영의 교련관을 맡게 되었는데, 그곳에서 만난 인물이 임수웅이었던 거죠. 임수웅은 사도세자의 호위무사였고, 사도세자 역시 조선에서 가장 뛰어난 무인 중의 한 명이었어요. 사도세자는 꿈이 북벌이었기 때문에 무예를 굉장히 중요하게 생각했죠. 자연히 조선의 무예를 재정립해야 되겠다는 생각을 했어요. 한교가 만든 무예서가 《무예제보》武藝諸譜였거든요. 이 책을 증보

개정하는 작업을 진행하면서 한교가 정립한 6가지 무예에다 12가지 무예를 추가하게 돼요. 유명한 십팔기가 만들어지게 된 거죠. 십팔기는 사도세자가 창안한 거예요. 사도세자가 영조의 미움을 받게 된 이유의 하나는 이처럼 무예에 너무 심취한 까닭도 작용했어요.

우리나라의 표준 무예를 만든 백동수

마지막으로 백동수라는 인물을 살펴보죠. 백동수는 정조 때의 가장 뛰어난 무사였어요. 백동수는 친구들이 아주 화려했어요. 박지원, 홍대용, 박제가, 이덕무, 유득공 같은 사람들이 친한 친구였죠. 이른바 백탑파白塔派라고 불리던 지식인 집단이 다 그의 친구들이었어요. 박지원의 호가 연암인데요, 박지원에게 연암골을 소개해준 사람이 바로 백동수예요. 백동수는 서자였음에도 불구하고 학문적으로도 굉장히 뛰어났어요. '무武로써 문文을 이룬 사람'이라는 평가를 받았죠.

백동수의 호는 야뇌이거든요. 자기가 젊은 날에 지은 호가 야뇌野餒예요. 들판을 배회하는 굶주린 짐승 같은 존재로 스스로를 규정한 거예요. 서자로서 얼마나 울분이 컸겠어요. 무예는 자신이 당대 최고인데 세상을 지배하는 건 음풍농월이나 일삼는 양반 적자嫡子들이었죠. 같은 양반의 자제라 하더라도 적자와 서자의 차별이 극심했고, 문과 무의 차별도 말할 수 없는 정도였어요. 윤대輪對

라는 게 있었어요. 임금이 하루에 보통 다섯 곳 정도 부처의 보고를 받는 건데, 문관은 6품 이상이면 임금한테 보고를 했어요. 무신은 정4품이 되어야 보고를 할 수 있었어요. 그럴 정도로 차별을 두었던 거예요.

백동수는 무과에 합격하고도 자리가 없어서 바로 벼슬을 받지 못했어요. 강원도 인제에 가면 내린천이 있잖아요. 원래는 기린협이라고 불리던 곳인데, 그곳에서 지내고 있었죠. 그러다가 출사를 하게 되어 한양으로 돌아온 거죠. 정조가 뛰어난 인물을 찾아내는 데는 탁월한 능력이 있었어요. 정조 때만 인물이 있었겠어요? 어느 시기에나 천하에 영재들은 있죠. 천하의 영재들을 발굴해 쓰느냐 발굴하지 못하느냐의 차이인 거죠. 오늘날도 굉장히 많은 인재들이 있을 텐데, 그런 인재들이 발굴되지 못하는 게 안타깝죠.

정조가 백동수를 발탁한 다음에 이덕무, 박제가, 백동수 세 사람에게 《무예도보통지》를 편찬하라고 지시를 하죠. 《무예도보통지》는 2017년에 유네스코 세계기록유산으로 등재가 됐거든요. 북한이 신청해서 성사되었죠. 사실 제가 세계기록유산 등재를 추진하자는 제안서를 만들었어요. 박원순 전 서울시장이라든지 안민석 의원 같은 분들에게 제안서를 전달하고, 장용 북한 IOC 위원이 무주에서 열리는 세계태권도대회에 참가하기 위해 남한에 왔을 때 제가 직접 만든 제안서를 안민석 의원이 전달했죠. 원래 남북한이 같이 신청하기로 했는데, 남북교류가 잘 안되는 바람에 북에서 단독으로 추진한 거였어요.

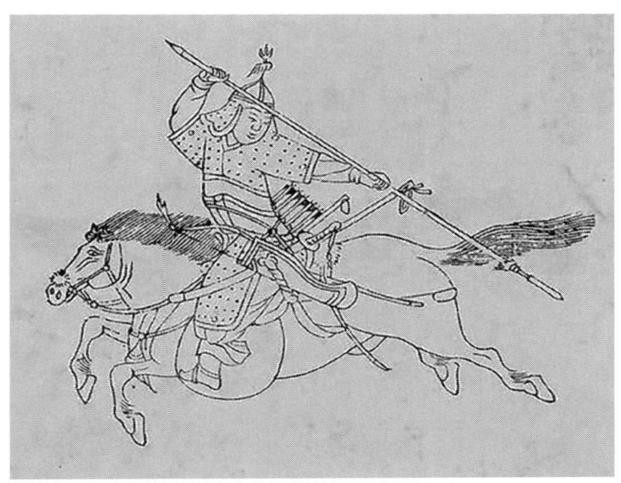

《무예도보통지》에 실린 마상무예의 한 장면.

　《무예도보통지》의 그림은 단원 김홍도가 그린 거예요. 수준 높은 그림이라는 점과 그 안에 나와 있는 무예가 태권도의 원류라는 이유로 세계기록유산이 되었죠.《무예도보통지》에 수록된 무예는 모두 24가지예요. 18가지가 땅에서 하는 지상무예이고, 6가지는 말을 타고 하는 마상무예예요. 지상무예 18가지 가운데 딱 하나가 무기 없이 맨손으로 하는 거예요. 권법이라고 하는 거죠. 이게 태권도의 원류라고 하는 겁니다. 석굴암 앞에 가면 금강역사상이 있어요. 권법은 금강역사상의 자세에서 출발하거든요. 태권도의 품세 속에 우리 역사의 긴 호흡이 담겨 있는 거죠.

　《무예도보통지》 속의 그림은 백동수가 24가지 무예를 시연하는 모습이에요. 그걸 그린 거죠. 글로 하는 설명은 이덕무하고 박제가가 붙였어요. 무예마다 원래 그 뿌리가 어떻게 되고, 중국 무예서에는 어떻게 나와 있고, 동작은 어떻게 어떻게 하는 것이라는 걸 상세하게 설명해놓았어요. 서문은 정조가 썼어요. 정조는 이 책 속의 무예는 대부분, 그러니까 십팔기를 전부 자신의 아버지인 사도세자가 만든 것인데, 거기에 마상무예 6기를 추가했다고 썼죠.

결국은 백동수가 우리나라의 표준 무예를 만든 겁니다. 백동수는 정조가 만든 장용영의 초관이었죠. 장용영 초관으로서 조선의 무예를 완전히 정립하고, 조선의 새로운 무예문화, 국방문화를 만들어내게 되는 겁니다.

조선의 무사들 중에는 엉터리 무사들이 굉장히 많았죠. 다산 정약용이 쓴 글을 보면, 양반 사대부 자식들 가운데 도저히 가망이 없는 자들이 무과로 나와서 벼슬을 하는 거예요. 정권 실세들이 뒷구멍으로 합격을 시켜주는 거죠. 지방에 거주하는 뛰어난 무사들은 떨어뜨리고 말이에요. 다산이 무과 심사관으로 갔다가 이런 모습을 보고 안되겠다 싶어 거부하는 바람에 재심을 하게 되고, 그래서 능력 있는 젊은 무인들을 선발한 일도 있었어요.

조선이라는 나라 자체가 임진왜란 이후에 엉터리로 많이 변하게 된 거예요. 소수가 권력을 독점하고 농단하는 사회가 되어버린 거죠. 인조반정을 통해 서인이 노론으로 바뀌고, 노론이 친일파로 바뀌고, 친일파가 친미파로 바뀌면서 지금까지 이어져 온 겁니다. 어떻게 해야 자주국방을 제대로 세울 수 있을지 고민이 필요합니다.

법의 적용은
임금의 가까운
신하에서부터

암행어사 정약용, 정조의 최측근 신하를 탄핵하다

정조와 다산 정약용의 인연은 매우 깊었어요. 정조가 정약용을 신뢰해 많은 중요한 소임을 맡겼지요. 정약용이 승정원 승지로 있을 때였어요. 승정원은 왕명의 출납을 맡아보던 지금의 대통령비서실에 해당하는 기관이거든요.

그런데 갑자기 인사 발령이 났어요. 놀랍게도 노량 별장 자리였어요. 요즘으로 치면 한강 선박운행사업소장 정도쯤 된다고 생각하면 됩니다. 정약용이 속으로 많이 서운했겠지요. 청와대 수석비서관 자리에서 한강 배를 운항하는 관리자로 보냈으니, 안 그랬겠어요?

정약용이 숭례문을 나와서 한강 쪽으로 가는데 갑자기 눈앞에 대전 내시가 나타난 거예요. 깜짝 놀랐겠죠. 내시가 전해준 것은 정조의 밀서였어요. 곧장 연천, 삭녕 고을로 가라는 거였어요. 정조가 정약용에게 암행어사 밀지를 내린 거예요.

1794년은 나라에 큰 흉년이 든 해였어요. 흉년으로 농사를 망친 백성들은 고통 속에 빠져 있었지요. 그런데 수령들이 백성을 돌보지 않고 부정부패를 일삼는다는 소문이 정조의 귀에 들어온 거예요. 정조는 청렴한 젊은 관리들을 은밀히 암행어사로 파견하기로 했죠. 그 가운데 서른두 살의 정약용도 포함되어 있었던 거예요. 정조가 정약용에게 조사하라고 지시한 곳은 경기 북부의 연천과 삭녕을 포함한 네 고을이었어요.

정약용은 경기도 삭녕으로 달려갔어요. 삭녕 관아에 출두해 현지상황을 조사한 정약용은 놀랄 수밖에 없었어요. 전임 수령이 숱

남양주 능내에 자리한 다산 정약용의 묘.

한 비위를 저질러 백성들의 원성이 자자했던 거죠. 그 사람은 강명길이라는 사람이었어요. 정조의 최측근 의원이었지요. 정조가 아플 때마다 강명길이 치료를 잘해 특별배려해서 수령으로 임명했던 거예요. 비리를 저질렀건만 그는 탄핵을 받기는커녕 다른 고을의 수령으로 옮겨가 있었어요. 연천현감은 김양직이었지요. 김양직은 사도세자의 묘를 화성으로 이장할 때 묏자리를 잡아준 지관이었어요. 그의 비리도 강명길에 못지 않았어요.

두 사람 모두 임금의 총애를 믿고 온갖 탐관오리 짓을 저지른 거예요. 그렇지만 그들의 배경이 무서워 탄핵하려고 나서는 사람이 없었던 거죠. 정약용은 이들의 죄상을 낱낱이 고발하는 장계를 작성해 올립니다. 장계에 그는 '법의 적용은 마땅히 임금의 가까운 신하에서부터 적용해야 한다'고 적었어요. 다시 이야기하면 국왕 주변의 권력 있고 힘있는 신하들에게도 법의 집행을 엄정하게 적용해야 법의 권위가 선다는 것이죠.

정조는 사적인 감정에서 벗어나 이들을 봉고파직하고 유배를 보냈어요. 자기가 신임하는 주변 사람이라도 죄가 있으면 일벌백계로 다스린다는 원칙을 지킨 거죠. 정약용을 암행어사로 보낼 때 이미 비리가 있다면 엄히 다스리겠다는 생각을 가졌던 거예요.

아들의 죽음을 개혁의 동력으로 승화한 정조

법과 정의가 바로 서는 사회를 만들기 위해서는 지위고하를 불문한 엄정한 법의 집행이 필요함을 새삼 깨달을 수 있죠. 우리 사회는 아직 여러 부문에서 강고한 기득권 세력이 형성되어 있어요. 그들은 서로 감싸고 비리를 덮어주면서 개혁에 저항하고 있는 거예요. 검찰이나 언론이 보여주는 제 식구 감싸기 작태는 반역사적인 거죠. 개혁을 위해서는 적절한 때를 기다릴 줄도 알아야 하지만, 기회가 왔을 때는 과단성이 있어야 합니다.

그런 점에서 정조가 적폐세력을 어떻게 척결했는지 살펴보기로 하죠. 1786년에 정조의 아들이 갑자기 죽어요. 문효세자 이야기입니다. 세자가 죽은 지 4개월 뒤에는 문효세자의 어머니이자 정조가 가장 사랑했던 의빈 성씨가 임신 9개월의 몸으로 죽어요. 다시 4개월 뒤에는 정조의 배다른 동생 은언군의 큰아들인 상계군이 죽어요.

처음에 죽은 문효세자는 장차 정조의 뒤를 이어 왕이 될 사람이었죠. 죽을 때 다섯 살이었는데, 정조는 문효세자가 열다섯 살이 되면 왕위를 물려주려고 했어요. 의빈 성씨는 임신중으로 한 달 후면 또 다른 왕자를 낳을 가능성을 가지고 있었죠. 이때까지 정조에게는 아들이 없었기 때문에 후계구도가 꺾여버린 거죠. 상계군은 정조의 조카잖아요. 정조는 만일의 경우 상계군을 자기 아들로 입적시켜 왕위를 물려줄 생각까지 하고 있었거든요. 정조의 후계자가 될 수 있는 사람들이 모두 죽어버린 거예요. 정조가 얼마나 슬펐겠어요.

연이은 죽음에 미심쩍은 부분이 있었죠. 하지만 죽음의 원인을 밝힐 수가 없었던 거예요. 겉보기에는 모두 자연사였으니까요. 문효세자는 심한 감기에 걸려 죽었고, 의빈 성씨는 시름시름 앓다가 갑자기 죽어버렸어요. 상계군도 급작스럽게 죽었죠.

상계군이 죽은 지 몇 달 뒤에 상계군의 장인이 정조를 찾아와요. 사실 상계군의 죽음은 구선복 때문에 일어난 것이라고 고변을 한 거예요. 상계군이 죽기 전에 자신에게 고백했다는 것이죠. 구선복이 상계군을 찾아와 자신들이 이미 문효세자와 의빈 성씨 두 사람을 죽였는데, 조만간 왕도 죽일 거다, 당신을 왕으로 만들어줄 테니 자신들에게 협력하라고 했다는 거예요. 그 말을 들은 상계군은 얼마나 겁이 났겠어요? 잘못하면 집안이 멸문되고 말지 않겠어요? 그래서 집안을 지키기 위해 자살을 했다는 것이었죠.

역모사건이었던 거예요. 이로써 문효세자와 의빈 성씨가 그렇게 갑자기 죽은 이유가 밝혀지게 됐죠. 구선복 일당이 궁녀를 매수해서 음식물에 조금씩 독을 타 가지고 죽게 만들었다는 거죠.

구선복은 당시 사람들이 그를 무종武宗이라고 부를 정도로 막강한 병권을 쥐고 있었어요. 태종, 세종처럼 임금을 칭하듯이 불렀던 거예요. 왕과 같은 반열의 권력을 쥔 사람으로 비쳤던 것이죠. 너무나도 군사적인 힘이 막강해서 왕은 물론 정승, 재상 같은 세력가들도 구선복에게 함부로 할 수 없었어요. 구선복은 오랫동안 훈련대장을 지내고 병조판서를 역임하고 하였는데, 그와 함께 사건에 연루된 조카 구명겸 역시 좌포도대장, 삼도수군통제사 등을 거친 무인집단의 실세였어요. 능성 구씨는 무인의 명가로 당대의 세력가들과 혼맥 등으로 연결된 배경도 막강했지요.

얼마나 권력이 크고 안하무인이었으면 사람들이 무종이라고 부르는 것을 즐겼겠어요. 임금에 대한 도전이었죠. 일개 장군이 세력을 거느리며 거의 임금처럼 행동한다는 것은 있을 수 없는 일이죠. 그러니 그런 어마어마한 사건을 일으켰겠지요.

정조가 보기에 구선복 일당은 당시에 척결해야 할 가장 큰 개혁 방해세력이었어요. 그래서 마침내 칼을 빼들게 되죠. 정조는 즉위하면서 곧바로 노론 벽파의 영수 홍인한과 정후겸 등을 처단했어요. 그럼에도 불구하고 구선복은 어떻게 하지 못했어요. 그들 세력이 병권을 쥐고 있고, 구석구석에 뿌리 내리고 있어 꺾을 힘이 없었기 때문이죠. 그런데 역모사건으로 그 기회가 찾아왔던 거예요.

역모를 밝히기 위한 추국청이 설치되고 구선복이 잡혀 왔죠. 정조가 직접 친국에 나섰죠. 구선복은 처음에는 음모라며 완강히 맞섰어요. 그러다가 연루자들과의 대질 끝에 모든 것을 실토했죠. 정조는 발뺌하는 구선복에게 자신이 열한 살 때 아버지가 뒤주에 갇히는 모습을 지켜보았고, 구선복이 뒤주에 들어가는 아버지 얼굴에 침을 뱉는 것까지 다 보았다며 분노를 털어놓죠. 구선복은 사도세자 사건 당시 뒤주의 감시 책임을 맡은 포도대장이었어요.

개혁은 기민하고 과단성이 있어야

　정조는 그 오랜 세월 동안 괴로움을 참고 인내하며 때를 기다렸던 거죠. 분노를 표출한들 십대의 어린 세손이 할 수 있는 일이라는 게 아무것도 없었던 거예요. 왕위에 오른 다음에도 그들 세력에 맞서기에는 왕권이 너무 약했어요. 그래서 왕위에 오른 지 십 년이 넘도록 그들을 징치할 수가 없었고, 오만방자한 그들은 왕권을 찬탈하려는 음모까지 꾸민 것이었어요.

　그들은 형식적으로는 임금을 예우하는 듯했지만, 뒤로는 자신들 세상처럼 굴었던 거죠. 군대의 모든 인사며 행정을 장악하고 자신들 마음대로 쥐락펴락했어요. 군대를 훈련조차 시키지 않으면서 엄청난 돈을 펑펑 써버렸죠. 정조가 왕이 돼서 호조에서 나온 예산안을 보니까 국방비가 국가 재정의 56%나 차지하는 거예요. 국방비가 왜 그렇게 많이 들어가는지 살펴봤죠. 쓸모없는 군대가 너무 많았던 거예요. 하는 일도 없는 노론 패거리의 하수인들이 군대의 요소요소를 차지하고 앉아 엄청난 월급을 받아먹고 있었죠, 백성들의 고혈을 빨아먹은 거예요.

　정조는 왕이 되어서 여러 가지 개혁을 추진했잖습니까? 군사 부문에서도 군대의 통폐합이라든지 군인의 수를 줄이고 정예화한다든지 적폐를 청산하기 시작하거든요. 그렇지만 나라의 형편이 마치 동맥경화 걸린 사람 같았던 거예요. 구선복 같은 적폐들 때문이었죠. 자연히 이들 세력과 충돌할 수밖에 없었죠. 문효세자와 의빈

정조의 개혁의 꿈이 녹아 있는 화성을 그린 〈화성전도〉.

성씨 등의 죽음은 그 과정에서 그들에게 당한 것이었어요.

하지만 와신상담 끝에 칼을 빼든 정조는 더 이상은 그들과 타협하지 않습니다. 그들을 용서하거나 타협해서는 개혁을 이룰 수 없기 때문이었죠. 여전히 그들의 힘을 두려워한다면 나라의 미래도 없을 것이고요. 남은 것은 죄에 대한 마땅한 응징과 마침내 돌파구가 열린 과감한 개혁이었죠.

사건의 주모자인 구선복은 최고의 형벌인 능지처참에 처해졌어요. 산 채로 온몸을 토막 내어 죽이는 형벌이었죠. 구명겸은 군대가 모인 가운데 조리를 돌린 다음 효수하였어요. 그들의 가족은 노비가 되어야 했지요.

이들 집단을 척결한 다음 정조는 더욱 과감히 개혁세력을 등용시키기 시작하죠. 유명한 채제공 같은 인물이 이때 등장하는 거예요. 다산 정약용도 이 무렵에 대과에 급제해 조정에 출사하고요. 그 이전까지는 정조가 자기와 함께하고 싶었던 개혁세력들을 다 불러들이지 못했거든요.

이 사건을 계기로 노론 세력은 크게 위축되었어요. 그들을 뒷받침하고 있던 군대라는 물리력의 한 축이 무너졌거든요. 병권을 장악한 정조는 새로운 친위 군대의 창설에 나섰어요. 장용영이라는 군대가 그것이죠. 장용영은 모병제 같은 건데요, 군대의 숫자를 줄이는 대신 정예화한 부대죠. 기술 개발을 통해 첨단무기를 만들고 군사훈련을 열심히 해서 아주 강력한 군대를 만들었어요. 반면에 국방비는 크게 줄여 민생 문제를 해결하는 데 사용할 수 있었죠. 자신에 대한 도전과 맞닥뜨린 위기를 개혁의 에너지로 발전시킨 모범적인 사례라고 할 만하죠.

조선시대에도
사법개혁이 있었다

전하 혼자 왕이 된 줄 아십니까?

조선시대의 사법개혁에 대해 살펴보려고 하는데요. 영조 임금 때 이런 일이 있었다고 해요. 영조가 노론의 지지에 의해 왕이 되었거든요. 아무리 신하들의 힘이 세다고 해도 왕의 자리에 오래 있다 보면 자기 정치를 하고 싶은 의지가 생기는 거죠. 그래서 영조가 자신의 철학대로 밀고 나가려고 하잖아요. 그때 신하들이 영조한테 말했다죠.

"전하는 너무나 훌륭한 군주이십니다. 그런데 전하가 어떻게 국왕이 되었는지 기억을 못하십니까? 전하 혼자 왕이 된 줄 아십니까? 우리가 도와주지 않으면 전하가 그 자리를 유지할 수 있을 것 같습니까?"

권력이라는 건 제도 속에서 나오는 거죠. 강고한 제도를 틀어쥐고 있으면 왕이라도 신하에게 함부로 못하는 거죠. 지금의 대한민국 검찰은 전 세계에서 검찰이 가질 수 있는 가장 센 기능을 다 가지고 있어요. 이런 검찰 권력은 어디에도 없어요.

우리나라 검찰 제도의 원형은 일제 때 만들어지거든요. 일제가 조선인을 탄압하기 위해서 사상 유례 없는 검찰 권력을 만든 거예요. 수사권과 기소권을 독점하고 있잖습니까? 이런 형태는 일본 내부에도 없던 것이에요. 전혀 견제를 받지 않다 보니까 권력 자체가 비민주적일 뿐 아니라 기소권 행사가 아주 자의적이에요. 일반 국민들에게는 추상 같으면서도 검찰 내부 비리나 권력자들에게는 솜방망이처럼 무뎌지지요.

해방 이후 검찰 제도가 변화되었어야 하는데, 전혀 그러지를 못했어요. 이게 오늘날까지 이어진 거예요. 1910년에 나라를 빼앗겼으니까 벌써 110년쯤이 흘렀군요. 아직도 대한민국 검찰은 일제강점기 검찰에서 한 발자국도 앞으로 나가지 못했다는 거예요. 견제와 균형이라는 민주주의의 원리가 작동하기 위해서도 검찰 개혁은 필요한 일이죠.

사헌부, 형조, 의금부는 조선시대의 사법기관

조선시대에도 지금과 똑같은 원리가 작동되었어요. 당시에도 힘 있는 권력기관이 있었죠. 그게 사헌부와 형조, 의금부 같은 사법기관이에요. 형조는 오늘의 법무부와 같은 기관인데, 형조와 포도청에서는 주로 백성들이 저지른 일반범죄를 다루었죠. 의금부는 반역사건이나 왕족의 범죄, 중죄인을 다루었고, 사헌부는 관리들의 부정부패를 감시하고 처벌하는 일이 주업무였어요.

조선시대 때 과거 합격자 자료를 살펴보니까 건국 시점부터 고종 말년까지 대과에 합격한 사람이 1만 4,200여 명이었어요. 식년시, 정시, 증광시, 별시 다 합친 합격자 수죠. 갑과는 대과에 합격한 사람들 중에 제일 엘리트 그룹을 가리켜요. 식년시는 3년에 한 번씩 치르는데 식년시 문과 합격자 33명 중에 1, 2, 3등 세 명이 갑과에 해당해요. 그들 세 명이 어느 부서로 배치되느냐가 굉장히 중요하죠. 부처의 위상이 걸린 문제이니까요.

조선시대는 기본적으로 문치주의잖습니까? 학문을 숭상하는 전통이 있다 보니까 학술을 관장하던 홍문관이나 책을 만드는 교서관, 외교문서를 다루던 승문원 같은 데가 관리들이 선호하던 기관이었어요.

외교라고 하면 육조 중의 예조에서 다루었을 것으로 생각하기 쉽지만, 실질적으로 외교 일을 관장한 기관은 승문원이었어요. 당시의 외교는 물론 중국이 핵심이었지요. 그 밖에도 일본, 여진, 유

　　　　　　　　　　　　　　　　　　　다섯 번째 이야기

구 같은 나라가 있고, 심지어 오늘의 베트남인 안남, 티베트와도 외교문서를 주고받았어요. 모든 면에서 중국과 관련한 외교가 한 등급 위였죠. 역관도 중국어 역관이 한 등급 위의 대접을 받았어요. 중국으로 가는 사신단의 규모가 450명이라면 일본 쪽 사신단은 350명 선이었어요. 이렇게 등급의 차이가 있었어요.

처음에는 홍문관이나 교서관, 승문원 같은 데가 인기 있었는데, 세조 때부터 변화가 생겨요. 갑과에서 장원한 사람이나 2등한 사람을 사헌부로 보내기 시작한 거예요. 사헌부 감찰로 보낸 거죠. 세조는 집권하고 난 이후에 사헌부와 형조의 기능을 강화해요. 정통성이 없다 보니까 통제의 필요성을 느꼈던 거죠. 문치를 중요시 여기는 군주가 집권할 때는 선호도가 떨어지던 기관이 중시되기 시작한 거예요. 무력을 권력의 바탕으로 삼은 군주들은 형조나 사헌부를 굉장히 중요시 여겼어요. 현대 들어서도 박정희, 전두환, 이명박, 박근혜 같은 대통령 시절에는 법무부하고 검찰 같은 힘있는 권력기관에 가고 싶어 난리가 났잖습니까?

다산 정약용이 《경세유표》에 이렇게 썼어요. 《경세유표》는 국가개혁서이거든요. "법이라고 하는 것이 진짜 백성을 위한 것이라면 오래 돼서 잘못된 법제도는 개혁해야 된다. 그렇게 하는 사람이라야 어진 사람, 올바르고 정의로운 사람들이다. 법이 처음 만들어질 때는 그 시기에 맞게 정의로울 수 있으나, 세월이 흐르면 변화된 시대에 맞지 않게 되므로 옛날 법을 계속 준용하려고 하면 그것은 절대 올바르지 않다. 법도 개혁해야 한다."

　　현재 검찰이 갖고 있는 힘도 잘못된 낡은 법 위에 서 있는 것이라
면 스스로 내려놓아야죠. 110년 전에 만들어진 검찰 제도를 여전히
고수하려는 데서 문제가 발생하는 거죠. 옛날 조선시대 때도 그랬
어요. 조선시대 때의 관원들 숫자를 보면 형조와 사헌부가 제일 많
아요. 형조하고 사헌부에 문과 급제자가 많은 게 아니라, 요즘으로
치면 검찰 수사관 같은 사람들이 많았어요. 형조와 사헌부 내에서
실무일을 맡은 서리들의 숫자가 250명 남짓 되었거든요 다른 부서
의 40명, 50명 규모에 비하면 굉장히 많은 것이죠.

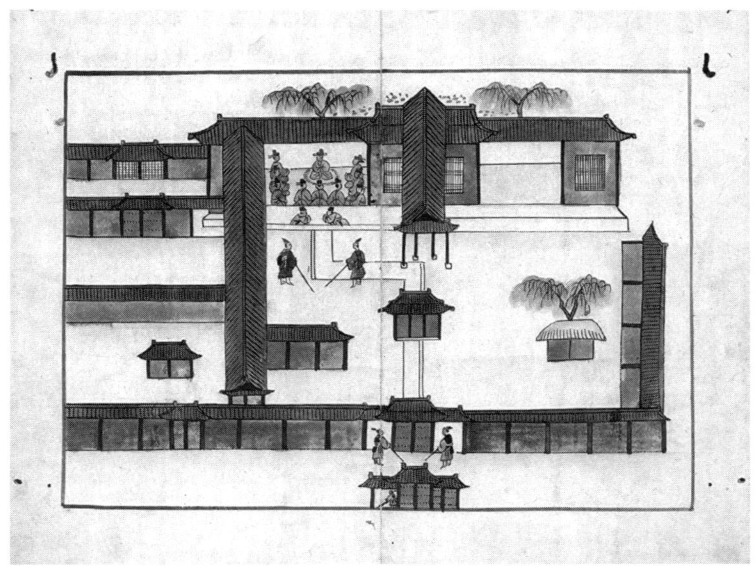

의금부 관원들로 구성된 금오계金吾契 계첩 속의 그림으로 의령 남씨 가문에 전해오던 것이다.

그리고 의금부가 있죠. 의금부는 요즘으로 말하면 검찰 내 공안부, 특수부를 합한 기관이죠. 의금부 바로 위가 승정원이에요. 승정원은 지금으로 치면 청와대 비서실 성격이죠. 그러니 의금부의 위상이 얼마나 센지 알겠죠. 큰 틀에서 오늘의 검찰에 해당하는 형조, 의금부, 사헌부에 상상할 수 없이 많은 수의 관원들이 있었던 거예요.

이들의 힘이 얼마나 컸을지는 미루어 짐작이 될 거예요. 조직이 크고, 하는 일도 사람을 감찰하고 죄를 묻는 일이었으니. 요즘 검찰이 갖고 있는 제일 센 힘이 기소권 아닙니까? 조선시대 때도 마찬가지였어요. 형조, 사헌부, 의금부에 있는 관원들이 사건을 쥐락펴락하는 거죠. 권력과 돈을 가진 자들은 이들 기관에 줄을 대고 다 빠져나가는 거예요. 심지어 엄정하게 법을 집행한다는 명분으로 자신들의 이익, 권력기관의 이익을 위해 국왕까지 통제하려 들었죠.

국가개혁의 제일 큰 핵심은 사법개혁

조선시대에 반드시 죄를 물어야 하는 사건들이 있었어요. 금주령이 내렸을 때 술을 마시면 엄벌에 처해졌죠. 허가 없이 소를 잡으면 반드시 법으로 다스렸고요. 도성 안에서 굿을 하는 경우와 승려가 허가 없이 도성 안에 들어오는 것도 법적 제재 대상이었어요. 자식이 부모를 죽이거나 노비가 주인을 폭행하는 등의 강상죄도

중형으로 다스렸지요. 살인은 말할 것도 없고 간통 사건도 엄히 다스렸죠.

조선시대에 소는 굉장히 귀했어요. 농사에 사용하는 귀중한 존재고요. 그래서 함부로 도살해서는 안됐죠. 몰래 소를 잡았다가 걸리면 곤장 100대를 맞고 3년 동안 유배를 가야 했어요. 얼마나 중죄인으로 다스렸는지 알 수 있죠. 그런 속에서도 양반들이 잔치를 치르려고 몰래 소를 잡는 일이 있었어요. 뇌물을 주고 손을 쓴 거였죠.

제일 많은 것은 무당 사건이었어요. 무당이 도성 안에 들어와 굿을 해서는 절대 안되었어요. 굿을 하다 들키면 감옥에 가야 했죠. 그런데 형조 서리들하고 내연관계인 무녀들이 많았어요. 무녀들 중에 미인이 많았거든요. 그러니 절대 기소되는 일이 없죠. 말도 안되는 황당한 논리를 만들어 법망을 피하는 거죠.

황당한 사건 가운데는 왕릉에 가서 몰래 제사를 지내는 일들이 있었어요. 왕실의 정기를 받자는 것이었겠죠. 왕실 입장에서 보면 왕실을 능멸한 것이죠. 국왕이 직접 추국에 나서야 할 정도의 큰 사건임에도 불구하고 기소되는 경우가 거의 없었어요. 서리들이 뇌물을 받고 유야무야 처리했기 때문이죠. 뇌물의 액수를 자기들이 다 정해두었어요, 30량이니 25량이니 하고요. 그 시절의 20냥이면 큰 집을 한 채 살 정도의 큰돈이었죠.

조선시대에는 아무나 함부로 장사를 할 수 없었어요. 정조 때인 1791년에 신해통공辛亥通共 정책이 실시되면서 비로소 자유롭게 장사를 할 수 있게 되었죠. 그 이전에도 몰래몰래 장사를 하는 사람들이 있었을 것 아닙니까? 이들을 앞장서 단속한 것은 장사의 권리를 갖고 있던 시전 상인들이었어요. 이들이 형조, 사헌부 관원들과 한통속이 돼서 몰래 장사한 사람을 잡아다 두드려 패는 등 장사를 못하게 막았죠. 독점권을 가지고 있던 시전상인들은 요즘으로 치면 재벌에 해당하거든요. 형조와 사헌부 관원들이 재벌 방패막이 역할을 한 거예요. 지금도 사법기관이 알게 모르게 재벌들의 바람막이 역할을 해주고 있잖습니까? 퇴임 후에는 재벌사 고문변호사로 옮겨가고요.

형조의 권한이 얼마나 셌는 줄 아세요? 지방에서 사건이 발생하면 그 지방 고을 수령이 1심을 맡아요. 2심은 각 도 관찰사가 하죠. 그런데 한성부는 갖고 있는 권한이 거의 없어요. 한성에서 일어난 사건의 1심을 거의 대부분 형조에서 담당하는 거죠. 2심도 다 형조에서 처리해요. 권한이 막강할 수밖에 없죠. 그러니 형조하고 사헌부 사람들한테 잘못 보이면 어떻게 되겠어요. 눈 밖에 나거나 힘없는 사람들은 일단 감옥에 집어넣어요. 감옥에 가면 엄청 두드려 맞고 아주 열악한 환경에서 칼을 차고 지내야 돼요. 목에 칼을 차게 되면 몸을 꼼짝 못하게 되니 대소변 보기도 힘들죠. 이런 구조 속에서 뇌물을 엄청나게 받아 먹는 거예요. 옛날에는 그것을 속전贖錢이라고 했어요. 속전을 어마어마하게 몰래 챙기는 잘못된 관행들이 너무나 많았죠.

이렇게 잘못된 법을 개혁하지 않으면 어떻게 되겠어요? 법을 고치지 않으면 나라가 망한다, 권력기관을 개혁하지 않으면 나라가 망한다는 말이 나오는 거죠. 정조는 흠휼전칙欽恤典則이라는 법을 새로 만들었어요. 흠欽은 공경한다, 높이 받든다는 말이고, 휼恤은 백성을 구휼한다는 말이죠. 백성을 위해서 높이 받드는 법이라는 뜻이에요. 흠휼전칙이 시행됨으로써 권력기관이 사람들을 함부로 감옥에 처넣는 관행이 크게 줄고, 형구의 규격과 사용법이 정해져 인권이 개선되었어요. 다산 정약용도 국가를 제대로 개혁하지 않으면 안된다, 국가개혁의 제일 큰 핵심은 권력기관 그리고 사법개혁이라고 이야기했죠.

국가체제가 뿌리째 무너지고 있던 것을 세금 제도에서도 알 수 있어요. 18세기 이후가 되면 백성들의 삶이 더 힘들어져요. 그 이유는 양반들이 세금을 내지 않아서예요. 양반들의 토지는 면세지로 둔갑해버리거든요. 양반들이 권력기관과 결탁해 자신들의 옥토를 다 면세지로 바꾸어버리는 거죠. 그러니 부족한 세금을 무엇으로 채우겠어요. 백성들의 고혈을 빠는 수밖에요. 다산 선생이 개탄을 하잖습니까? 이게 나라냐고요.

군포 납부도 마찬가지였어요. 양반 사대부 기득권 세력은 군포 납부 의무에서 다 빠져나가죠. 그러니 일반 백성은 장정이 아닌 간난아이며 죽은 사람에게도 군포가 부과되고, 더 나아가 강아지까지 군적에 올려 군포를 징발해가는 패악질이 벌어졌어요. 이런 일의 배후에는 지방 관아 수령과 아전들만이 아니라 국가를 주도하던 형조, 사헌부, 의금부 관원들이 있었던 거예요. 바로 이들이 양반 사대부들이 세금 내지 않도록 하는 전위대였던 셈이에요.

법은 물이 흐르듯이 흘러야

물론 당시에도 강직한 관리들이 없지는 않았죠. 이순신 장군의 증조할아버지 이거 같은 사람이죠. 이거는 사헌부 장령을 지냈어요. 요즘으로 치면 서울중앙지검 부장검사 정도 되겠죠. 이 사람 별명이 호랑이 장령이에요. 부정한 관리에 대해서는 관직의 고하를 가리지 않고 탄핵했다고 해요. 지금 시대에 나라의 기강을 바로잡는 개혁을 위해서는 이런 사람이 필요한 거죠.

법의 집행은 공정해야 되고, 사적 이익에 갇혀서는 안되죠. 조선시대의 형조나 사헌부는 겉으로는 법을 엄정하게 집행한다고 하면서 안으로는 자신들과 자신들 일파의 이익을 앞세웠던 거예요. 권력이 비대해지다 보니 국왕의 견제를 넘어 통제하려 들었고요. 양반 사대부 실세들은 학문을 한답시고 승문원, 홍문관 이런 곳을 폼나게 차지하고 앉아서, 실제 권력기관인 사헌부, 의금부 같은 데 핵심 멤버를 파견해 권력을 통제한 거죠. 이처럼 나라 전체의 거대한 권력을 장악하고 국왕을 견제 통제하는 모습이 조선시대 5백 년 내내 존재했던 거예요.

2백 년 전에 다산 정약용이 소위 사법개혁을 하려고 하다가 노론들의 벽에 부딪치지 않았습니까? 노론 세력은 자기들의 기득권이 날아갈까봐 기를 쓰고 다산을 핵심요직에서 밀어냈고요. 정조도 기득권층을 달래느라 잠시 한 발을 뒤로 뺐는데, 그 사이에 그만 세상을 뜨고 말았죠. 정조가 죽자 사상범으로 몰린 다산은 겨우 목숨을 부지한 채 18년간의 유배 생활에 들어야 했어요. 끝까지 싸워 개혁을 이루었어야 하는데 다시 돌이킬 수 없는 일이죠.

법法이라고 하는 게 한자풀이를 해보면 물 수 氵(水)변에 갈 거去로 이루어져 있지요. 물 흐르듯이 흘러야 하는 게 법인 거죠. 그것이 상식이에요. 흐름이 막히면 터주어야겠지요. 잘못 운영해서 세상의 변화를 따라가지 못하는 법의 막힌 흐름을 터주는 것이 사법개혁의 정신이 아닐까 싶습니다.

서울 함락 직후
맥아더와 이승만
수원에서 만났다

대구까지 줄행랑친 이승만, 수원으로 날아오다

한국전쟁이 발발한 지 벌써 70주년이 되었어요. 오늘의 주제는 새롭게 발굴된 영상자료를 통해 한국전쟁 중의 수원을 조명해보는 겁니다. 영화 〈엽기적인 그녀〉〈클래식〉을 만든 분이 곽재용 감독이에요. 이분이 수원 태생이거든요. 그동안 한국전쟁으로 파괴된 화성 사진을 찾아 모았다고 해요. 주로 1950년대, 60년대에 미군들이 찍어서 갖고 있던 슬라이드 필름들이에요. 곽재용 감독은 어렵게 구입한 자료를 전부 수원시에 기증했어요. 그 기증자료를 대중에게 소개하는 전시회가 '한국전쟁과 수원화성'이라는 이름으로 수원박물관에서 열렸죠.

전시회를 준비하는 과정에서 이동근 박사를 비롯한 수원박물관 학예사들이 미국 국립문서기록관리청이 소장한 영상 가운데 수원과 관련한 영상을 찾아냈어요. 이들이 찾아낸 한국전쟁 관련 영상 속에는 매우 흥미로운 내용이 들어 있어요. 우선 1950년 6월 29일에 수원비행장에 도착한 맥아더 원수의 모습을 볼 수 있거든요. 동경에 머물던 미 극동군사령관 맥아더는 전황을 살피고 미 국방성에 지상군 파견을 요청하기 위해 한국을 찾았죠.

이때 수원에서 맥아더와 이승만 대통령의 만남이 이루어집니다. 이승만은 북한군이 진격을 시작한 지 이틀 만인 6월 27일 새벽에 서울 시민 몰래 대구까지 줄행랑을 치지 않았습니까? 그러다가 대전으로 되돌아왔지요. 자기 생각에도 너무 멀리 왔다고 멋쩍은 생각이 들었던 거지요. 대전에 있던 이승만은 맥아더를 만나기 위해 수원으로 날아갔어요. 영상물 속에는 맥아더 사령부의 선발조사대로 한국에 온 처치 준장이 수원비행장에서 이승만을 맞이하는 장면이 나옵니다. 이승만은 수원농업시험장에 마련된 임시지휘소로 이동해 맥아더를 만났어요. 이승만과 맥아더가 무슨 이야기를 나누었는지 궁금하지 않을 수 없죠.

수원박물관에서 편집한 6분 가량의 영상물을 공개해드리겠습니다. 맥아더와 이승만의 영상뿐 아니라, 수원비행장에서 불타고 있는 미군 수송기, 수원역에 집결한 국군과 경찰, 이감을 위해 대기 중인 사상범들, 수원화성 장안문을 통과하는 미군 탱크의 모습을 볼 수 있어요. 공교롭게도 이승만과 맥아더의 모습은 한 번 더 등장합니다. 1·4후퇴로 수원이 북한군의 수중에 다시 넘어갔다가 탈환된 직후에 두 사람 모두 수원을 찾았거든요.

한국전쟁 개전 초기의 전략적 요충지 수원

한국전쟁 중 수원은 개전 초부터 전략적 요충지였어요. 전쟁이 발발하자 수원에는 미 극동군사령부 지휘소가 설치되었어요. 수원비행장이 있기 때문이었겠지요. 수원비행장은 사실은 일제 때 만들어진 거예요. 만주사변을 일으킨 일제가 만주를 공격하기 위해서 만든 비행장이에요. 수원비행장은 해방 이후에 전략적 중요성이 더 커졌지요. 맥아더가 자신의 전용기 바탄호를 타고 수원으로 날아왔을 때는 서울이 북한군의 수중으로 떨어진 다음이었어요. 서울을 빼앗긴 국군은 한강 남쪽에 방어진을 친 채 북한군과 대적하고 있었죠. 7월 3일까지 버티던 국군은 더 견디지 못하고 후퇴하게 됩니다. 후퇴하면서 전열을 재정비해 맞선 방어선이 수원이었어요. 이후 수원은 북한군에 점령당했다가 인천상륙작전 이후 탈환되지만, 1·4후퇴 때 다시 한 번 빼앗기고 탈환하는 과정을 반복하게 됩니다. 이 과정에서 많은 시가지가 파괴되었고, 장안문과 창룡문의 문루가 부서지는 등 세계문화유산인 수원화성이 큰 손상을 입었죠.

사실 한국전쟁은 국제전이었잖아요. 2차세계대전보다 더 많은 국가가 참여한 국제전이었죠. 그래서 국제사회에서 통용되는 전쟁의 공식적인 명칭은 한국전쟁Korean War이죠. 전쟁이 왜 일어나게 되었는지 잠깐 살펴볼 필요가 있겠지요. 2차세계대전이 끝나고 나서 미국으로 대표되는 진영과 소련으로 대표되는 진영 간의 대결이 시작되지 않습니까? 이들이 2차세계대전 중에는 연합해서 함께 싸웠죠. 독일과 일본이 차례로 항복하면서 한반도에는 승전국 미국과 소련의 군대가 남과 북에서 진주해 오게 되었어요. 동시에 38도선을 경계로 해서 남쪽에는 미군정이, 북쪽에는 소련군정이 들어선 거죠. 일본의 패망과 함께 우리나라가 독립을 했어야 하는데 안타까운 일이죠.

더더욱 통탄할 일은 군정이 끝난 후 통일국가를 이루지 못한 일이에요. 냉전체제가 심화되면서 미국이 남한 단독정부 수립으로 정책을 바꾸면서 1948년 8월에 대한민국이 출범하게 되죠. 이에 맞서 같은 해 9월 한반도 북쪽에는 조선민주주의인민공화국이라는 반쪽 정부가 들어섭니다. 양쪽은 서로 합법정부라고 주장하면서 38도선을 사이에 두고 총격전을 포함한 국지적인 대결을 계속했어요. 유일한 합법 정부라는 주장 아래 이승만 대통령은 계속해서 북진통일을 주장했지요. 북한도 마찬가지 논리로 남쪽을 해방시키겠다고 했고요.

북한은 미국이 개입하지 않을지 모른다는 오판을 했어요. 그 배경에는 에치슨 라인이라는 게 있어요. 1950년 1월에 미국의 국무

장관 애치슨이 미국의 극동방위선을 언급하면서 한국을 제외했거든요. 일본과 대만은 포함하면서 남한을 빼버렸으니 오해할 만한 거죠. 일각에서 북한의 남침을 유도하기 위한 전략이었다는 주장이 나오는 이유죠. 최근에 공개된 미국의 기밀문서에 의하면, 당시 미국은 한반도를 전략적 가치가 높은 곳으로 여기지 않았어요. 그래서 1949년 6월에 한반도에 주둔하고 있던 미군을 전부 철수시켜버렸죠. 중국이 공산화되기 전이었거든요. 당시 중국대륙은 장개석의 국민당 정부가 지배하고 있었죠. 그런데 국민당 정부가 중국공산당에 밀리기 시작하더니 대만으로 쫓겨나게 된 거예요. 그 넓은 중국 본토는 공산당의 차지가 되어버렸죠. 자칫하면 일본까지 공산화되고 미국의 태평양 지배권이 상실될 가능성이 커졌죠. 이런 이유로 한반도의 전략적 중요성이 높아진 시점에 한국전쟁이 터진 거예요.

한국전쟁이 발발한 원인에 대해서는 아직도 여러 설이 분분하지만, 2000년대 이후 기밀이 해제된 옛 소련 문서에 의하면 김일성이 스탈린을 찾아가 여러 차례 남한에 대한 침공을 건의했다고 해요. 스탈린은 처음에는 시기가 적절하지 않다며 거절하다가 미군이 철수한 다음에 김일성의 계획을 승인했다는 거예요. 중화인민공화국도 여기에 동의했죠. 북한은 소련의 지원 하에 군사력을 크게 증강시킵니다. 당시 세계 최고의 성능을 자랑하던 소련제 T-34 탱크 등을 도입한 거예요.

이승만과 맥아더, 무슨 이야기를 나누었을까

전쟁이 터지자 전면적인 남침을 예상하지 못했던 남한 정부는 우왕좌왕합니다. 군사력에서 크게 밀린 탓에 전쟁이 시작된 지 겨우 사흘 만에 수도 서울을 빼앗기고 말죠. 이승만 대통령은 6월 27일 새벽에 도망치듯이 몰래 서울을 빠져나갔어요. 서울 시민들은 아무도 그 사실을 알 수 없었죠. 당시는 지금처럼 정보가 많지 않던 시절이기 때문에 국민들은 몹시 혼란스러웠어요. 그런데다가 엉터리 가짜 뉴스가 횡행했죠. 전쟁이 시작된 다음날 신문에 해주 점령설이 등장하기도 합니다. 황해도 해주는 이북 땅인데, 남한군이 해주를 점령했다는 보도가 난 거예요. 국방부와 공보처에서는 이승만이 서울을 빠져나간 이후 국군이 크게 밀리고 있는 상황에서 국군이 의정부에서 승리를 거두었고, 정부는 서울을 사수할 것이라는 특별방송을 내보냈어요. 대전으로 피난을 간 이승만도 이날 밤 특별방송에 등장하였어요. 국군이 용감히 싸우고 있으며, 미국의 지원군이 곧 도착한다는 내용이었죠. 28일 새벽에 한강 인도교가 폭파되고 나서야 비로소 서울 시민들은 돌아가는 상황을 제대로 인지하게 되었어요.

전쟁 초기의 이런 혼란한 상황 속에서 맥아더와 이승만이 수원에서 만나게 된 겁니다. 맥아더는 이승만보다 먼저 수원에 도착했어요. 이승만은 경비행기를 타고 부랴부랴 대전에서 수원으로 향했죠. 이때 두 사람이 만나서 무슨 이야기를 나누었는지는 기록이

맥아더 장군과 이승만 대통령.

없어요. 미국의 트루먼 대통령은 이미 6월 27일 미 공군과 해군으로 하여금 한국군을 지원하도록 명령한 상태였거든요. 맥아더는 더 적극적으로 지상군 투입이 필요함을 주장했죠. 미군의 적극적인 지원과 개입을 기대한 이승만과 맥아더는 서로 뜻이 통했어요. 따라서 두 사람은 미군의 투입 문제를 논의했을 겁니다. 한편 맥아더는 자신이 중심이 되는 단일 지휘권을 원했어요. 미국은 이승만이 한국군 작전지휘권을 넘겨주지 않을 가능성을 우려했죠. 맥아더는 이 부분에 대한 확실한 약속을 원했을 거예요.

결국 맥아더의 강력한 요청에 의해 미국은 7월 1일 대대 규모의

지상군 선발대를 한국에 급파했어요. 이 부대는 7월 5일 수원 남쪽의 죽미령에서 처음으로 북한군과 교전을 벌였어요. 이에 앞서 6월 27일 트루먼 미국 대통령이 미군의 군사 개입을 선언하자, 유엔은 미국의 군사조치를 추후 승인하게 됩니다. 미국이 유엔의 실질적 리더였기 때문에 절차 같은 것은 별 문제가 되지 않았죠. 이어서 7월 7일 유엔 안전보장이사회는 유엔군의 파병을 결정하고, 미국에 지휘권을 위임하는 결의를 채택했어요. 그리하여 한국전쟁은 국제전으로 비화되고, 맥아더가 유엔군 총사령관에 임명되었죠.

이감중인 사상범들은 어떻게 되었을까

한편 수원박물관에서 편집한 영상물에는 북한군 전투기의 기총사격으로 불타는 미군 C-54 수송기가 등장해요. 개전 초기에 김포비행장과 수원비행장 상공에서 북한 공군과 공중전이 벌어졌어요. 한국전쟁이 터지자마자 일본에 있던 미 공군 항공기들이 급파되죠. 한국을 지원하라는 미 대통령의 명령이 떨어진 상태였고, 외교관과 미군 가족 등을 국외로 수송하기 위해서였어요. 김포비행장과 수원비행장이 이송 거점이었죠. 수송기뿐 아니라 미군 전투기도 출격해 북한군과 교전이 벌어졌어요.

1950년 당시 수원역의 모습은 한옥 형태였음을 알 수 있어요. 영상물의 상당 부분이 수원역에서 촬영되었거든요. 7월 1일의 모습인데, 전선에 투입되기 위해 국군과 경찰이 시내를 행진해 수원역에 집결하는 상황이 담겨 있어요. 그런데 그 한켠에 전혀 다른 모습의 사람들이 도열해 있는 것을 볼 수 있죠. 줄을 맞춰 앉아 있는데, 고개를 숙인 채 두려움이 가득한 눈길로 사방을 두리번거리는 거예요. 그들의 뒤에는 총부리를 겨누고 있는 감시병이 서 있지요. 이들은 춘천형무소와 인천소년형무소에서 대전형무소로 이감중인 사상범들이라고 해요. 대전형무소는 사상범들이 많이 수용된 형무소였어요. 그런데 국군이 후퇴하면서 대전형무소에 수감되어 있던 사상범들을 사살해버리거든요. 따라서 영상물 속에 등장하는 앳된 소년들은 대전형무소로 이송된 다음이든 혹은 대전으로 가는 도중이든 모두 처형되었을 것으로 추정되는 거죠.

당시에는 사상범이 굉장히 많았어요. 이른바 보도연맹사건이라는 게 있었죠. 보도연맹은 사상전향을 한 사람들로 구성된 단체였거든요. 좌익세력을 회유하고 통제하기 위해 만들었는데, 1949년 말까지 가입자 수가 30만 명이나 되었어요. 그런데 전쟁이 일어나자 전국 각지에서 보도연맹원에 대한 무차별 학살이 자행되었죠.

제가 아는 선배 중에 1급 공무원 출신이 있어요. 굉장히 보수적인 사람이거든요. 이분이 의문사 진상규명 일을 잠깐 맡은 적이 있어요. 보도연맹원들이 집단학살된 곳을 발굴하는 현장에도 가게 됐지요. 그곳에 다녀온 뒤부터는 이승만 정권에 대해 넌더리를 치는 거예요. 발굴을 통해 어떻게 학살이 이루어졌는지 알게 된 거예요. 전선줄 있잖습니까? 100명, 200명 되는 사람들을 일렬로 세운 다음에 그들의 손목을 전선줄로 연결해 묶어요. 그리고 큰 구덩이 속으로 몇 명을 밀어 떨어뜨리는 거예요. 그러면 어떻게 되겠어요? 굴비 엮듯이 묶여 있으니 나머지 사람들이 수십 미터 아래 구덩이 속으로 연이어 떨어지겠지요. 그렇게 해서 다 즉사한 거예요. 총알 한 발 쓰지 않고 집단학살한 현장이 최근에도 계속 발견이 돼요. 정말 인간이 할 짓이 아니었죠.

미군 폭격기의 공습, 불타는 수원

북한군의 공세에 밀려 낙동강 전선까지 밀렸던 국군과 유엔군은 9월 15일 인천상륙작전을 계기로 서울을 탈환하고 북상을 시작했어요. 10월 말경에는 압록강과 두만강 유역까지 진출함으로써 한반도 거의 전역을 세력권에 넣었죠. 이때 갑자기 수십만 명의 중공군이 전선에 나타납니다. 중국공산당 정부는 북한의 패배가 자신들의 안보에 심각한 위협이 될 것이라고 생각했어요. 그래서 북한의 요청을 받아들여 참전한 것이었어요. 국군과 유엔군은 걷잡을 수 없는 속도로 퇴각해 1951년 1월 4일 서울을 다시 내주게 됩니다. 1월 4일 서울을 빼앗겼다고 해서 1·4후퇴라고 부르는 거죠. 1월 7일에는 수원이 북한군에 점령됩니다. 남진을 계속한 북한군과 중공군은 장호원과 제천, 삼척을 잇는 선까지 밀고 내려왔어요. 하지만 거기까지였어요. 전열을 정비한 유엔군과 한국군이 거센 반격으로 전세를 역전시킨 거예요. 1월 15일에는 오산전투에서 북한군을 패퇴시킵니다.

맥아더는 1월 28일 다시 수원을 방문했어요. 이승만 대통령도 이날 수원을 찾았어요. 이날도 맥아더와 이승만의 만남이 있었겠지요. 수원을 수중에 넣었지만 서울을 다시 찾기까지는 달포 이상이 더 걸려요. 그런 만큼 수원은 서울 탈환을 위한 거점도시였죠. 당시 수원이 최전선이었으니까 전황을 살펴야겠죠. 동경에서 날아온 맥아더가 지프차를 타고 이동중인 모습을 당시 촬영된 영상 속에서 볼 수 있어요. 맥아더는 미8군 사령관 리지웨이하고 팔달산 일대를 둘러봅니다. 맥아더는 자기가 얼마나 대단한 사람인지 보여주고 싶었을 거예요. 옛날 조선 세조 때 신숙주가 지휘관으로 여진족과의 전쟁에 나간 적이 있어요. 신숙주는 여진족이 바라보이는 곳에 술상을 차려놓고 옆으로 누워서 여진족을 내려다봤거든요. 자신이 굉장히 강단 있는 사람이라는 것을 시위한 거죠.

장안문을 통과해 북으로 향하는 미군 탱크가 등장하지 않습니까? 장안문 문루 절반이 사라져버린 것을 확인할 수 있죠. 미군 폭격기가 장안문을 공격해 파괴된 거예요. 창룡문은 한국전쟁 중에 문루가 완전히 파괴되어버렸죠. 수원 시가지뿐 아니라 화성 성곽 시설이 크게 피해를 입은 거죠. 탱크가 지나가는 영상을 자세히 들여다보면 장안문 옹성을 비롯한 성벽에 무수히 나 있는 총알 자국이 보여요.

폭격을 받고 파괴된 수원 장안문.

　영상물을 통해 한국전쟁, 그리고 한국전쟁 중 수원에서 무슨 일이 있었는지 살펴보았습니다. 우리가 잘 몰랐던 사실도 새롭게 이해할 수 있었죠. 아직도 드러나지 않은 한국전쟁의 비화들이 꽤 많을 거예요. 3월 14일 서울은 다시 되찾았지만, 그 후 2년 반 정도를 38선 부근에서 남과 북이 밀고 당기는 공방전이 계속되잖습니까? 그러고 나서도 전쟁은 종결되지 않았죠. 아직도 휴전 상태이니까 언제든 전쟁 상태로 되돌아갈 수 있다는 이야기인데, 어서 빨리 평화가 정착되어야겠습니다. 그리고 다시는 이런 비극이 없어야겠습니다.

영조의 광기와 사도세자의 죽음

오늘 복장의 콘셉트는 사도세자입니다. 사도세자 관련한 이야기를 꺼내는 이유가 있어요. 이번 주 일요일이 음력 5월 21일이에요. 정조 때부터 시작해 사도세자가 죽은 기일로 정한 날이죠. 사도세자가 세상을 떠난 날이 1762년 윤 5월 21일인데, 그해가 윤년이거든요. 윤년은 4년에 한 번씩 돌아오잖아요. 그래서 윤년이 든 해는 윤 5월 21일이 기일이고, 윤년이 아닌 해는 5월 21일로 하는 거예요. 사도세자가 죽던 해에는 양력으로 7월 4일이었어요. 굉장히 더운 계절 아닙니까? 이렇게 더운 날씨에 뒤주에 갇혀 신음하다 8일 만에 세상을 떠난 사도세자의 이야기를 해보자고 하는 겁니다.

사도세자 이야기가 왜 중요할까요? 사도세자를 죽인 세력은 노론이거든요. 정치적 희생양이었지요. 사도세자가 왜 죽었는지 명확히 알 필요가 있어요. 다시는 사도세자의 죽음 같은 비극이 일어나지 않도록 하기 위해서도 말이죠. 너무 거창한 이야기인가요? 복식으로 돌아가서 김용민 피디는 〈사도〉에 나오는 사도세자의 복식입니다. 박지희 아나운서는 사도세자를 죽인 정순왕후의 대비 복식, 제가 입고 있는 옷은 사도세자 호위무사의 복식이에요.

사도세자는 덩치가 아주 컸어요. 키가 180센티미터 이상 됐어요. 지금으로 쳐도 장신이죠. 웬만한 뒤주에는 들어갈 수가 없었어요. 영조가 뒤주를 가져오라고 해서 창덕궁 안에 있는 뒤주를 가져갔는데, 세자의 몸이 커서 뒤주에 못 들어갔다고 해요. 더 큰 뒤주가 필요했죠. 그래서 군기시軍器寺에서 사용하는 뒤주를 가져갔어요. 지금의 서울시청 자리에 있던 군기시는 무기를 만들던 관청이에요. 무기를 만드는 곳이다 보니까 덩치 좋은 장정들이 많고 해서 뒤주가 컸던가 봐요. 쌀 소비량이 많았던 것이죠. 뒤주는 쌀 같은 곡식을 넣어 보관하는 궤짝이잖습니까? 군기시에 있던 뒤주를 가져가니까 세자가 그 안으로 들어갈 수 있었죠. 사도세자는 바로 그 군기시 뒤주 안에서 숨을 거두었어요.

뒤주에 직접 못을 박은 영조의 광기

사도세자는 어려서 굉장히 영특했어요. 사도세자와 관련된 기록

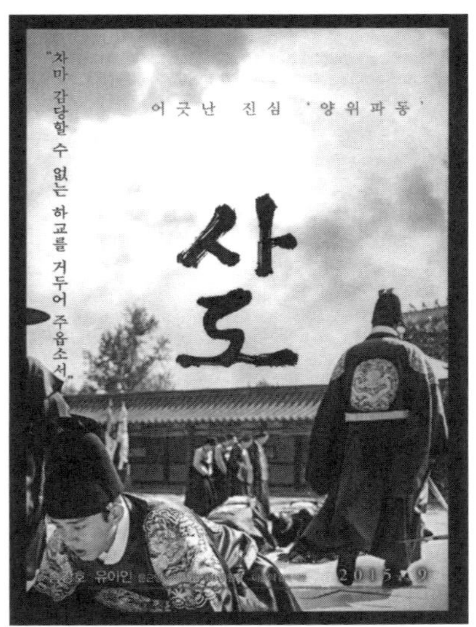

영화 〈사도〉 홍보 엽서.

이 크게 두 가지가 있어요. 하나는 사도세자의 부인 혜경궁 홍씨가 쓴 〈한중록〉이라는 기록이고, 다른 하나는 사도세자의 아들인 정조가 쓴 〈현륭원지〉가 있어요. 현륭원은 사도세자의 묘소 이름이거든요. 정조가 사도세자의 무덤을 수원 현륭원으로 이장하고서 현륭원에 관련된 모든 내용을 정리한 지문誌文이에요. 사도세자의 일대기, 전기라고 할 수 있는 행장이 들어 있지요. 하나는 부인이 쓰고 하나는 아들이 쓴 건데 내용이 많이 달라요.

〈한중록〉에는 사도세자가 어려서 똑똑했으나 주변 사람을 잘못 만나서 미쳤다, 실제 정신병 같은 광증이 있었고 그래서 결국 죽을 수밖에 없었다고 쓰여 있어요. 사도세자에게 광증이 있었던 건 사실이에요. 당시 사도세자가 장인 홍봉한에게 보낸 편지 속에는 지금 정신적으로 문제가 있으니 약을 지어달라는 내용이 있어요. 또 〈한중록〉에도 나오듯이 사람을 여럿 살해하고 했거든요.

영화 〈사도〉를 보면 일부 알 수 있지만, 영조는 성격이 아주 괴팍했어요. 기분이 안 좋은 일이 있으면 자기가 제일 미워하는 사람을 불러서 풀어요. 그러면 그 안 좋은 기운이 그 사람한테 옮겨간다고 생각한 거예요. 한동안은 영조가 아주 미워하던 내시를 불러서 기분을 풀었어요. 그러다가 사도세자가 자라자 이제 사도세자를 부르기 시작한 거예요. 영조가 사도세자를 얼마나 미워했는지 알 수 있는 거죠.

영조가 사도세자를 부르는 날이 있어요. 그런 날이 언제일까요? 비가 엄청 많이 내리는 날, 바람이 매우 세게 부는 날, 서리가 내리는 날, 눈이 심하게 내리는 날, 천둥번개가 치는 날, 이런 날이었어요. 이런 날 자기 기분이 안 좋다고 세자를 불러서 막 욕을 해대는 거예요. 이런 날씨의 특징은 농사에 지장이 발생하는 거죠. 농사를 망칠 가능성이 커지는 거죠. 옛날에는 기후가 안 좋고 농사를 망치면 그게 다 누구 탓이에요? 나라님 탓 아닙니까? 영조는 백성들이 자기를 엄청나게 원망할 거라고 생각한 거죠. 그래서 그 원망이 사도세자에게 옮겨가도록 한 거예요.

〈한중록〉에 보면 비바람이 심하거나 천둥 번개가 치는 날에 세자가 옷을 벗고 방구석에 쪼그려 앉은 채 오들오들 떨었다고 쓰여 있어요. 영조가 부를까봐 겁을 먹은 거죠. 사도세자가 정신병에 걸릴 정도로 아버지가 아들을 미워한 거예요. 영조 눈에 아들이 원체 마음에 안 들었던 거예요. 〈한중록〉에 여러 이야기가 등장하는데 다 이야기하자면 길어요.

영조가 독특한 사람이라는 것은 영조의 첫 번째 왕비 정성왕후를 통해서도 알 수 있어요. 달성 서씨라는 명문 출신이었는데 영조한테 완전히 천대를 받았어요. 영조가 명문거족을 별로 안 좋아했거든요. 첫날밤을 치르고 나서 그 후로는 정성왕후하고 잠자리도 같이 안했어요. 정성왕후는 죽는 날까지 왕비로서의 제대로 된 대접 한번 받지 못하고 숨죽이며 살다가 아주 비참하게 죽어요.

그랬던 영조가 어느 날 정성왕후의 위패를 봉안한 빈전을 찾아간 거예요. 갑자기 정성왕후의 혼령이 나타났어요. 혼령이 지금 세자가 당신을 죽이려고 한다고 알려주죠. 어디까지나 영조의 주장일 뿐이죠. 정성왕후가 영조와 알콩달콩 깊이 사랑하는 사이였으면 몰라도 그처럼 천대를 받았는데 뜬금없는 이야기죠.

영조가 노해 가지고 사도세자를 불러들입니다. 그리고 말하죠. 정성왕후의 혼령이 나타나 내게 위급함을 알려줬다. 네가 나를 죽이려고 했다. 평양에 있는 군대를 동원해 나를 죽이고 왕이 되려고 한 거 아니냐? 그러면서 세자 앞으로 칼을 던졌어요. 칼을 던지면서 당장 자결하라고 했지요. 사도세자는 얼마나 억울했겠어요. 아무리 무고함을 주장해도 더 이상 통할 상황이 아니었어요. 영조의 분노와 사도세자에 대한 증오가 극에 달한 상태였거든요.

추상 같은 영조의 말에 세자는 자살하려고 했어요. 영조가 던져 준 칼을 잡고서 목에 찌르려고 했는데, 곁에 있던 사람들이 말린 거예요. 사도세자는 다시 땅에 머리를 부딪치며 죽으려고 했지요. 마당에 돌이 박혀 있었거든요. 그 돌에 수없이 머리를 찧어 피를 철철 흘렸죠. 두 번째 자살 시도도 잘 안됐어요. 결국 뒤주에 갇혀 죽게 됐죠.

사도세자를 뒤주 안에 집어넣고 덮개에 영조가 직접 못을 박았어요. 자신이 직접 못을 박고 나서 쇠사슬로 꽁꽁 묶게 했어요. 그리고 볏단을 쌓게 했어요. 숨도 못 쉬게 만든 거죠. 양력으로 7월초니까 한여름이잖습니까? 햇볕이 쨍쨍 내려쬐는 무더운 날씨에 볏단까지 가득 쌓여 있으니 얼마나 힘들었겠어요. 물 한 모금 안 줬죠. 세자가 뒤주에 들어갈 때 한 사람이 자기 부채를 넣어줬는데, 세자는 그 부채에다가 오줌을 받아가지고 입술을 축이며 견뎠어요. 그런 사실이 부채에 흔적으로 남았죠. 사도세자는 물 한 모금 못 마시고 뒤주 속에 갇혀 있다가 8일 만에 세상을 뜨게 됩니다.

사도세자를 죽인 세력은 노론

정조가 쓴 아버지의 이야기는 초점이 많이 달라요. 사도세자가 어려서 매우 영특했고, 국가 개혁을 추진하려고 하다가 기득권 노론 세력에 의해 죽임을 당했다는 게 정조의 이야기예요. 국가개혁을 열심히 추진하다 보니 노론 세력과 충돌하게 되었고, 노론이 자신들의 기득권을 빼앗기지 않기 위해 사도세자를 죽였다는 것이죠. 한 사람의 삶에 대해 두 개의 시선이 있는 거예요.

종합적으로 분석하자면 사도세자는 어려서 굉장히 똑똑했어요. 한번 배운 것은 잊어버리지 않을 만큼 천재였어요. 영화 〈사도〉를 보면 사도세자가 세자 복식이 아닌 군복을 입고 다니는 모습이 많이 나와요. 실제로 늘 군복을 입고 다녔어요. 사도세자는 어려서부터 효종을 닮았다는 이야기를 굉장히 많이 들었어요. 사도세자가 두 살 때 왕세자 책봉식이 있었거든요. 세자 책봉식에서도 영의정, 좌의정, 우의정 할 것 없이 신하들이 어쩌면 이렇게 효종을 닮았느냐는 이야기를 두루 했어요.

자연히 사도세자는 효종을 계승해야 되겠다고 생각을 하게 됐지요. 효종은 북벌론을 부르짖으면서 군대를 양성하고 스스로가 대단한 무인이 되었거든요. 효종을 본받으려고 한 사도세자도 무인이 되고 싶었죠. 스스로 검술 훈련도 하고 창 던지는 훈련도 하고 했죠. 어찌 보면 진짜 군인이 사도세자인 거예요.

가짜 군인들 말고 진짜 군인 말이에요. 오늘 재향군인회장이 광복회장을 탄핵한다는 뉴스가 떴어요. 백선엽을 비난했다는 게 이유예요. 이게 말이 되는 이야기입니까? 백선엽은 독립군을 때려잡던 간도특설대 대원이었잖습니까? 이런 극렬 친일파를 우리나라 대한민국 육군의 원조로 숭앙한다는 게 말이 안되죠. 군인정신 자체가 없는 거죠. 이런 사람들이 이제는 미국이라는 나라에 오롯이 사대하는 거죠. 태극기 들고, 성조기 들고 데모하더니 이제는 이스라엘 기까지 들고 나와요.

이처럼 사대가 몸에 배어 있는 군인들하고 자주적 국가를 건설하겠다고 한 사도세자는 완전히 다른 거죠. 효종은 잘 알다시피 봉림대군 시절에 8년간이나 심양에 끌려가 있다가 돌아왔거든요. 병조호란 때 당한 삼전도의 치욕을 씻기 위해 북벌에 대한 의지가 굉장히 강했단 말이에요. 사도세자는 효종의 북벌론을 따르려고 했어요. 그래서 공자님, 맹자님 말씀보다 병법 연구를 더 많이 했어요. 천문, 역법도 열심히 공부했지요. 전쟁을 하려면 날씨며 지리 같은 것도 잘 알아야 하니까요.

사도세자가 꿈꾼 나라는 황제 국가예요. 조선은 일종의 제후 국가 처지 아니었습니까? 왕위에 오를 때도 명나라나 청나라 황제의 책봉을 받았지요. 새로운 왕이 나오면 사신이 가서 책봉 문서를 받아 오는 거죠. 더러는 책봉을 가지고 농간을 부리고 했지요. 돈이 더 필요하면 책봉을 지연한다든지 했어요. 대표적인 게 광해였지요. 형이 있는데 왜 다른 사람이 왕이 되느냐면서 안해준 거예요. 광해는 선조의 둘째 아들이고 첫째 아들은 임해군이었거든요. 임해군이 너무도 파렴치하고 무능해서 임진왜란 중에 동생인 광해군을 세자로 서품했던 거죠. 명나라가 그걸 트집 잡고 책봉을 안해준 거예요. 몇 년 동안 안해줘서 사신단이 갈 때마다 어마어마한 뇌물을 싸가지고 갔어요. 명나라 황실과 재상들한테 뇌물을 줘야 했지요.

사도세자는 그걸 너무 잘 알고 있었죠. 그래서 더 이상 중국에

예속되지 않는 자주 국가를 건설해야겠다고 생각한 거예요. 황제의 나라를 꿈꾼 거예요. 단재 신채호 선생은 고려시대 때 묘청의 난이 실패한 것을 '조선역사상 일천년래 제일대사건'이라고 이야기했어요. 묘청을 중심으로 하는 자주파가 김부식 등의 사대파에 패함으로써 그 후 이 나라에 사대주의가 득세하고 자주정신이 사라지게 되었다는 것이죠. 신채호 선생의 이야기처럼 묘청 세력이 패배했다 해서 자주국가를 만들자는 의지가 완전히 사라진 것은 아니었어요.

그런 의지가 사라져버린 결정적인 계기는 백호 윤휴의 죽음이에요. 윤휴는 북벌론을 부르짖었던 사람이죠. 숙종 연간에 영의정이었던 허적, 병조판서 유혁연 등과 함께 자주국가를 만들려고 했죠. 그러다가 우암 송시열 등 서인 세력의 음모에 말려 모두 죽임을 당하고 말죠. 윤휴 같은 경우는 역적으로 죽은 게 아니라 사상범으로 죽어요. 윤휴는 공자, 맹자의 학문을 주자의 성리학에만 따르지 않고, 조선 선비의 시각으로 재해석하려고 했거든요. 송시열은 이런 윤휴를 사문斯文의 난적亂賊, 공자의 사상을 어지럽히는 적이라고 공격하죠. 주자 성리학만이 옳은데 왜 주자의 해석과 어긋나는 생각을 하느냐는 거였죠.

서인 세력이 노론으로 바뀌고, 그 노론의 맥이 지금까지 대한민국의 지배세력으로 이어져오지 않았습니까? 이들 세력의 사상적 토대는 사대주의예요. 이들 사대주의자들에 의해 윤휴 세력은 죽을 수밖에 없었죠. 윤휴 같은 사람이 갖고 있던 창의적 사고, 자주적 사고에 사망 선고가 내린 거죠. 자유롭게 생각하고, 창의적으로 생각하고, 조선 선비의 시각에서 공자, 맹자 학문을 나름의 독자성을 갖고 해석하는 것이 죽음을 맞는 시대가 온 거예요. 숨이 막히도록 사상을 옥죄어 일체의 새로운 생각을 하지 못하게 하는 무도한 시대였던 거죠.

사도세자는 다시금 창의적인 시대, 자주의 시대를 만들어보려 했죠. 그런 사도세자를 사대주의 세력이 죽게 한 거예요. 다행히 그의 아들이 뛰어나서 아버지의 자주정신을 계승하려고 노력했죠. 정조도 늘 군복을 입고 다녔어요. 아버지 사도세자처럼 군복을 즐겨 입었어요. 정조는 신하들한테 늘 깍지를 끼고 다니게 했어요. 깍지는 활을 쏠 때 활시위를 잡아당기기 위해 엄지손가락 아랫마디에 끼는 뿔로 만든 물건이거든요. 신하들이 깍지를 끼고 다니다 언제든지 활을 쏠 수 있도록 한 거예요. 사도세자가 활을 쏘고 검술 연습을 했듯이 정조도 무예 훈련에 힘을 쏟았어요.

사도세자의 비극적인 죽음과 개혁의 좌절

사도세자가 무예 달인이었다는 게 굉장히 중요해요.《무예신보》라는 무예서가 있어요. 1759년에 사도세자가 만든 거예요. 흔히 십팔기라고 하면 중국 무예인 줄 아는데, 사도세자가 만든 무예가 십팔기였어요. 사도세자는 무예 연마에 힘썼는데, 열다섯 살이 되어 대리청정할 때 청룡언월도를 가지고 매일같이 연습을 했어요. 효종이 왕이 되고 북벌을 준비하면서 연마한 게 청룡언월도거든요. 《삼국지》에서 관우가 썼던 72근 청룡언월도를 만들어 연습한 거예요. 사도세자도 같은 무예를 익혔어요.

사도세자는 조선이 강한 나라가 되기 위해서는 '무'武를 강화시켜야 한다고 생각했죠. 당시 '문'文은 중시하고 '무'는 천시했잖습니까? 나라도 새처럼 좌우의 날개로 날아야 하기 때문에, 한쪽만 가지고는 안된다고 생각했죠. 그래서 왕세자가 되어 대리청정하면서 무예를 진작시키고, 새로운 군대를 양성하는 한편 표준 무예의 필요성을 느끼고 《무예신보》를 만들었던 거죠.

노론은 위기감을 느꼈어요. 군대를 양성하고 하는 게 자기네들을 치려는 것 아니냐는 의구심을 가진 거죠. 물론 사도세자는 그런 생각을 가졌죠. 자신이 왕이 되면 기득권 세력을 제거하겠다는 생각이 있었어요.

임진왜란과 병자호란을 통해서 기득권 세력의 무능함이 드러나지 않았습니까? 그런데도 양반 사대부 기득권 세력들은 어떻게든 기존체제를 더 끌고 가려고 했지요. 그러기 위해서는 기득권의 일부라도 내려놓아야 하고, 그 내려놓은 기득권을 백성들한테 주자는 이념이 실학이에요. 백성들과 함께 가는 세상을 만들어야 한다는 것이었죠. 사도세자는 바로 이런 개혁을 추진하려고 했던 거예요. 이에 맞서 단 하나의 기득권도 내려놓지 않으려 한 세력이 사도세자를 죽이게 된 거죠.

　사도세자의 죽음을 오늘날의 관점에서 어떻게 받아들여야 할까요? 진보세력이 끊임없이 개혁을 지속하려고 하지만, 번번이 강고한 반대세력의 벽에 막히고 있지 않습니까? 개혁을 이루어내기 위해서는 좀 더 치밀해야 돼요. 기득권 세력을 반대하면서 개혁을 꿈꾸는 국민들과 함께 연대해야 돼요. 사도세자는 반대파들을 물리칠 힘을 못 키웠던 거예요. 개혁을 끌고 갈 인재를 발굴하고 힘을 길러야죠. 그래야 사도세자처럼 비극적인 죽음으로 끝나는 개혁의 좌절을 넘어설 수 있죠.

불순한 음모
인조반정과 쿠데타

.

촛불혁명에 맞서려던 쿠데타 음모

최근에 기무사가 중심이 되어 쿠데타를 모의했다는 문서가 공개되어 국민의 큰 공분을 사고 있습니다. 박근혜 전 대통령 탄핵 과정에서 기무사가 친위 쿠데타를 모의했다는 것이죠. 조선시대 때도 이런 유사한 쿠데타가 왜 없었겠습니까? 인조반정, 중종반정 같은 나름의 성공한 쿠데타가 있었고, 실패한 쿠데타도 여러 번 있었습니다.

쿠데타라는 것은 지배계급 내의 일부 세력이 무력 같은 비합법적인 수단으로 정권을 탈취하는 것 아닙니까? 재빨리 정권을 장악해야 하기 때문에 대부분 군사력 같은 물리력을 동원하게 되죠. 국민의 지지를 바탕으로 한 게 아니라서 불법적일 수밖에 없고요. 쿠데타를 옛날 표현으로는 정변, 병난, 반정이라고 합니다. 최근에 일어난 사건도 5·16군사정변, 12·12군부 쿠데타처럼 쓰기도 하지요. 결국은 비정상적인 것이죠. 비합법적인 방법으로 나라를 뒤흔든 엄청난 국기문란 사건인 거죠.

2017년 박근혜 탄핵이 헌법재판소에서 한창 심의되고 있을 즈음에 이처럼 국기를 문란케 하려는 움직임이 은밀히 준비되고 있었다는 것이죠. 기무사는 군 감찰기관 아닙니까? 군대 내에 정변을 비롯한 불순한 책동이 없는지 정보를 찾아내고 감시하는 기관이 기무사인데, 그 기무사가 국민을 향해 총구를 들이대는 쿠데타의 시나리오를 작성하고 있었던 거예요.

수백만 명의 국민이 추위를 아랑곳하지 않고 서울 광화문 등지에 모여 국정농단에 항의하는 촛불집회를 열고 있었지 않습니까? 쿠데타가 일어났다면 촛불집회에 나온 수많은 국민이 살상되었겠지요. 기무사령관 조연천이 박근혜가 탄핵당하던 날도 청와대에 들어갔다 나왔다죠. 그건 굉장히 의미심장한 거라고 봐요 결국 그날까지 박근혜와 기무사 쪽이 긴밀히 협의를 진행했다는 증거잖습니까?

그 기무사령관이 지금 미국으로 도망가 있는데 잡을 생각도 안 하고 있어요. 조연천은 군대 내 알자회 멤버라고 알려져 있지요. 전두환이 중심이었던 하나회에 이은 조직이에요. 김영삼 대통령에 의해 하나회가 척결된 다음에 다시 은밀하게 만들어진 조직이 알자회거든요, 최순실을 중심으로 하는 세력이 조연천을 기무사령관에 앉혔죠.

박근혜 탄핵 과정에서 박근혜 주변 실세들이 박근혜 정권을 유지하기 위해 군사 쿠데타를 모의한 거예요. 그런데 최종 실행하지 않은 것은 그들이 박근혜가 탄핵되지 않는다고 오판했기 때문이에요. 만약 탄핵될 가능성이 높다는 보고를 신뢰했다면 쿠데타를 일으켰을 겁니다. 탄핵이 기각되어 박근혜가 대통령직에 복귀할 거라고 믿어 의심치 않는 정황들이 있었다고 해요. 그래서 헌법재판소 선고가 있던 날 5단 케이크인가를 준비해두었다는 거예요.

민주주의의 회복을 위해 촛불집회에 모였던 수많은 국민이 그들의 눈에는 불순분자이고, 촛불집회는 국가를 전복하려는 소요였던 거죠. 그래서 명분을 만들어 군대를 동원하려고 했던 겁니다. 어느 군대를 동원하고, 탱크는 어디에 투입한다는 계획이 아주 세밀하게 돼 있었죠. 이런 사실이 밝혀지면서 국기문란사건을 다루기 위한 합동수사본부가 꾸려졌어요. 그런데 조사대상이 사라졌다며 수사를 중지한다는 최종 결정이 내려져요. 조연천이 미국에 있어 조사를 진행할 수 없다는 이유였죠. 말도 안되는 이야기죠. 나라의 헌법질서를 무너뜨리고 국민을 살상하려던 변란행위를 이처럼 쉽게 덮어버릴 수는 없는 일이죠.

쿠데타와 함께 시작된 조선의 역사

조선시대 때도 권력을 찬탈하기 위해 일으킨 쿠데타들이 있었어요. 성공한 쿠데타의 대표 격으로 일컬어지는 것은 인조반정이에요. 하지만 내용을 들여다보면 명분이 부족했어요. 인조반정을 살펴보기에 앞서 먼저 몇 가지 쿠데타 사례를 살펴보기로 하죠.

사실 역사를 더 소급해 올라가면 조선의 창업 자체가 이미 쿠데타였어요. 고려의 신하였던 이성계가 정권을 탈취해서 꼭두각시 정권을 세웠다가 마침내 고려 왕실을 뒤집어엎고 조선을 건국했으니까요.

이성계의 다섯째 아들 이방원이 두 차례 왕자의 난을 일으키면서 정권을 잡은 것 역시 쿠데타라고 할 수 있어요. 이방원은 1차 왕자의 난을 통해 아버지 태조를 권좌에서 물러나게 했죠. 화가 난 태조는 옥새를 들고 고향인 함흥으로 가서 머물렀어요. 왕위에 오른 태종 이방원은 사신을 보내 아버지를 한양으로 돌아오도록 설득했죠. 하지만 태조는 사신이 오는 족족 죽여 버렸어요. 여기서 함흥차사라는 말이 유래되었어요.

그런데 전하는 이야기에 박순 설화라는 게 있어요. 더 이상 아무도 함흥에 가려고 하지 않자 박순이 자원했어요. 박순은 태조 이성계와 함께 전쟁터를 누빈 전우이자 친구였어요. 박순은 함흥에 가면서 새끼가 딸린 어미 말을 타고 갔지요. 옛 친구를 본 태조는 반가운 마음에 같이 술을 마시게 되었어요. 난데없이 밖에서 새끼 말

울음소리가 들리는 거예요. 이때다 싶어 박순은 짐승도 어미와 떨어지면 저리 슬피 우는데, 이제 그만 환궁하시라고 간곡히 청했죠. 박순의 말에 감동한 태조가 곧 한양으로 돌아갈 테니 먼저 가라고 박순을 전송하였어요. 그러자 한양으로 돌아가면 목숨을 부지하기 어려울 거라고 느낀 태조의 부하들이 여태까지 사신을 다 죽였는데 박순만 살려줄 수는 없다며 죽일 것을 간청하였죠. 박순을 살리고 싶은 마음에 태조는 꾀를 내었어요. 용흥강을 건넜거든 살려주고, 그렇지 않거든 죽이라고 한 거예요. 용흥강은 함흥에서 코앞이니 진작 건넜겠거니 생각한 거였죠. 그런데 박순은 한양으로 돌아가겠다고 언질을 준 태조의 말에 기분이 좋아져 주막집에 들러 한 잔 마시느라고 강을 못 건넜어요. 결국 죽고 말았죠.

　나중에 함흥을 떠난 태조는 한양이 아닌 양주 회암사에 머물렀

함흥에서 돌아온 태조가 머물던 양주 회암사지.

어요. 고려 말에 나옹화상이라는 유명한 스님이 주석하던 절이죠. 나옹화상의 제자가 조선의 창업을 도운 무학대사였어요. 상왕인 태조가 회암사에 머무는 바람에 의정부 대신들이 태조에게 국정을 보고하기 위해 양주를 자주 찾게 되었죠. 옛 양주에 속한 땅인 지금의 의정부시 이름은 이처럼 태조를 찾아온 의정부 정승들로 인해 유래되었어요.

다음에 일어난 쿠데타는 수양대군에 의한 것이었죠. 수양대군이 황보인과 김종서 등을 죽이고 권력을 잡은 거예요. 계유년에 일어났다고 해서 계유정난이라고 부르죠. 권력을 잡은 수양대군은 단종을 폐위시키고 자신이 왕위에 올라 세조가 되었어요. 세조의 왕위 찬탈에 저항한 세력이 그 유명한 사육신들이에요. 성삼문, 박팽년, 하위지, 이개, 유응부, 유성원 등이 세조를 죽이고 단종을 복위시키려 했다가 실패해 모두 참형에 처해졌지요. 세조의 계유정난은 조선 왕실에서 일어난 가장 큰 쿠데타 사건이었어요.

이어서 중종반정이 일어납니다. 연산군의 학정을 더 이상 참을 수 없다며 신하들이 반기를 든 거였죠. 성희안, 유순정 같은 문관과 박원종 등의 무관이 합세해 연산군을 몰아내고 성종의 둘째 아들이었던 진성대군을 왕으로 옹립했어요. 이 사건을 역사에서는 중종반정이라고 부르죠.

쿠데타도 명분이 있어야 한다

이제부터는 인조반정을 살펴보겠습니다. 인조반정은 앞서 이야기한 중종반정과는 다른 측면이 있어요. 반정 세력의 중심이 신하들이 아니거든요. 다름아닌 인조 자신이 반정을 계획한 거예요.

반정 당시 능양군으로 불리던 인조는 선조의 손자예요. 선조에게는 아들이 열세 명이나 있었는데, 능양군은 선조의 다섯째 아들 정원군의 큰아들이었어요. 능양군은 큰아버지 광해를 몰아내고 자신이 왕이 되려 했지요. 그래서 세력을 규합하는데, 서인 세력과 손을 잡아요. 서인 중에서도 능양군과 함께한 가장 대표적인 세력은 율곡 이이의 제자 그룹이었어요.

율곡의 제자 그룹은 안타깝게도 다 골수 친명파들이었어요. 이들이 내건 반정의 명분은 크게 두 가지였어요. 하나는 광해군이 명나라에 사대하지 않는다는 거였어요. 명나라가 임진왜란 때 구원병을 보내줘서 조선이 다시 살아났는데, 그 은혜를 모른다는 거였죠. 그걸 당시의 사대부들은 재조지은再造之恩이라고 했어요. 광해군은 명나라 일방적인 외교에서 벗어나 후금도 외교 상대로 중시했거든요. 그래서 재조지은을 모르는 죄를 지었다는 거죠. 두 번째 명분은 계모인 인목대비를 폐위시키고 이복동생 영창대군을 죽였다는 거였어요. 이른바 폐모살제廢母殺弟의 죄를 묻는다는 거였죠.

쿠데타라는 건 기본적으로 명분이 있어야 해요. 태조 이성계의 쿠데타라든가 중종반정 같은 것은 나름의 명분이 있었거든요. 고려 말의 신진 사대부들이 쿠데타 모의를 하잖습니까? 그들의 생각은 더 이상 고려 왕실을 갖고는 안된다는 거였죠. 나라를 바꾸자, 역성혁명易姓革命을 해야 한다는 거였어요. 통치권자를 왕씨에서 이씨로 바꾸는 역성혁명이었죠.

역성혁명의 이론적 근거는 맹자에게 있죠. 《맹자》라는 책을 보면 양혜왕조에 그런 내용이 나와요. 제나라 선왕이 맹자한테 물어요. "탕湯은 걸桀을 몰아내고, 무왕은 주紂를 쳐내고 천자가 되었다던데, 신하들이 군주를 죽이고 새로운 나라를 세우는 것이 옳은 일입니까"라고 물어요.

걸왕은 하나라의 마지막 왕이에요. 황음무도한 군주로 유명하죠. 주지육림이라는 말이 이때 생긴 말이에요. 걸왕이 술로 연못을 만들고 숲속에 고기 안주를 빼곡히 매달아 애첩 말희와 즐겼다는 것이지요. 궁녀들까지 다 옷을 벗겨서 나체로 연못에 들어가 그야말로 주지육림 속을 헤맨 것이지요. 간언하는 충신들은 모두 죽임을 당하거나 내쫓겼지요. 그러니 나라꼴이 어떻게 되었겠습니까? 결국 탕왕湯王이 걸왕을 몰아내고 은나라를 세웠죠.

주왕은 탕왕이 세운 은나라의 마지막 왕이에요. 주왕 역시 걸왕과 더불어 동양 역사에서 선두를 다투는 무도한 왕이었죠. 주왕의 애인이 그 유명한 달기예요. 달기는 너무너무 미인인데, 사이코패스였어요. 큰 철판에 사람을 올려놓고 기름을 부은 다음 불을 때요. 그러면 그 사람이 고통에 몸부림치며 죽어가겠죠. 달기는 그 모습을 보고 박장대소하면서 즐기는 거예요. 한마디로 미친 거죠.

주왕은 자기 애첩이 즐거워하는 게 좋아서 계속 사람을 죽여댔어요. 주왕 역시 결국 주나라 문왕과 무왕 부자에게 죽임을 당하게 되죠. 그리고 주나라 시대가 열리게 됩니다.

그러니까 아무리 무도한 왕이라도 신하된 자가 왕을 죽이고 새로운 나라를 만드는 것은 도리에 맞는 일은 아니라는 투로 물어본 것이었죠. 이에 대해 맹자는 이렇게 대답합니다.

"인仁이 없는 사람을 백성을 해치는 적賊이라고 하고, 의義가 없는 사람을 잔殘이라고 합니다. 그런 사람은 왕의 권위를 상실한 한낱 필부일 뿐입니다. 탕왕과 무왕이 필부를 죽였을지언정 왕을 죽였다는 말은 들어본 적이 없습니다."

그런 사람들은 왕으로 인정하지 않아도 되고, 잘못된 폭군을 죽이고 새나라를 열어도 전혀 문제가 없다는 이야기죠. 이것이 역성혁명의 이론적 근거예요. 정도전 같은 사람들은 맹자의 이 역성혁명 이론을 근거로 조선을 세웠던 것이죠.

그런데 중종반정이나 인조반정은 왕조를 바꾸는 역성혁명이 아니잖습니까? 바뀐 왕의 성씨가 다른 게 아니잖아요. 연산군도 성종의 아들이고, 중종도 성종의 아들이에요. 인조는 광해군의 조카이고요. 이런 때에 해당하는 맹자가 한 이야기가 또 있어요. 바로 '역위'易位라는 말이죠. 임금을 갈아치운다는 뜻이에요. 여기서 중요한 것은 먼저 임금의 잘못에 대해 반복해서 간해야 한다는 거예요.

광해군이 인조의 큰아버지 아닙니까? 맹자의 '역위' 이론이 명분을 가지려면 조카가 큰아버지한테 지금 잘못하고 계십니다, 이러이러한 점을 고쳐야 합니다 하고 간언을 했어야 한다는 것이죠.
그런데 인조는 간언을 한 적이 없어요. 인조반정의 명분이 되었던
인목대비 폐위를 논의하는 조회 자리에 인조의 아버지인 정원군도
참석을 했거든요. 그런데 반대의견을 전혀 낸 적이 없어요. 부자가
모두 간언한 적이 없는 것이죠.

골수 친명파들, 광해군의 개혁에 맞서다

인목대비는 선조의 두 번째 왕비예요. 임진왜란이 끝나고 선조
의 정비인 의인왕후가 병사하자 선조의 계비가 되었어요. 선조와
서른두 살 차이가 났으니, 광해군보다 아홉 살이 어렸죠. 인목대비
가 아들을 낳자 정국은 풍운이 감돌기 시작했어요. 광해군이 엄연
히 세자 자리에 있었지만 후궁 소생이었기 때문이지요. 인목대비
는 자신의 아들 영창대군에게 세자 옷을 입히는 등의 행동도 서슴
지 않았어요. 광해군이 왕이 된 다음에도 광해군의 개혁정책을 앞
장서 반대했지요. 서인 세력은 인목대비와 연계해 광해군의 정책
을 사사건건 반대하는 한편 광해군을 쳐낼 쿠데타를 계획했어요.
원래 대비는 조정에 관여해서는 안되는 거죠. 그런데 인목대비는
아주 심하게 관여했어요.

광해군의 여러 정책은 상당히 개혁적이었어요. 무엇보다 외교
정책에서 탁월했지요. 명나라를 상전처럼 받드는 사대事大에서 벗

어나 후금이라고 하는 새로운 세력과 일정한 관계를 맺으면서 두 나라 사이에서 망가져가는 조선이라는 나라를 지키려고 했어요. 성과도 있었고요. 그리고 대동법이라는 걸 만들어서 백성들 세금을 감면해주었어요. 새로운 인재를 등용하는 정책을 펴기도 했지요.

이런 개혁정책에 대해서 당시 서인 세력들이 끊임없이 반대를 한 거예요. 그들의 반대 명분은 오로지 친명親明이었어요. 명나라에 사대하지 않는 광해군을 그들은 용납할 수 없었죠. 광해군이 실수를 한 점도 있어요. 광해군의 실수가 반대세력에게 기회를 주었죠. 모든 정책이 다 완벽할 순 없거든요. 상당한 정도의 개혁정책을 추진했지만, 정권의 중심에 있던 소수의 그룹이 자신들에 맞는 정책을 펴고 이익을 취한 것도 분명한 사실이에요.

그런 과정에서 폐모살제廢母殺弟가 일어나게 돼요. 이복동생 영창대군을 죽이고 계모인 인목대비를 폐위시켰단 말이죠. 이것은 당시 유교적 명분에는 맞지 않는 거죠. 반대세력은 이것을 빌미로, 다시 말해 맹자가 이야기한 역위 이론을 내세워 반정을 도

쿠데타에 성공해 왕이 된 인조가 안장된 파주 장릉.

모한 거예요. '반정'反正이란 '올바른 것으로 돌아간다'는 뜻이에요. 광해군은 잘못되었고, 자기네가 옳다는 의미죠.

그러니 어찌 되었겠어요? 반정에 성공하고 나서는 광해군의 개혁정책을 전부 뒤집어버리죠. 좋은 정책이고 뭐고 이유도 볼 것 없이 다 없애버려요. 인조 즉위 초반부터 1, 2년 사이에 광해군이 펼쳤던 정책들은 전부 사라지게 되죠.

인조는 능양군 시절부터 권력을 찬탈하겠다는 생각이 아주 강했어요. 사실 광해군은 능양군을 철저히 무시했어요. 그의 아버지가 말도 못할 사이코패스였거든요. 선조의 아들 가운데 임해군, 순화군, 정원군 세 명은 백성을 탄압하고 괴롭힌 어마어마한 난봉꾼들이었어요. 《선조실록》에 나오는 이야기인데 임진왜란 때 일본군과 내통해서 물건을 팔아먹기도 했고요. 친일파, 부일세력의 원조격이죠.

그런데 광해군이 누구입니까? 일본군을 몰아내기 위해 풍찬노숙하고 숨어 다니면서 의병을 일으키고 하지 않았습니까? 쫄쫄 굶으며 임진왜란을 극복하는 데 기여한 사람 아닙니까?

심지어 정원군 수하의 노비들까지도 매일 기녀들과 어울려 술을 마시고 돌아다녔어요. 처참한 전쟁의 상처가 수습도 되기 전에 말이죠. 백성들에게 모범을 보이고 자중자애해야 할 사람들이 말도 안되는 이야기였죠. 정원군의 노비들은 심지어 선조의 형이었던 하원군의 부인을 납치 감금하는 일도 저질렀어요. 정원군은 큰어머니를 노비들이 납치했어도 모른 척할 정도로 천하의 꼴통이었죠.

애첩 때문에 쿠데타를 막지 못한 광해군

인조반정은 드디어 1623년 4월 11일에 거사가 일어납니다. 능양 군도 군대를 이끌고 합류했죠. 사실은 이미 한 달 전에 쿠데타 모의가 발각이 되었어요. 그런데 광해군의 애첩이었던 김개시 때문에 반정세력을 처단하지 못했어요. 김개시가 잘못된 정보라고 하며 광해군의 눈귀를 막아버린 거였죠.

반정세력 중에 이귀라는 사람이 있어요. 일등공신이 된 사람이죠. 이귀의 딸이 시집을 갔다가 남편이 일찍 죽는 바람에 청상과부가 되었는데, 궁궐에 들어가 궁녀가 되었어요. 이 여자가 광해군의 애첩이었던 김상궁 즉 김개시와 연줄을 맺게 돼요. 반정세력들은 이귀의 딸을 통해 김개시를 비롯한 광해군 주위의 사람들에게 뇌물 공세를 펴죠. 그리하여 완전히 정보를 차단해버렸던 거예요.

창의문을 부수고 도성으로 진입한 반정군에 의해 정변은 아주 쉽게 성공하였어요. 광해군은 도망치다 붙잡히고 김개시를 비롯한 측근들은 바로 처형되었죠. 앞서 이야기한 인목대비가 얼마나 대단한 여자인지를 다시 한 번 확인할 수 있게 돼요. 서궁에 유폐돼 있던 인목대비에게 이귀가 사람을 보내서 광해를 폐위시키고 능양군이 새로운 왕이 되었다며 재가를 요청하자, 인목대비는 내 아들을 죽인 당신들의 말을 어떻게 믿을 수 있느냐며 능양군이 직접 오라고 해요. 창덕궁에서 기다리던 인조가 찾아와 인사를 하는데도 광해를 끌고 오라고 하죠. 광해는 인목대비 앞으로 끌려와 무릎이 꿇리는 수모를 당했어요. 광해를 본 인목대비는 찢어 죽이겠다고 난리를 쳤죠. 가까스로 진정을 시키고 나니까 인조더러 옥쇄를 가지고 오라고 합니다. 혹시라도 인목대비가 딴마음을 먹을 수도 있는 거죠. 그래서 옥새는 왕이 보관하는 건데 왜 필요하냐고 하자, 예로부터 옥쇄는 대비가 갖고 있다가 새 왕한테 전해주는 게 예법이다, 예법대로 하라고 협박을 하죠. 보통사람이 아닌 거죠. 자기를 구해준 사람한테까지 이렇게 협박한 걸 보면, 그 이전에 정식 대비였던 시절에는 어땠을지 미루어 짐작이 되죠.

광해군은 우선 강화도로 유배를 가게 됩니다. 왕비와 세자도 모두 폐서인이 되어 함께 섬에 갇혀요. 아들은 섬을 탈출하려고 시도하다가 발각되어 사약을 받고 죽어요. 부인 유씨도 화병으로 곧바로 세상을 떠나지요. 광해군이 강화도에 있으면 안되겠다 싶었는지 조정에서는 광해를 다시 제주도로 옮깁니다. 제주도에서 광해는 위리안치 생활을 하게 됩니다. 위리안치는 집 주위에 나무를 심어 죄인이 달아나지 못하게 하고 외부와 통하지 못하게 하는 방식이었죠. 광해군은 왕위에서 내려온 다음에도 18년을 더 살다가 유배지에서 쓸쓸히 죽음을 맞이했죠. 제주도에 가면 지금도 광해군 유배지가 그대로 남아 있어요.

결국은 인조반정이 국가나 백성을 위한 것이 아니었다는 사실이 그 후의 정묘호란과 병자호란을 통해서 명확히 드러나지 않았습니까? 사대주의는 자기들한테는 이익이 될 수 있을지라도 국가 차원에서 이익이 될 수 있는 게 아니죠. 백성들한테는 물론이고요. 당시 무고한 백성들이 얼마나 많이 죽었습니까?

마지막으로 이야기할 것은 정조 때도 쿠데타가 일어났어요. 여러 차례 쿠데타가 일어났지요. 인조반정 이후에도 인조를 제거하겠다고 무려 17번의 쿠데타가 일어났으니 얼마나 아이러니입니까? 이렇게 계속해서 쿠데타가 일어나지만, 정말 정의로운 정권 하에서는 쿠데타가 제대로 성공을 못합니다.

과거의 역사 속에서 설령 성공한 쿠데타라 하더라도 명분 없기는 마찬가지예요. 백성들에게 전혀 도움이 되지 않을 뿐 아니라, 거꾸로 나라를 망치는 행위예요. 결국 그런 쿠데타는 있어서는 절대 안되는 거죠.

그런 측면에서 조사가 유야무야 끝나고 만 최근의 쿠데타 모의에 대해 아주 명확하게 다시 조사하지 않으면 안됩니다. 쿠데타 시도를 덮고 넘어가려는 검찰에 대해서도 조사할 필요가 있어요. 민주주의를 파괴하려는 어떤 시도도 이 땅에 발을 붙이게 해서는 안되죠.

강화도령 철종은
개혁군주가
되고 싶었다

요즈음 〈철인왕후〉라는 퓨전 사극이 방영되고 있죠. 철인왕후는 철종의 왕비거든요. 철종은 흔히 강화도령이라고 알려져 있죠. 조선시대 국왕 중에서 잘 알려지지 않은 국왕이 몇 있어요. 인종, 예종, 철종, 헌종 같은 왕이죠.

철종은 왕이 될 수 있었던 사람은 아니에요. 그런데 갑자기 왕이 되었단 말이죠. 철종은 왕이 되기 전에 강화도에서 농사짓고 나무하며 살고 있었어요. 철종의 어린 시절 이름은 원범이었어요. 가까운 가족이 잇달아 모반죄로 목숨을 잃는 것을 본 원범의 아버지는 아들에게 제대로 글을 가르치지 않았어요. 글을 아는 것은 죽음으로 가는 지름길이라고 생각했던 거죠. 게다가 어머니는 원범이 네

철종이 살던 강화도 집터에 새로 지은 용흥궁.

살 때, 아버지는 열한 살 때 세상을 떠났어요. 천애고아가 된 원범은 먹고 살기 위해서라도 농사꾼이 되지 않을 수 없는 처지였어요. 농사꾼에서 왕이 되었으니 무척 드라마틱하죠. 그래서 철종의 어린 시절을 소재로 한 영화와 드라마도 몇 편 등장했어요. 철종이 강화도에서 살 때 사귄 섬 처녀와의 사랑을 소재로 한 작품들이죠. 철종이 왕이 된 다음에 그 처녀가 비구니가 되었다는 설정도 있고요.

가난한 농사꾼 출신이다 보니까 철종은 무식하고 무능한 왕이었다는 인식이 강해요. 하지만 철종은 다른 면모를 지닌 왕이었어요. 바로 개혁을 시도한 왕이었어요. 철종이 가난한 백성들 사이에서 함께 살았잖습니까? 누구보다 백성들의 애환을 잘 알겠죠. 그래서 가난한 사람들을 위해 새롭게 제도를 개혁하려는 노력을 꽤 했어요. 안타깝게도 안동 김씨 같은 기득권 세력에 의해서 좌절되고 말았죠. 좌절 끝에 서른세 살의 젊은 나이에 세상을 뜬 비운의 왕이었어요. 철종을 너무 우습게만 생각하면 안돼요. 무능해서 아무 것도 하지 않은 채 술과 여자만 탐하다 죽은 왕이라는 생각은 떨쳐낼 필요가 있어요.

철종은 어떻게 왕위에 오를 수 있었을까

철종이 어떻게 해서 왕이 되었는지 그 과정을 살펴보죠. 정조가 죽고 그 아들 순조가 왕이 됩니다. 순조의 왕비는 순원왕후라고 안동 김씨 김조순의 딸이에요. 김조순은 정조가 굉장히 총애한 신하였어요. 정조도 재임 후반에 힘을 잃어가기 시작했거든요. 개혁을 시도하려는 정조를 기득권인 노론이 견제하기 위해 이데올로기 싸움을 시작합니다. 당시 서학을 믿는 정약용 개혁세력들이 정조의 측근이어서 노론은 정조를 공격하기 위해 서학을 공격하고, 그 과정에서 정조 측근 세력들은 대부분 조정에서 쫓겨났어요. 그러니 정조는 힘을 잃게 되는 거죠. 그래서 정조는 나름 괜찮은 인물이나 세력과 연대를 하려고 했어요. 원래 정조는 뛰어난 인재를 등용하고 외척을 멀리하려고 했지만, 정치를 하다 보면 때로는 타협할 필

                                                      아홉 번째 이야기

요도 있고 하다 보니까 안동 김씨 세력과 연대를 하게 된 거죠.

그런데 아들 순조의 세자빈을 간택하던 중에 정조가 세상을 뜨고 만 거예요. 1차 간택까지 진행된 상태였어요. 정조의 뜻을 이어주겠다며 정순왕후가 김조순의 딸을 최종 간택해서 순조하고 결혼을 시킨 거예요. 순조는 굉장히 무능한 국왕이에요. 정치를 두려워했어요. 자기 아버지 정조의 죽음에 대해서 공포를 느꼈던 것 같아요. 아마 자기 아버지가 정상적으로 죽지 않았다는 생각을 가졌는지 모르죠. 순조는 정치 전면에 나서기를 꺼려했어요. 외아들인 효명세자가 열여덟 살이 되자 세자한테 대리청정을 시켰는데 효명세자가 그만 3년 만에 죽어 버립니다.

효명세자 이야기는 굉장히 드라마틱해요. 경기시나위오케스트라의 원일 예술감독은 제가 아주 존경하는 친구인데, 효명세자를 소재로 한 뮤지컬을 만들고 있어요. 원일 감독은 뮤지컬을 어떻게 만들었으면 좋겠냐고 제게 자문을 요청했죠. 효명세자는 정조하고 거의 똑같이 생겼다고 《순조실록》에 기록하고 있어요. 사실상 효명세자는 정조의 개혁을 계승하려고 하다가 갑자기 죽어버린 거예요.

순조가 더욱 정치적인 두려움에 빠지면서 거의 정치를 자기 아내인 순원왕후에게 맡겨버립니다. 순원왕후는 굉장히 정치적이었어요. 안동 김씨 세도정치의 기틀을 마련한 사람이에요.

효명세자에게도 아들이 하나 있었어요. 그 아들이 헌종이에요. 효명세자가 죽고 나서 순조도 곧 죽게 돼요. 그래서 효명세자의 어린 아들이 왕위에 올라 헌종이 되는 거죠. 헌종이 어렸기 때문에 순원왕후가 수렴청정을 하게 됐죠. 안동 김씨는 헌종을 쥐락펴락하기 위해 갖은 수단을 동원합니다. 열 살도 안된 헌종한테 사형 장면을 보게 하기도 했어요. 중죄인을 국문하고 목을 베는 참혹한 모습을 보게 한 거죠. 어린아이가 얼마나 큰 충격을 받겠습니까? 겉으로 태연한 척해도 속으로 정신이 혼미해지겠죠. 공포감도 생길 것이고요. 헌종은 15년 동안 왕위에 있었지만, 일찍 왕이 되었기 때문에 실제 왕 역할은 제대로 못했어요. 하지만 헌종은 학문적 내공이 상당했다고 해요. 창덕궁 낙선재에 걸린 '보소당'寶蘇堂이라는 편액은 헌종이 직접 쓴 것이에요. 당송팔대가의 한 사람으로 강직한 선비였던 소동파를 보배롭게 여긴다는 의미를 갖고 있죠. 소동파처럼 강직하고 충성스러운 신하를 원하는, 그리고 문예군주로서 경륜을 펼쳐보고 싶었던 헌종의 마음을 엿볼 수 있죠. 하지만 헌종은 스물세 살의 젊은 나이에 세상을 뜨고 맙니다.

헌종이 갑자기 죽으니까 그 뒤를 이을 왕족을 찾아야 했어요. 왕위를 계승할 적자嫡子가 없었기 때문이에요. 헌종에게 아들이 없었을 뿐 아니라 왕위 계승 서열에 올릴 수 있는 가까운 왕족을 찾을 수조차 없었어요. 정치적 음모에 의해 왕족의 씨가 말라버렸거든요. 이때 순원왕후가 전교를 내리죠. 영조의 핏줄은 헌종과 강화에 있는 이원범뿐이므로, 이원범을 왕으로 봉한다는 거였어요. 굳이 이원범을 택한 이유의 하나는 그가 배운 게 없고 세력이 없기 때문이었죠. 마음 놓고 배후에서 조종하겠다는 복안이었어요.

씨가 말라버린 조선의 왕족

이원복의 핏줄은 사도세자까지 올라갑니다. 사도세자는 부인이 3명이었어요. 혜경궁 홍씨와의 사이에서 정조가 태어난 건 모두가 잘 아는 이야기죠. 사도세자에게는 이복 남동생이 세 명 있었어요. 은언군, 은전군, 은신군이라는 왕자들이었죠. 영조에게는 원래 효장세자라는 아들이 하나 더 있었어요. 사도세자의 형이죠. 그런데 어린 나이에 후사가 없이 죽었어요. 그러니 남은 아들은 사도세자가 유일했죠.

영조는 손자들 가운데 정조만 예뻐하고 나머지는 몹시 싫어했어요. 정조도 처음부터 좋아한 건 아니었어요. 혜경궁 홍씨의《한중록》을 보면 시아버지 영조에 대한 한 같은 게 엿보여요. 혜경궁 홍씨가 정조를 낳았는데 영조는 수고했다는 말 한 마디 하고는 손자를 찾아보지도 않았어요. 그 이유는 얼마 전에 자기 딸이 죽었기 때문이에요. 그런데 몇 달이 흐른 어느 날 궁녀가 영조한테 원손元孫(정조) 등에 푸른색 점 세 개가 있다고 말해줘요. 영조는 그 소리를 듣자마자 쫓아가서 정조의 옷을 들춰봅니다. 정말로 푸른 점 세 개가 있는 거예요. 정조를 끌어안고 너무너무 좋아했죠. 죽은 딸의 등에도 푸른색 반점 세 개가 있었거든요. 영조는 죽은 딸이 다시 살아 돌아왔다고 생각한 거예요.

영조는 2남 12녀를 두었거든요. 그런데 딸 셋만 좋아하고 나머지는 다 싫어했어요. 특이 성향이었죠. 정조를 빼고는 손자들도 다

싫어했어요. 은언군하고 은신군은 사치를 부린다는 이유로 제주도로 유배 보내기까지 했죠. 은신군은 유배지에서 풍토병에 걸려 죽었어요.

정조가 왕위에 오른 뒤에 역모사건이 일어나거든요. 역모세력이 정조를 죽이고 은전군을 왕으로 추대하려 했다고 자백했죠. 은전군은 아무것도 한 게 없는데 말이죠. 신하들이 은전군을 죽이라고 계속 압력을 넣는 거예요. 정조는 자기 동생이 아무 잘못도 없는 걸 알기 때문에 그렇게 못한다고 버텼죠. 하지만 정조는 신하들의 압력을 이겨낼 수 없었어요. 아직 힘이 없을 때였으니까요. 하는 수 없이 은전군한테 자살을 명하게 되죠. 그게 정조한테는 한이 되었어요. 동생 하나 지키지 못하는 왕이 왕이냐면서 자책했거든요.

결국 정조의 이복형제 가운데 은언군 하나가 살아남은 거예요. 은언군은 죽음보다 하등 나을 것 없는 파란만장한 삶을 살다가 정조가 죽은 후 끝내 사약을 받고 죽게 되죠. 은언군에게는 아들이 셋 있었는데, 맏아들이 상계군이었어요. 홍국영이라는 정조 때의 실력자가 상계군을 눈여겨봤어요. 홍국영의 누이 원빈 홍씨는 정조의 후궁인데, 아들을 못 낳고 일찍 죽었거든요. 홍국영은 상계군을 자기 여동생 장례식의 상주로 지목했어요. 그리고 상계군의 이름을 완풍군으로 바꿔 원빈 홍씨의 양자로 삼은 거예요. 완풍군完豐君이라는 이름은 전주의 옛 이름인 완산과 풍산 홍씨의 풍산에서 따온 것인데요, 전주 이씨와 풍산 홍씨의 결합을 나타낸 것이었죠. 상계군을 원빈 홍씨의 양자로 만들어 정조의 왕위를 계승하

 아홉 번째 이야기

도록 하겠다는 야심이었죠. 홍국영이 당시 얼마나 안하무인이었는지를 보여주는데, 이 일로 결국 홍국영은 실각하게 돼요. 상계군은 요주의 인물이 되었죠. 나중에 구선복 등이 정조 대신 상계군을 조선의 국왕으로 만들려는 음모를 꾸미게 됩니다. 그 때문에 스트레스를 견디지 못한 상계군은 열여덟 살이 되어 혼례를 치른 지 몇 달 후에 자살하고 말아요. 상계군 문제가 일파만파 확장되면서 상계군의 아버지 은언군은 강화도로 유배를 가게 됩니다.

정조는 자기 동생을 보호해주고 싶었어요. 아주 비밀리에 은언군을 강화에서 빼내요. 도성 안에 집을 장만해 살게 해준 거예요. 그리고 미행微行을 나가 동생을 만나곤 했어요. 궁궐 바깥에 행차를 나갈 때면 불러서 만나기도 하고요. 한강 백사장에서 열리는 군사훈련을 참관하고 나서 임금 막사 안에서 동생 은언군과 눈물을 흘리며 대화를 나눈 일도 있어요. 한번은 정조가 몰래 궁궐을 나와 은언군을 만나러 가는 길이었어요. 갑자기 궁궐에서 나온 선전관이 대비마마의 분부라며 정조의 행차를 막는 거예요. 사방에 간첩들이 있어서 대비 정순왕후한테 은밀하게 보고가 올라간 거죠. 은언군은 역적인데 어찌 왕이 역적을 만나러 가는 것이냐는 거였죠. 정조가 환궁할 의사를 보이지 않자 선전관은 정조가 탄 말의 고삐를 잡아버렸어요. 있을 수가 없는 일이었죠. 정조가 칼을 뽑아 들며 빨리 손을 놓지 않으면 팔을 베어버리겠다고 말했죠. 그랬더니 자신은 대비마마의 분부를 따를 뿐이라며 맞섰어요. 권력과 기득권이 얼마나 무서운지 알 수 있죠. 정조는 끝내 환궁하고 말았어요.

정조가 그렇게 보호하려 했건만 정조가 죽은 다음 은언군은 결국 죽임을 당하고 맙니다. 아내와 며느리가 천주교 신자라는 이유로 먼저 순교하게 되었고, 은언군도 사약을 받고 죽었죠. 은언군의 둘째 아들은 나중에 병치레를 하다 죽어요. 살아남은 아들이 바로 셋째 아들인 전계군이에요. 아버지와 형이 역모죄에 연루되어 파란만장한 삶을 살았듯이 전계군 역시 부친을 따라 유배 생활을 해야 했고, 아무런 품계도 없이 빈농의 삶을 살다 생을 마감했어요. 한때 노비로 신분이 떨어지기도 하고, 아버지 은언군이 사약을 받고 죽은 뒤에는 가시울타리가 쳐진 집에서 엄중한 감시를 받으며 살았죠. 전계군의 맏아들 또한 역모 사건에 휘말려 죽임을 당하고, 둘째 아들은 병사했어요.

헌종이 세상을 떠났을 때 전계군의 셋째 아들 이원범만 살아 있었던 거예요. 은언군은 사도세자의 서자이고, 전계군은 은언군의 서자, 철종이 되는 이원범 역시 전계군의 서자였어요. 철종은 왕위에 오르기까지 주목의 대상도 제거 대상도 되지 못했어요.

철종이 무식하고 무능한 왕이었다고?

철종은 어려서부터 강화 관아 뒤쪽에 자리한 작은 집에서 관리 대상으로 지냈죠. 그래도 어린 나이이다 보니까 나무하고 농사짓느라 힘들어도 무심히 지냈겠지요. 그러던 어느 날 수백 병의 군대

                                          아홉 번째 이야기

가 집 가까이 나타난 거예요. 철종은 자기를 죽이러 왔다고 직감하고 산으로 도망쳐버렸어요. 왕의 자리가 비어 있기 때문에 하루빨리 철종을 모시고 가야 하는 궁궐에서 온 일행은 난감해졌지요. 산속에 숨어 있던 철종에게 잘 아는 노인이 찾아와 자초지종을 설명한 뒤에야 산에서 내려와 한양으로 오게 되었죠.

1849년 6월 9일에 창덕궁 인정전에서 철종의 즉위식이 거행되었어요. 철종의 나이 열아홉 살이었어요. 오랜만에 《철종실록》을 들여다보고 깜짝 놀랐어요. 《영조실록》이나 《정조실록》을 보면 하루 기사가 많게는 15개 이상 되는 날도 있거든요. 그런데 《철종실록》에는 하루에 한 건 혹은 이틀에 한 건밖에 기록이 없는 거예요. 그만큼 정사를 신료들이 농단했기 때문에 기록이 없는 것이죠.

철종은 왕이 된 다음 열심히 공부하기 시작했어요. 군왕으로서 제대로 역할을 해보자고 마음을 다잡은 거지요. 백성을 위한 정치를 제대로 한번 해보자 생각한 거예요. 즉위한 지 2년 후에는 철인왕후하고 혼례를 치렀지요. 철인왕후는 안동 김씨 김문근의 딸이었지만, 드라마에 나온 모습과는 달리 조용히 내조하는 성품이었어요.

철종이 안동 김씨의 견제 속에서 첫 번째로 낸 중요한 목소리는 과거제도의 문제점을 지적하는 거였어요. 철종이 이야기하죠. 이 나라의 과거제도가 잘못되었다, 제대로 공부하지 않고 학문적 능력도 없는 사람들이 시험도 치르지 않고 관리로 임용되는 것은 문제가 있다고 지적한 거예요. 한번은 무과 시험을 치렀는데 철종이 엉터리 시험이라며 다 취소해버렸어요.

철종은 몸집이 아주 크고 신체가 튼튼했어요. 활쏘기도 굉장히 잘했어요. 철종의 초상화 2점이 남아 있거든요. 1점은 군복 입은 초상화예요. 철종은 정조를 따라 하기 위해 군복을 입었다고 해요. 무예에 관심이 많았던 철종이 보기에 무과시험이 너무 문제가 많았던 거예요. 합격자들이 대부분 명문거족 자식들이었어요. 그래서 전부 무효화하고 시험을 다시 치르게 한 거예요. 국가가 제대로 운영되기 위해서 가장 중요한 일은 인재 등용 아니겠어요? 그런데 안동 김씨를 비롯한 벌족閥族들이 부정한 방법으로 과거시험을 독차지해버린 거죠. 별것 아닌 것 같지만 대단한 용기였어요. 순조나 헌종 때는 그런 말을 꺼내지도 못했거든요.

두 번째로 철종이 이루려던 개혁은 요즘으로 치면 사회복지제도였어요. 가난 속에서 백성을 구제하자는 것이었지요. 당시에 가장 문제가 된 것을 흔히 삼정의 문란이라고 이야기하지 않습니까? 전정田政, 군정軍政, 환곡還穀을 가리키죠. 전정은 토지에 부과하는 세금, 군정은 군역을 부과하는 제도예요. 환곡은 양식이 떨어지는 봄에 관아에서 쌀을 빌렸다가 가을에 갚는 제도죠. 보릿고개를 견디기 위해 쌀을 빌리는데 너무 많은 이자를 받는 거예요. 철종은 농민들이 겪는 가난을 체험해보았기 때문에 그 문제점을 너무 잘 알고 있었던 거예요.

그래서 잘못된 제도를 합리적으로 새롭게 개선하라고 명을 내리

군복을 입은 철종의 모습. 불에 타 초상화의 왼쪽 부분은 소실되었다.

죠. 그리고 어려움을 겪는 백성들을 구휼할 수 있는 다양한 진휼책을 마련하라고 해요. 관서지방에 기근이 들자 철종은 선혜청 등을 통해 긴급자금을 지원하였으며, 큰 화재와 수해를 입은 지역에 내탕금 등을 내려 보내 구휼하였어요. 하지만 개혁에 저항이 없을 수 없지요. 지시를 받은 신하들은 실효성이 없는 엉터리 대책을 만들어 올리는 거예요. 수정할 것을 지시하였지만, 조직적인 항명으로 저항하는 거죠. 철종은 끝내 자신이 만들고 싶었던 진휼법을 포기하게 되죠.

권문세족들은 깜짝 놀랐지요. 아무 것도 모르는 시골뜨기를 데려다 왕좌에 앉혀놓았더니 진짜 왕 노릇을 하려고 하네, 이거 가만 놔두면 안되겠구나 하고 생각하게 됐죠. 야사에 의하면 그때부터 여자를 탐닉하게 만들죠. 그리고 국정 논의에서 철종을 철저하게 배제시킨 거예요. 안동 김씨는 점점 더 국정을 농단하고, 이들과 결탁한 탐관오리들은 백성을 착취하는 데 여념이 없었죠.

이제 각지에서 민란이 터지기 시작한 거예요. 가장 대표적인 게 임술민란이죠. 진주에서 시작된 민란이 전국으로 퍼져간 것인데, 철종은 진주민란을 보고 받고 나서 굉장히 가슴 아파해요. 진주에 사는 백성들이 이렇게 난을 일으키게 된 것은 자신의 잘못, 조정의 잘못이라고 이야기하거든요. 그럼에도 불구하고 이런 반성의 목소리가 기득권 세력에게는 쇠귀에 경읽기였어요.

올바른 일이라고 생각하면 어떤 어려움이 있더라도 결연히 이겨나가야 하는데, 보통의 인간은 좌절하게 되어 있어요. 철종은 그를 임금으로 옹립한 세력의 각본대로 허수아비 임금이 되고 만 거죠. 철종은 술에 취하고 아름다운 여인을 탐하는 일의 강도가 심해져 갔어요. 그러다 보니까 겨우 몇 년 만에 그 건강했던 철종도 견디지 못하고 쓰러지게 되었죠. 겨우 서른세 살 나이에 세상을 뜨고 만 거예요. 철종의 죽음과 함께 백성의 삶을 직접 체험하고 그 체험을 바탕으로 백성의 삶을 개선하고 싶었던 철종의 개혁의 꿈도 사라지고 말았죠.

여인천하와
외척의 싸움

조선시대 때 대윤, 소윤이라고 불리던 사람들이 있었습니다. 사람이 제대로 살다 죽으면 보통 고종명考終命했다고 하는데, 권력을 가지고 놀던 대윤, 소윤은 한 명은 사약 받고 죽고, 한 명은 권력을 놓친 다음 끝내 분노로 죽게 됐죠.

그런데 어제 법무부장관에 의해 검찰총장이 업무 배제를 당하는 일이 일어났어요. 검찰총장은 차기 대통령 후보 1위까지 찍은 사람 아닙니까? 해방 이후의 검찰 역사에서 초유의 일이죠. 세계 검찰 역사에서도 매우 특별한 사건으로 기록될 겁니다.

그렇게 된 이유는 판사를 사찰했다는 거예요. 가족관계가 어떻다, 취향이 어떻다 뒷조사를 했어요. 검찰이 자신들이 원하는 판결을 받아내기 위해 은밀하게 판사들을 뒷조사한 거죠. 그 불법사찰한 증거자료가 나왔어요.

윤석열 검찰총장은 검찰 안에서 대윤으로 불린다는 거예요. 윤석열이 가장 아끼는 후배 윤대진 검사는 소윤으로 불리고요. 둘 다 윤씨여서. 시대가 달라도 똑같은 일이 반복되곤 하죠. 같은 캐릭터의 사람들도 계속 나오고요.

그래서 오늘의 일을 생각하면서 조선시대 때의 대윤과 소윤 이야기를 해보려고 합니다. 그들은 누구고 왜 대윤과 소윤이라는 이름이 나오게 됐는지 살펴보겠습니다.

대윤과 소윤은 누구인가

조선 중기의 왕이었던 중종의 아들 가운데 두 사람이 왕이 되었는데, 인종과 명종이 그들입니다. 인종의 외척 윤임 일파와 명종의 외척 윤원로, 윤원형 일파는 왕위 계승을 둘러싸고 암투를 벌였지요. 윤임 일파를 대윤, 윤원형 일파를 소윤이라고 불렀습니다.

이 당시 윤원형의 부인 정난정이라는 시대의 악녀가 등장합니다. 천출의 딸로 정경부인까지 올랐으니 대단하지요. 정난정은 권력자 윤원형에게 접근해 그의 첩이 되고, 윤원형의 정실부인을 독살해 그 자리를 차지해버려요. 윤원형의 누나이자 명종의 어머니였던 문정왕후의 신임을 얻어 온갖 정치에도 관여했어요. 정난정에 대한 양반 사대부들의 반감은 극에 달했지요.

그래도 노비라든지 서자 같은 신분이 낮은 사람들에게는 굉장히 베풀어주었다고 해요. 야사에 의하면 그런 사람들을 볼 때 보살 같은 얼굴로 대했다는 기록이 있어요. 자기가 신분적인 한계가 있어서 그랬겠지요.

대윤이라고 불리던 윤임은 어떤 사람이었느냐? 윤임의 누님이 명종에 앞서 왕이 된 인종의 어머니였어요. 인종은 제가 볼 때 조선시대 왕 중에서 가장 아까운 왕 중의 하나예요. 사람들은 인종을 잘 몰라요. 8개월밖에 왕 노릇을 못 했거든요.

인종과 명종의 아버지인 중종은 연산군의 동생이에요. 성종의 세 번째 왕비의 아들로 진성대군으로 불리다가 중종반정이 나면서 왕이 됐잖아요. 연산군이 쫓겨난 다음 왕이 된 중종은 자기 부인하고 같이 궁으로 들어와요. 남편이 왕이 되었으니까 부인도 이제 왕비가 됐지요. 이분이 그 유명한 단경왕후 신씨예요.

그런데 문제가 생겨요. 단경왕후의 아버지가 신수근이라는 사람인데, 이 신수근이 연산군의 최측근으로 연산군을 도와 악행을 많이 저질렀거든요. 그래서 당시 중종반정을 일으킨 사람들이 신수근을 죽여 버려요. 반정세력 입장에서는 왕비가 자기 친정아버지를 죽인 자신들에게 언젠가 복수를 할 것이라는 불안감이 있는 것이죠. 그래서 중종한테 왕비를 내쳐야 된다고 계속해서 간언을 해요. 그래서 중종이 어쩔 수 없이 단경왕후를 폐위시키는 거예요.

궁에서 쫓겨난 단경왕후는 경복궁을 나와 인왕산 자락에서 살게 돼요. 인왕산은 완전한 바위산인데, 경복궁이 보이는 바위 절벽에 단경왕후 신씨가 자기 치마를 걸어놓았다는 이야기가 전하죠. 남편 중종한테 자기가 살아 있다는 것을 알려주기 위해서. 중종은 경복궁에서 인왕산 절벽에 걸린 자기 부인의 치마를 보고 눈물을 흘렸다고 해요.

여인천하, 세 명의 왕비와 한 명의 후궁

단경왕후가 내쫓긴 다음 파평 윤씨 가문에서 새 왕비가 나왔어요. 장경왕후 윤씨인데요, 후궁으로 있다가 왕비의 자리에 올랐어요. 그 장경왕후가 스물네 살 때 임신을 해요. 이렇게 해서 낳은 아이가 인종이에요. 안타깝게도 인종을 낳고 며칠 만에 왕비가 죽어요. 장경왕후가 죽기 전에 꿈에 신령이 나타나 아이 이름을 억명億命으로 지으라고 했대요. 이름을 억명이라고 지어야 아이가 오래 산다며. 장경왕후는 자기의 죽음을 예상하고 남편 중종한테 그 사실을 유언으로 남겨요. 그래서 원자의 아명이 억명이 되었지요.

왕비가 죽자 중종은 또다시 새로운 여인과 결혼을 하게 되었어요. 국모의 자리가 비어서는 안된다는 이유였지요. 새로 왕비가 된 여인이 이제 이야기할 문정왕후예요. 문정왕후가 궁에 들어와 자기보다 앞선 왕비의 아들이 있으면 좀 그렇잖습니까?

그게 아니어도 조선왕실에는 왕자를 낳으면 궁궐 바깥 사가私家

에서 키우는 전통이 있었어요. 보통 참판급 이상의 사가에서 길러지게 되지요. 그럼 거기 나가서 클 때 양반 사대부가 여인이 젖을 먹이는 거예요. 봉보부인奉保夫人이라고 하는데 나중에 그 아이가 왕이 되면 봉보부인은 정일품에 봉해져요. 봉보부인의 아들딸은 왕하고 거의 형제처럼 되기 때문에 승승장구할 수 있게 되죠. 경우에 따라 잘못되면 역적이 되기도 하고요. 로또 같은 거였어요.

그때 바깥 사가에 나가 살게 된 인종은 천재 중의 천재였어요. 세 살이 됐을 때 천자문을 다 뗐다는 거예요. 어느 날 중종이 우리 나이로 세 살이 된 인종을 궁으로 불러 천자문을 읽게 했어요. 천자문을 읽게 했더니 처음부터 줄줄 외워버려요. 다른 한문 책을 보여주니 그 책도 읽고 해석을 하고. 그래서 진짜 천재가 나왔다, 나라를 위해서 잘된 일이다 해서 인종을 궐 안으로 들어와 살게 해요. 그리고 당대 최고의 학자들에게 교육을 맡겼어요. 아들이 엄청난 학문의 수준을 보여주니 중종은 이 아들을 너무너무 좋아하게 되었지요.

그런데 문제가 생겼어요. 당시 중종의 후궁 중에 경빈 박씨라고 하는 여자가 있었거든요. 〈여인천하〉라는 드라마에서 도지원 씨가 맡았던 역할이죠. 경빈 박씨는 자기가 왕비가 되고 싶었어요. 장경 왕후가 죽은 다음 새로 왕비를 간택할 게 아니라 자신이 그 자리를 차지하려 했던 거죠. 그런데 후궁이 왕비가 돼서는 안된다고 하는 여론에 밀리고 말았죠.

하지만 왕비가 되지 못했어도 궐내에서의 영향력이 문정왕후보다 셌어요. 중종도 경빈 박씨를 몹시 사랑했고요. 경빈에게는 복성군이라는 왕자가 있었어요. 중종도 복성군을 매우 총애했지요. 인종이 왕세자였지만, 나이는 복성군이 더 많았거든요. 그래서 복성군을 왕으로 추대해야 한다는 여론도 존재했지요.

그 과정에서 갑자기 사건이 생겨요. 원자의 전각 주변에 불타서 죽은 쥐의 시체가 여럿 묻혀 있는 거예요. 누군가가 원자를 해롭게 하고 안 좋은 기운을 불어넣기 위해 묻은 게 분명했죠. 그걸 조사해보니까 경빈 소행이라고 나온 거예요. 경빈이 자기가 하지 않았다, 억울하다 말했죠. 그래도 경빈 소행이라고 증언하는 사람이 나오면서, 결국 경빈하고 복성군은 유배를 갔다가 죽게 돼요.

그런데 이걸 실제 한 사람이 누구냐? 그건 바로 인종의 누나 효혜공주였어요. 효혜공주와 공주의 시아버지 김안로, 그리고 세자의 외삼촌 윤임이 함께 꾸민 일이었어요. 경빈을 쫓아내기 위해서였지요. 이 사람들은 세자를 보호한다는 구실로 자신들이 권력을 붙잡으려 했어요. 나중에 김안로가 권력을 얻기 위해 경빈을 모함했다는 사실이 밝혀졌지요. 결국 김안로도 사약을 받고 죽게 되죠. 왕세자 인종은 이제 윤임이 중심이 되어 보호하게 되었어요.

왕위를 둘러싼 대윤과 소윤의 싸움

인종은 열심히 공부하고 예의바르게 행동하고 진중하게 지냈죠.

그런데 그가 열아홉 살이 됐을 때 또 사건이 생겨요. 문정왕후가 아들을 낳은 거예요. 문정왕후는 인종이 갓난아기 때 궁에 들어온 거잖아요. 그러니까 19년 동안 아들을 못 낳은 거였죠. 그 사이에 딸만 넷을 낳았어요. 아들 낳기를 거의 포기하고 왕세자 인종을 아들처럼 여기며 지냈죠. 인종을 귀여워하고 자신의 딸들도 다 인종하고 친밀히 지내게 했죠. 자신은 아들을 못 낳을 거라고 생각했던 거죠.

그런데 갑자기 아들을 낳게 된 거예요. 이 아들이 경원대군인데 나중에 명종이 되죠. 아들을 낳고부터 문정왕후의 태도가 확 달라져요. 갓난아기를 안고 중종에게 달려가 우는 거예요. 저 왕세자가 우리 모자를 죽이면 어떻게 하냐는 뭐 말도 안되는 이야기였죠. 중종 입장에서는 왕세자의 성품이 얼마나 착한지 잘 알고, 뛰어난 학자들이 모두 앞으로 훌륭한 임금이 될 거라고 칭찬하는 와중에 계속 이런 모함을 들으니까 답답했겠죠. 그런데 모함도 계속 들으면 세뇌가 되죠. 서서히 아들에 대해 탐탁지 않은 생각이 늘어가고, 색안경을 끼고 보게 되는 거예요.

이런 과정 속에서 문정왕후의 친오빠 윤원로와 친동생 윤원형이 경원대군을 보호한다는 구실로 전면에 나섭니다. 이때부터 대윤과 소윤이라는 두 세력의 존재하게 되는 거죠. 왕세자를 중심으로 하는 대윤 세력과 장차 경원대군이 왕이 될지 모른다고 믿는 소윤 세력 간의 대결이 시작되는 거예요.

경원대군이 태어난 다음에도 인종은 계속 문정왕후에게 문안인

문정왕후 어보. 한국전쟁중 미국으로 불법반출된 것을 최근 국내로 환수하였다.

사를 드렸죠. 그 전까지는 따스하게 맞아주던 사람이 이제는 아주 쌀쌀맞게 대하는가 하면, 그 뒤부터 무서운 사건들이 생기기 시작 해요.《조선왕조실록》에는 두 번의 사건이 나와 있는데, 둘 다 똑같 은 내용의 사건이에요.

서연書筵이라는 게 있어요. 왕세자하고 왕세자의 스승들 한 20 여 명이 같이 공부하는 모임이에요. 인종이 품성이 착하니까 서연 자리를 가지면서 나온 음식을 같이 나누어 먹었지요. 다른 사람들 에게 음식을 다 같이 들자고 하면서. 그런데 그 음식을 먹고 모든 사람이 다 식중독에 걸려 쓰러졌어요. 전체 20여 명이 다 급성 식중독에 걸려 혼수상태로 쓰러진다는 게 있을 수 없는 일이잖아요. 누군가가 왕세자를 죽이기 위해 궁녀들을 매수해 가지고 약을 탄 거라고 생각했겠죠. 그런데 인종은 그걸 다 덮어줬어요. 동궁전 궁녀들이 경을 치게 될 테니까 실수한 것이겠거니 하고 넘어간 거예요. 몇 달이 지난 뒤의 서연에서 또 똑같은 일이 생겼어요. 그러니까 문정왕후하고 소윤이 궁녀를 매수해서 인종을 죽이려 했다는 소문이 더 커졌죠.

그 뒤 갑자기 궁에 불이 났어요. 동궁전에만 불이 난 거예요. 이것은 《연려실기술》에 나오는 이야기인데요. 불이 나서 세자하고 세자빈이 밖으로 나오려고 하는데, 문이 잠겨서 나올 수 없었다고 해요. 누가 밖에서 문을 잠갔던 거죠. 그런데 마침 당시 세자의 후궁 양제良娣로 있던 여인이 급하게 문을 따서 밖으로 나올 수 있었다는 거예요. 그 여인은 송강 정철의 누이로 보통 여자가 아니었다고 해요. 야사에 의하면 악귀도 물리치고 했대요. 그래서 인종이 이 여인을 굉장히 좋아했다고 나옵니다. 이때도 세자를 죽이려 했다는 소문이 파다했지요.

그러니까 대윤 윤임은 왕세자를 지키려고 얼마나 애썼겠어요? 윤임은 원래 무관 출신이에요. 윤원형하고 윤원로는 문반 출신으로 온갖 사악한 행동을 저질렀는데, 이 사람은 무반 출신이다 보니 자기 조카 왕세자를 지키기 위해 무반들을 모았어요. 그 과정에서 대윤과 소윤 사이에 갈등이 얼마나 심했겠어요.

인종은 타살되었는가

그러던 중에 중종이 죽게 돼요. 중종이 세상을 떠나자 인종이 왕이 됐지요. 대윤의 세상이 온 거예요. 윤원형과 윤원로는 유배를 보내고, 소윤 세력을 날려버렸죠.

다시 반전이 일어나는 게 인종이 갑자기 8개월 만에 죽어버린 거예요. 《인종실록》에는 인종이 아버지 중종의 죽음을 슬퍼해서 곡을 너무 많이 하다가 기운이 쇠진해서 죽었다고 쓰여 있어요. 아무리 아버지가 죽었다고 슬피 울다가 그 기운이 다 떨어져서 죽는다는 게 말이 돼요? 그 전의 일도 있고 해서 당시 문정왕후가 독을 타서 인종을 죽였다는 말이 돌았지요.

인종이 죽고 나니까 경원대군이 자연스럽게 왕이 돼요. 인종은 자식이 없었거든요. 경원대군이 열두 살이었기 때문에 수렴청정을 해야 되겠죠. 문정왕후의 수렴청정이 시작되는 거예요. 그러니 그 권력이 누구에게 가겠어요? 소윤이었던 윤원형한테 모든 권력이 집중되었죠. 완전히 소윤의 세상이 온 거죠.

소윤은 자기 측근들을 중앙 조정으로 다 집어넣어요. 이 세력은 기본적으로 훈구파 세력이거든요. 산림에서 공부하고 세상의 개혁을 이야기하는 세력이 아닌 거죠. 거대한 기득권 집단이 다시 권력을 장악한 거예요. 그 중심인물이 윤원형이에요. 윤원형은 사림 세력과 연결된 사람들을 다 제거해버려요.

대윤이었던 윤임 같은 경우는 비록 무과 출신이지만, 사림 세력과도 연계가 있었거든요. 그래서 인종이 즉위하고 나서 중종대 개혁파의 기수 조광조가 건의해 시행했던 현량과를 부활시켜요. 조광조가 현량과를 제안했던 것은 과거시험이 성리학의 본질에서 멀어져 시험의 기술로 변질되었다는 문제제기와 함께, 산림에서 조선의 개혁을 위해 애쓰는 좋은 선비를 발탁하자는 취지였거든요.

인종은 어쨌든 좋은 인재들을 등용해 백성을 위한 개혁을 하겠다는 생각이 있었지요. 중종대에 개혁에 나섰던 조광조를 비롯한 사람들이 죽임을 당한 다음에 백성들에 대한 착취가 심해졌지요. 지금도 종부세라든지 상속세 같은 세금제도를 강화해 국민을 위한 개혁정책을 추진하지 않습니까? 이런 개혁정책이 중종 즉위 초기에 이루어졌던 것인데, 기득권 세력에 의해 개혁 세력이 제거되면서 다시 과거로 돌아가 버렸거든요.

백성들 입장에서는 얼마나 힘들어졌겠어요? 인종이 즉위해 다시 제도 개혁을 시작해보려다 갑자기 죽고, 명종이 왕이 된 거죠. 구기득권 세력들도 다시 들어오게 되고요.

인종은 한마디로 타살당했다고 보아야 됩니다. 식중독 사건은 예행연습이었고요. 식중독 사건 때 좀 더 단호하게 책임자들을 처단했어야 하는데, 너무 따뜻하게 배려했어요. 그게 실은 성품 좋은 사람들의 문제입니다. 베풀어준 것을 감사히 여겨야 되는데, 감사히 여기기는커녕 또다시 칼을 뽑는 무리들이 있어요. 역사의 학습효과로 생각해야 돼요. 인종은 자기를 죽이려고 했던 세력을 포용한 탓에 끝내 숨을 거두고 만 거예요.

인종은 사람 좋고 똑똑하고 당대 최고의 학자일 수 있어요. 하서 김인후는 인종과 같이 생활한 다음 그 뒤로는 벼슬길에 나서지 않아요. 인종처럼 훌륭한 사람을 다시는 만날 수 없다는 이유로. 전라남도 장성에 가면 세계문화유산으로 지정된 필암서원이 있는데, 그곳에 배향된 사람이 김인후예요. 그곳에 답사가면서 김인후가 남긴 하서문집을 보니까 인종에 대한 이야기가 쫙 나오더군요.

윤원형의 죄는 머리털을 뽑아도 모자랄 만큼 많다

인종이 죽고 권력을 잡은 윤원형 일파는 다시 악법들을 부활시켜버려요. 자신들만 호의호식하면 되고, 백성들은 도탄에 빠지건 말건 관심이 없었죠. 그러니 어떻게 되겠어요? 나라가 완전히 망가져버리는 거죠. 잘못에 대해서는 엄중히 책임을 묻고 단호하게 정리를 해야 해요.

이렇게 나라가 망가지는 과정에서 다시 젊은 개혁 세력들이 조금씩 조금씩 등장을 해요. 그 개혁 세력 중에 가장 대표적인 인물이 율곡 이이예요. 율곡 이이가 목숨을 걸고 명종한테 상소를 올려요. 〈윤원형소〉라는 상소문이에요.

그 첫마디가 윤원형의 죄는 머리털을 뽑아도 모자랄 만큼 많다 그랬어요. 그리고 전하는 우리가 전하를 만나 윤원형의 죄를 이야기하려고 하면 아프다는 핑계를 대며 만나주지 않고, 진실을 이야기하면

다 가짜라며 들으려고도 하지 않는다. 더 이상 윤원형이 패악한 짓을 저지르지 못하도록 파직해 유배를 보내야 한다고 썼어요.

그런데 윤원형이 전횡을 일삼을 수 있도록 뒷배가 되어주던 문정왕후가 죽게 돼요. 문정왕후가 죽자 윤원형을 탄핵하는 상소가 빗발칩니다. 결국 윤원형과 정난정은 황해도 강음으로 유배를 가게 돼요.

윤원형이 얼마나 국정을 농단했는지는 말단 벼슬을 하려는 사람조차 그 집 문앞에 줄을 서고, 뇌물을 받아 불린 재산이 국고보다 많았다는 이야기가 있죠. 뿐만 아니라 반대 세력은 무자비하게 죽여 버렸죠. 윤원형이 일으킨 사화가 을사사화인데, 정말 너무나 많은 사람들을 죽인 거예요. 그 사람들이 다 새로운 개혁 세력들이었거든요.

그러나 역사라고 하는 것은 항상 발전하는 것이죠. 그런 사람들이 처음에는 승리할 수 있으나, 반드시 그 대가를 받게 되어 있어요. 윤원형과 정난정은 결국 비극적인 최후를 맞이했죠. 정난정이 먼저 약을 먹고 자살하고, 윤원형도 며칠 후에 스스로 정난정의 뒤를 따라갑니다.

조선시대의 대윤과 소윤은 서로 권력 싸움을 하다가 모두 죄의 대가를 받았지요. 오늘 뉴스를 보니까 검찰은 판사들 사찰한 게 정상적인 업무였다고 주장하던군요. 자신들을 견제할 집단이 없으니까 이런 얼토당토않은 불법을 저지르는 거죠. 검찰에 대한 문민 통제 없이는 이 나라는 희망이 없어요. 검찰 안에 가장 힘있는 사람

들이 대윤과 소윤이라고 불린다는데, 역사에 비추어 많은 생각을
해보게 됩니다.

들이 대윤과 소윤이라고 불린다는데, 역사에 비추어 많은 생각을
해보게 됩니다.

조선 사헌부의
난잡했던 신고식

박근혜 탄핵 때 최순실 등의 국정농단의혹 사건 특검보로 일한 분과 자주 만나는데요, 이분이 특검보를 유일하게 두 번 한 사람이에요. 자신이 김기춘, 우병우 같은 법꾸라지를 잡겠다는 사명감으로 지원했다고 해요. 이용복 특검보인데요. 결국 두 사람을 모두 구속시켰죠. 같이 주역 공부도 하고 해서 검찰 세계 이야기를 들을 기회가 많았지요.

이분은 평생 수사 검사만 했어요. 이분이 사법연수원 교수를 지냈는데, 사법시험 합격자들이 대부분 기회만 되면 공안검사로 빠져서 출세하려는 생각뿐이더라는 거예요. 오랫동안 공안검사 출신들이 검찰 수뇌부를 차지했잖습니까? 이들이 마치 정의로운 척하지만 옛날 박정희 시대나 5공, 6공 시절에 권력에 대해서 한마디라도 제대로 한 적 있습니까?

오늘날 검찰하고 비슷한 게 옛날 사헌부인데요, 사헌부가 얼마나 웃기는 기관이었는지 살펴보려고 합니다. 당시의 사법체계를 크게 보자면 사헌부 외에 오늘날의 경찰과 같은 기능을 담당한 포도청이 있었죠. 의금부는 검찰 같은 기능도 있었지만, 최근에 출범한 공수처와 비슷한 기능도 가지고 있었어요. 반역사건이나 왕족의 범죄는 의금부에서 다루었어요. 또 법무부에 해당하는 형조가 있죠. 포도청이 활성화되지 않았을 때는 백성들이 저지른 일반범죄를 형조에서 다루었어요.

깡패 난봉꾼 같은 조직, 사헌부

사헌부에는 크게 두 개의 기능이 있었어요. 하나는 간쟁諫諍이에요. 국왕의 잘못을 비판하는 일이었죠. 사간원이라는 간쟁을 담당하는 부서가 있었지만, 사헌부도 간쟁의 기능을 갖고 있었어요. 그런데 사헌부에는 그보다 더 센 역할이 있었어요. 바로 관리를 탄핵하고 감찰하는 일이었죠. 엄청난 권력기관이었던 거죠.

사헌부의 수장은 대사헌인데요. 대사헌에는 국왕이 신임하는 측근이 임명되죠. 공신이나 왕실 종친 가운데 힘있는 사람을 탄핵하거나 하려면 자기 측근 가운데 믿을 만한 사람을 임명해야겠죠.

이번에 사헌부에 대해서 공부를 좀 해보려고 지금까지 나온 논문 같은 자료를 조사해봤는데, 기초적인 자료들 말고는 거의 없더군요. 굉장히 의아했어요. 그래서 급하게 《조선왕조실록》에서 자료를 뽑고, 《연려실기술》 등에 나오는 사헌부와 관련된 자료를 들여다보았어요. 자료를 파고 들어가니까 사헌부라는 데가 정말 황당한 조직이라는 걸 느끼게 됐어요.

흔히 검사동일체라는 말이 있지요. 모든 검사가 검찰총장을 정점으로 하는 상명하복上命下服 관계 속에서 검찰권을 행사한다는 말이죠. 이런 상명하복의 조직이다 보니까 선배 검사들이 후배 검사에게 막말을 하고 걸어차기도 하는 일이 벌어지죠. 옛날 사헌부에도 그런 조직 논리가 있더군요. 다른 조직과는 달리 사헌부만큼은 조직 논리가 엄청 심했어요.

사헌부에는 대사헌 아래 집의가 한 명 있고, 장령이 있고, 지평이 있었어요. 요즘으로 치면 대사헌은 검찰총장, 집의는 대검 차장 검사인 거죠. 장령과 지평이 두 명씩이고 그 아래 오늘의 공안검사쯤에 해당하는 감찰이 있었어요. 감찰은 스물다섯 명이나 되었어요. 사간원 간원이 7명밖에 안됐으니, 사헌부는 굉장히 큰 조직이었던 거죠.

사헌부는 위계질서가 굉장히 강했어요. 임금을 만나러 가거나 회의장에 입장하거나 할 때 윗사람이 오지 않으면 사헌부는 안으로 들어가지를 않아요. 다른 기관들은 도착하는 순서대로 들어가서 국왕을 알현하거나 하는데, 사헌부는 그러지를 않아요. 직급이 낮은 순서대로 와서 대기하고 있다가 수장인 대사헌이 나타나야 수장을 모시고 들어가는 거죠.

진짜 황당한 건 대사헌하고 집의에 대해 어마어마한 예우를 하는 거예요. 드라마 같은 데 보면 왕이 혼자 걸어 다니는데, 실은 걸을 때 내시들이 부축해주었어요. 계단 같은 데를 올라갈 때는 양옆에서 붕 띄우다시피 해서 올라갔고요. 사헌부에서도 그랬어요. 자기네 관청에서도 감찰이 바깥마당에서 기다리고 있다가 자기보다 직급이 높은 사람이 오면 안으로 모셔 들어가고, 대사헌이나 집의가 이동할 때는 감찰들이 옆에서 부축해주었죠. 영의정도 그런 대우를 받지 않았는데 사헌부는 유별났던 거죠.

당시 사헌부의 행태가 얼마나 기가 막혔는지를 잠깐 이야기할게요. 물론 사헌부가 다 부패했다는 이야기는 아니에요. 그렇지만 물이 고이면 썩기 마련이고, 조직에 지나치게 힘이 있다 보면 겉 다르고 속 다른 모순된 모습이 발생하죠. 자기들은 정의를 실현하는 일을 한다고 생각하기 때문에, 남한테는 엄격한 잣대를 들이대면서 자기들은 늘 예외로 한다는 거예요.

가장 대표적인 것이 금주령 위반이에요. 가뭄이나 흉년이 들어 국가경제가 어려워졌기 때문에 금주령이 발동되었을 것 아닙니까? 사헌부 관원들이 열심히 돌아다니면서 위반한 사람을 적발하죠. 그런데도 불구하고 정작 자신들은 금주령에서 제외를 시키는 거예요. 성현이 쓴 《용재총화》나 《연려실기술》을 보면 금주령 시대 사헌부 관원들의 음주 이야기가 등장해요. 심지어 옷을 벗고 앉아서 술

을 마신다든지 임금이 쉬는 궁궐 후원에 나가 술을 마시고 놀았다
는 거죠. 특권의식 때문에 이런 말도 안되는 일이 일어나는 거죠.

　조직논리가 세다 보니까 신참들에 대한 신고식도 유별났어요.
《용재총화》에 나오는 이야기인데 황당하기가 이를 데 없어요. 신
참이 새로 들어오면 신참한테 연못을 파게 해요. 그런 다음 연못에
물과 고기를 집어넣고 고기를 잡으라고 시키죠. 맨손으로 어떻게
고기를 잡겠어요. 신참은 하는 수 없이 머리에 쓰고 있던 사모를
벗어 가지고 사모에 물을 담아 퍼냈다고 해요. 과거시험에 합격해
서 발령받아 온 사람을 완전히 바보로 만들어 조직에 동화시키는
거죠.

성현이 지은 책으로 조선 초기의 사회상을 알려주는 《용재총화》.

 　　　　　　　　　　　　　　　　　　　　　　열한 번째 이야기

옛날 한옥을 보면 서까래 같은 게 있죠? 그 큰 나무를 들고 서 있게 하는 일도 있었어요. 오래 들고 있다 보면 팔힘이 빠져 내릴 수밖에 없겠죠. 그러면 바지를 걷어 올려 무릎을 꿇린 다음 나머지 감찰 스물네 명이 돌아가면서 주먹으로 허벅지를 강타하는 거예요. 아예 움직이지도 못할 만큼 폭행을 가하는 거죠. 이런 일들은 사헌부에서 일상적으로 벌어지던 일이었어요.

더 놀라운 일도 있었어요. 철저히 모욕을 주는 행위였죠. 거미잡이를 시키는데, 완전히 폐가가 된 집의 부엌으로 데려가는 거예요. 옛날에는 불을 지펴 밥을 하고 방을 데웠으니 아궁이 위의 벽에는 시커먼 그을음이 엉겨 있을 것 아니겠어요. 거기 벽면에다 거미를 풀어요. 벽을 더듬으며 거미를 잡다 보면 손이고 옷이고 시커멓게 되겠죠. 거미를 잡은 다음에는 시커먼 손을 바가지 물에 씻게 해요. 그러면 바가지 안의 물이 어떻게 되겠어요. 콜라처럼 꺼멓겠지요. 그 물을 한 번에 다 들이켜게 하는 거예요. 《용재총화》에는 그 물을 마시고 토하지 않는 사람이 없었다고 쓰여 있어요.

자기네 조직의 사람으로 만든다고 벌이던 이런 엉터리 신참례가 또 있었어요. 새로 감찰이 된 사람의 집으로 선배들이 찾아가는 거예요. 가서 어떻게 할까요? 술상을 내놓으라고 하는 거죠. 갑자기 고참들이 들이닥치면 관복을 차려 입어야 될 거 아녜요. 그런데 사모를 거꾸로 뒤집어쓰게 해요. 그리고 기생들을 조달해야 했어요. 성현의 표현에 의하면 반드시 여자를 끼고 술을 먹었다고 되어 있어요. 완전히 깡패 난봉꾼들의 모습이었죠.

출근해서 종일 술을 마시는 게 일과

사헌부는 아주 큰 사건을 다루기 때문에 평상시에 할 일이 많은 게 아니에요. 매일같이 조사를 다니는 것도 아니죠. 노는 게 일이었어요. 출근해서도 하루종일 술을 마시는 거죠. 술을 마실 때는 거위 알 모양의 아란배鵝卵杯에 술을 부어 마셨다고 해요. 붓 100개쯤 들어가는 큰 술잔이었죠. 그 많은 양의 술이 다 어디서 나왔을까요? 이들은 한창 흥이 오르면 자기들 조직의 노래를 불렀어요.

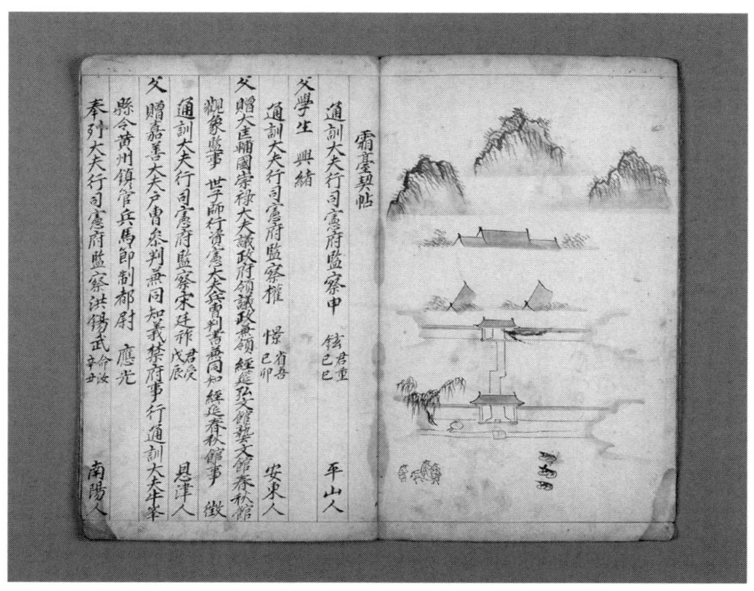

사헌부 관헌들의 친목 모임을 기념해 제작한 상대계첩霜臺契帖.

〈상대별곡〉이란 경기체가로 정종 때 대사헌을 지낸 권근이 지었죠. 조선시대의 수많은 기구 중에 자기 조직의 노래가 있던 기관은 사헌부밖에 없었죠. '영웅호걸 일시인재, 영웅호걸 일시인재, 나까지 몇 사람인고' 하는 가사가 지금도 전해 와요. 백성을 위해 헌신하고 사회를 맑게 하려고 노력하는 것이 진짜 영웅일 텐데, 백성의 고혈을 빨아 하루종일 술이나 마시면서 이런 겉과 속이 다른 내용의 노래를 부른 거죠.

물론 그 시절에도 사헌부 관원 중에 숙종 때의 장령 김호 같은 사람이 있었어요. 김호는 당시 권력의 실세였던 장희빈과 장희빈의 오빠 장희재의 부정부패를 고발했지요. 왕이 총애하는 장희빈과 그 오빠를 탄핵하는 일은 목숨을 건 행위였어요. 숙종이 유배보내겠다 해도 김호는 의연히 자신의 뜻을 굽히지 않았지요. 이순신의 증조 이거 같은 강직함으로 소문난 장령도 있었고요.

하지만 수많은 당시의 사헌부 관원들은 자신들의 권력을 남용하고 사리사욕을 취했지요. 그 중에는 지방의 관아에서 올라오는 물품을 빼돌리는 일도 있었어요. 백성들이 세금으로 낸 물건을 한양으로 보낸 것이었죠. 물품의 수량이 맞는지 틀리는지 조사하는 게 사헌부 일이었거든요. 조사를 빌미로 물품의 상당수를 뒤로 빼돌리는 거죠.

사헌부, 정권의 하수인이 되다

사헌부에는 두 가지 중요한 기능이 있다고 했죠. 하나는 감찰이고 하나는 간쟁인데, 간쟁을 담당하는 대간臺諫은 엄청 힘이 센 사람들이에요. 왕의 정책을 비판하는 일도 하지만, 한편으로는 진짜 왕의 호위무사들인 거죠. 왕의 명을 받아 탄핵하는 것이 실제 사헌부에서 제일 중요한 부분이었어요. 왕께서 잘못하셨습니다 하고 간하는 간쟁은 부분이고, 영의정이나 좌의정 또는 판서 누가 잘못했으니 탄핵해야 합니다 하는 감찰 탄핵 기능이 더 중시된 거죠. 제일 처음에는 국왕에 대한 간쟁을 더 비중 있게 두었지만, 조선이 출범한 지 겨우 몇 년 만에 성격이 바뀌어버려요.

태종이란 사람이 그렇게 만들었죠. 태종은 신하들을 공격하는데 사헌부를 이용했어요. 대표적인 게 자신의 처남인 민무구, 민무질 형제였지요. 이들이 세자를 등에 업고 자기를 내몰려 하자 제거해버렸어요. 처음부터 자신이 나서는 게 아니라 사헌부를 동원해 그들의 죄상을 탄핵하게 만들었죠. 또 다른 예는 태종을 도운 공신 이거이와 그의 아들 이저 부자예요. 이들도 사헌부의 탄핵을 받아 시련을 겪었어요. 이거이는 태조 이성계를 도와 조선을 건국하는 데 힘을 보탠 전설적인 무장이었거든요. 밉보였을 때 이런 사람을 제거하는 방법이 뭐가 있겠어요? 사헌부를 통해 뒷조사를 시키고 없는 사건을 만들어내는 거죠. 이성계에게 병권을 장악해 자신을 치라고 했다는 식으로 사건을 조작해 유배를 보냈죠. 이렇게 해서 공신을 제거하고, 외척을 제거하고, 또 말 안 듣는 신하들을 제 거하고 했죠.

이런 시련이 있었어도 세종 때는 다시 사헌부 본래의 엄정함을 어느 정도 회복해요. 하지만 다시 세조에 의한 왕권 찬탈이 일어나 죠. 세조는 자기의 측근 신하들과 사병을 동원해 수많은 사람을 죽 이고 권력을 잡은 거 아닙니까? 자신의 조카 단종은 폐위시킨 다음 영월로 귀양 보냈다가 죽여 버렸고요. 손에 피를 묻히고 정통성이 없는 세력들은 자신의 권력을 유지하기 위해 물불을 가리지 않죠. 부정과 불의를 거리낌없이 자행한 명분 없는 집단이다 보니까 더 더욱 자신들의 권력을 지켜줄 세력이 필요했어요. 그런 필요성에 의해 사헌부를 이용하게 된 거죠.

정치권력의 하수인이 되고 비호를 받다 보니까 사헌부가 다른 부처와 비교할 수 없는 권력을 갖게 된 겁니다. 통치자의 시녀 노 릇을 한 데 대한 반대급부였죠. 구린 게 있으면 더 위선을 떨게 되 고, 조직은 더욱 썩어 들어가는 거죠. 그래서 너나 없이 그런 온갖 부정부패에 앞장서고, 사헌부만의 난잡한 문화가 형성된 겁니다. 사헌부 관원들이 금주령 같은 국가시책을 어기며 근무시간 중에 술을 마시고, 무녀들한테 뇌물을 받고 굿을 허용하는 등의 행위는 누가 봐도 눈에 띄는 일 아닙니까? 상급자들이 마음만 먹으면 일벌 백계할 수 있는 일이죠. 하지만 그게 안되죠. 윗선까지 다 한통속 이었으니까요. 대사헌부터가 다 기생첩을 끼고 있고, 앞장서 그들 의 뒷배를 봐주었으니까요.

　국가에서 부여한 사법적 권력을 농단하고 자신들의 이익을 위한 도구로 전락시키는 일이 지난 5백 년 동안 이어져왔습니다. 그러지 않기 위해서는 먼저 정의롭고 정당한 정부가 들어서야지요. 법과 제도만 가지고는 안됩니다. 사람이 중요하고 운용이 중요하죠. 사헌부 같은 힘있는 기관일수록 관원들의 잘못에 대해 준엄히 법의 책임을 묻는 일이 필요했던 거죠. 사헌부를 해부함으로써 오늘의 시대적 과제가 무엇인지 다시 한 번 생각해보게 됩니다.

대한민국임시정부가
꿈꾸었던 나라

왕조국가에서 민주공화국으로

내일이 바로 대한민국의 생일, 그것도 상해임시정부가 수립된 지 백 주년이 되는 날입니다. 1919년 3월에 거족적인 삼일만세운동이 일어나지 않았습니까? 삼일운동이라고 하니까 3월 1일에만 일어난 줄 아는 사람들이 많아요. 3월 1일에 서울을 비롯한 주요 도시에서 불길이 타올랐지만, 그 후로도 여러 달 동안 국내외에서 만세시위가 계속되었지요.

삼일운동이 여러 달 동안 계속된 것은 독립에 대한 우리 민족의 열망이 그만큼 컸기 때문이에요. 삼일운동의 가장 큰 성과는 상해

임시정부의 수립입니다. 그 해 4월 11일에 독립운동가들이 상해에 모여 임시의정원을 구성하고 대한민국임시정부를 수립했지요.

백 돌이 되었으니까 임시정부의 수립을 제대로 기념하는 일은 물론 중요해요. 하지만 더 중요한 것은 그 의의를 오늘에 되살려 실천하는 일입니다. 삼일운동 백 주년이 되었다, 임시정부 수립 백 주년이 되었다 해서 그를 기리는 것이 아니라, 생활 속에서 어떻게 계승할 것이냐를 고민해야겠죠.

민주주의를 발전시키기 위해 지방자치제도를 어떻게 할 것이며 중앙정부는 어떻게 할 것이냐를 함께 토론하고, 백 주년에 맞춰서 국가개혁을 어떻게 추진하겠다는 청사진을 만들어가야죠. 지난 정부에서 신자유주의 정책 때문에 민영화를 많이 해버렸는데, 민영화가 다 올바른 것은 아니잖습니까? 잘못된 게 있으면 다시 국가기관으로 돌려서 국민에게 도움이 되게 하는 방식을 생각해야 되겠죠.

백 년 전에 임시정부가 만들려고 했던 나라가 어떤 나라입니까? 계급의 차별이 없는 나라 아니었나요? 임시정부가 민주공화제를 천명했죠. 공화제라고 하는 것이 다 민주공화제가 아니잖습니까? 귀족공화제도 있고, 민주공화제가 있죠. 그런데 그 당시 우리는 민주공화제를 천명했단 말이에요.

1910년까지 왕조국가였던 나라의 사람들이 채 십 년도 지나지 않아 표방한 절대가치가 신분적 차별이 존재하지 않는 나라였어요. 여성이 차별 받지 않고, 어린아이가 차별 받지 않고, 노인이 차별 받지 않는 세상을 벌써 백 년 전에 만들려고 했단 말이에요. 그

1920년 1월 1일 대한민국 임시정부 신년축하회 기념사진.

리고 경제적으로 풍요로운 나라가 되고 모두가 그 성과를 나누기 위해서는 토지를 국유화해야 한다고 했어요. 그 바탕 위에서 주거, 교육, 의료는 국가가 책임지는 나라를 꿈꿨죠. 주거공간은 전적으로 국가가 책임지고, 대학 교육까지 모든 교육은 무상으로 제공하자고 했어요. 아파서 고통 받는 사람들의 치료도 국가가 책임지고요. 이런 내용을 헌법 조문에 아예 명시를 해버렸거든요.

지금 우리가 생각하는 것보다 훨씬 더 민주적 질서 위에 서 있고 진보적 생각을 갖고 있지 않나요? 그런데 백 년 전에 그렇게 생각했던 것을 지금 우리는 어떻게 하고 있나요? 이 점에 대해 먼저 판성을 해야죠.

또 당시 이미 열여덟 살이면 선거권과 피선거권을 다 주었어요. 지금은 국회의원 되려면 스물다섯 살이 되어야 하고, 대통령에 출마하려면 마흔 살이 넘어야 돼요. 그런데 지금 열여덟 살이면 피선거권은커녕 선거권도 없지 않습니까?

고난의 길을 걸어야 했던 임시정부

상해임시정부는 전 민족의 의지에 기초해 출범하였고, 출범 초기에 우리 민족의 독립의지를 내외에 알리는 데 큰 노력을 기울였지요. 하지만 국제사회의 무관심과 일제의 방해공작 등에 의해 아주 어려운 환경에 놓여 있었어요.

활로를 찾기 위해 벌인 거사가 윤봉길 의사에 의한 홍구 공원 폭파 사건이었지요. 임시정부의 존재의의를 알리는 데는 성공했지만, 일제의 반격으로 인해 임시정부는 기약 없는 유랑의 길을 떠나게 됩니다.

상해 프랑스 조계에 청사를 두고 있던 임시정부는 1932년 윤봉길 의사의 의거 이후 절강성 가흥으로 쫓겨 갔다가 곧 항주로 옮겨요. 다시 진강, 광동, 유주 등지를 거쳐 1940년 중경에 둥지를 틀기까지 8년여에 걸쳐 1만5천 킬로미터의 거리를 이동해야 했는데요, 그러니 그 과정이 얼마나 고달팠겠어요?

그때의 청사라고 하는 게 기껏 가로 길이 4, 5미터 정도밖에 안 되었어요. 이층으로 이루어진 그런 공간을 1층은 사무실로 쓰고, 2층에는 여러 사람이 같이 기거하고 그랬어요. 풍찬노숙하던 노투사들이 거기서 함께 생활을 했던 거죠. 그 근처에 작은 집을 얻어 몇 가구가 같이 살기도 하고요.

요즈음 우리나라 사람들이 상해를 많이 가는데, 임시정부 청사 잠깐 들렀다가 다른 데로 가버리거든요. 지금 임시정부 청사가 있는 곳은 신천지거리라고 하는 곳인데, 옛날 프랑스 조계지지요. 그곳에 가면 백범 김구 선생이 살던 집터, 도산 안창호 선생이 살던 집터가 다 있어요. 김원봉 선생을 비롯한 의열단 단원들이 살던 집

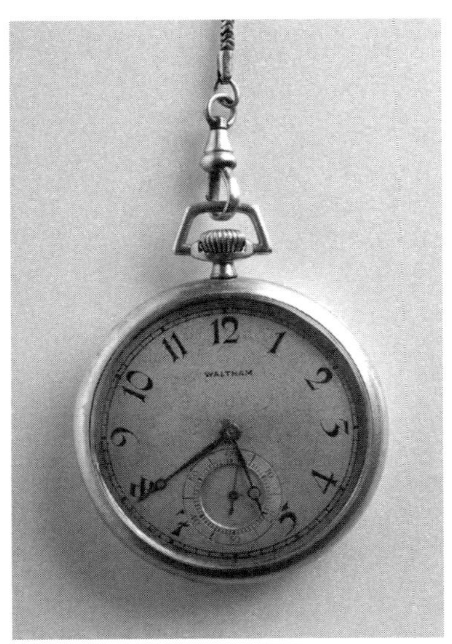

윤봉길 의사가 홍구공원 거사를 앞두고
백범 김구에게 남긴 회중시계.

터도 있고요. 프랑스 조계 안에 있던 프랑스 공원도 남아 있는데, 그곳에서 그 옛날 김원봉 선생이 의열단원들하고 거사 나가기 전에 마지막일지 모를 산책을 하며 결의를 다지고 했거든요. 다음날 죽을지도 모르니까요.

그러니 상해 답사를 가거든 임시정부 청사만이 아니라 임시정부 요인들이 살던 집터도 둘러보고, 프랑스 공원에도 들러서 백 년 전 독립투사들의 기개도 느끼고 하면 얼마나 좋겠습니까? 그래야 답사다운 답사일 텐데 기껏 임시정부 청사 들러서 사진 찍느라 정신 없거든요.

중국 사람들은 우리한테 또 입장료를 받잖아요. 우리 정부가 다 돈 주고 산 건물인데. 물론 관리해준다는 명목이 있겠지만 말이죠.

중요한 건 당시 우리 임시정부를 비롯해서 독립운동가들이 아주 어렵게, 너무나 어렵게 살았다는 거예요. 슬픈 이야기들 많잖아요. 백범 선생 사모님이 거기서 애를 낳은 다음에 바로 돌아가셨거든요. 시어머니인 곽낙원 여사가 산후간호를 해준다고 도와주니까 자신이 직접 하겠다며 2층 계단을 내려오다가 굴러 떨어진 거예요. 갈비뼈가 부러지면서 부러진 뼈가 폐를 찔러서 얼마 못가 돌아가셨지요. 이런 슬픈 일들이 참 많았지요. 우리가 그런 부분들을 다 기억해야 하는데, 제대로 못하니 참 안타까운 일이에요.

대한민국임시정부의 트러블 메이커, 이승만

당시 상해임시정부에서 독립군을 제대로 양성한다든지 더 중요한 일을 할 수 있었는데, 그렇게 못한 이유는 이승만이 모금된 돈을 뒤로 빼돌려버렸기 때문이기도 해요. 재정이 빈약하니 일을 제대로 할 수 없었던 거죠.

우리나라 사람이 처음 이민 간 곳이 하와이잖습니까? 그곳 사탕수수밭에서 힘들게 일하면서도 나라의 독립을 위해 성금을 모아보냈죠. 이승만의 주요 후원자도 하와이 이민자들이었어요. 그런데 우리나라가 독립하고 이승만이 대통령 된 다음에 하와이 사람들은 귀국을 못했어요. 이승만이 막은 거죠. 거기에는 숨겨진 이야기가 있는데요.

원래 하와이 독립운동의 중심인물은 박용만이었어요. 그런데 이승만이 음모를 꾸며 하와이 한인회를 장악해버려요. 하와이 한인들에게 이승만은 우상이었어요. 이들이 미국 본토로 이승만을 만나러 갔다가 크게 감동을 받고 돌아오거든요. 이승만을 만나러 갔더니 너무도 허름한 집에서 직접 양말을 꿰매고 있었다는 거예요. 자신들이 모아준 돈을 상해임시정부에 죄다 보내고 독립운동에 헌신하느라고 이렇게 가난하게 사는구나 하고 감동한 거예요. 이건 뭐 완전히 성인의 모습이다 이렇게 느낀 거죠.

그 후 다시 이승만을 찾아가게 됐는데, 깜짝 놀라게 해주려고 연락을 안하고 간 거예요. 그런데 그 집에 아무도 안 사는 거예요. 알고 봤더니 그 집은 가끔 가다 한국 사람이 온다고 하면 빌려 쓰는 집이고, 실제로는 호화주택에 사는 것을 확인한 거죠. 이승만이 그들을 속였던 거예요.

사실 이승만은 사람들이 고생고생해서 모은 돈으로 좋은 집에서 맛있는 음식 먹으며 살고, 여자들하고 호텔 가서 놀고 했다는 거예요. 이승만의 젊은 시절의 모습에 대해 알 수 있는 자료가 있는데요. 민족문제연구소에서 만든 〈100년 전쟁〉이라는 다큐멘터리예요. 거기를 보면 미국 가서 이미 젊은 시절부터 여대생들 데리고 다니면서 방탕하게 놀았다고 기록되어 있어요. 그러다가 미국 경찰한테 잡혀서 기소까지 당하기도 했고요.

그러면서도 자기는 조국을 위해서 결혼 안하고 혼자 살겠다, 조국과 결혼한 사람이다 했지요. 이승만은 미국으로 건너가기 전에 이미 결혼한 여자가 있었어요. 그러니 그 말도 앞뒤가 안 맞지요. 나중에는 프란체스카라는 여성을 만나 결혼했으니, 미국으로 간 이후에 자기가 공언한 약속도 지키지 못한 것이지요. 그래서 진실을 들켜버린 이승만이 그 사실이 국내로 퍼질까봐 하와이 사람들을 경계해 그들의 귀국을 막았다는 거죠.

돌이켜보면 이승만이 대한민국임시정부의 국무총리와 대통령을 맡았던 것이 민족의 비극이었죠. 이승만은 시종 트러블 메이커였어요. 임시정부는 제대로 역할도 하지 못한 채 무력화되고 마는데, 여기에는 이승만의 책임이 컸어요. 미국에 머물면서 임시정부를 자기 뜻대로 운영하려고 하면서 사사건건 마찰을 일으켰고, 임시정부로 가야 될 돈도 임의로 사용해버렸어요. 그런 끝에 탄핵을 받고서야 대통령직에서 물러나게 됩니다.

경찰의 날, 백범이 임정 경무국장 취임한 날로 바꾸자

이렇다 보니 백범이 등장할 수밖에 없었던 거죠. 백범은 처음에는 임시정부의 초대 경무국장, 일종의 경찰청장 같은 역할을 맡았어요. 최근에 도올 김용옥 교수가 우리가 그동안 너무 몰랐다, 경찰의 날을 바꿔서 백범이 경무국장에 취임한 날로 하자 했는데, 상

1941년 김구가 직접 독립 의지를 서명한 태극기.

당히 타당성이 있다고 봐요. 백범은 1926년 국무령에 취임한 다음부터 임시정부를 이끌게 되죠.

삼일운동의 정신은 바로 평등이거든요. 그 뿌리는 서구의 평등 개념이 아니에요. 우리의 오랜 역사 속에서 나타난, 민중이 염원해온 사상이죠. 미륵 신앙에서의 평등, 조선시대의 정감록에 보이는 평등, 동학에 나타났던 평등, 이런 어떤 평등사상이 삼일정신에 깊숙이 배어 있는 겁니다. 우리의 역사를 관통해온 이런 평등 정신을 기반으로 세계의 역사에서 유례가 없는 정말 새로운 국가를 만들겠다는 의지를 천명한 것이 바로 백 년 전 임시정부의 수립이었어요. 임시정부가 꿈꾸었던 나라를 현실에서 완성시키는 노력을 이어가야 할 것입니다.

쇼킹한
원조 친일파
이근택

시골 무관 이근택, 민비를 만나다

아주 쇼킹한 친일파 이야기를 해보겠습니다. 나라를 팔아먹은 원조 친일파 이야기예요. 가장 대표적인 원조 친일파 중에 이근택이라는 사람이 있어요. 친일파라고 하면 흔히 떠올리는 사람이 이완용이죠. 을사오적의 한 사람 아닙니까? 오적五賊이라고 했으니까 나라를 팔아먹는 데 앞장선 5명의 매국노가 있다는 말이죠. 그런데 이완용 이름이 하도 사람들 입에 오르내리니까 다른 사람들 이름은 잘 기억을 못해요. 이근택은 이완용과 같은 을사오적의 한 사람이에요. 당시 이근택은 군부대신, 이완용은 학부대신이었죠.

그 밖에도 외부대신 박제순, 내부대신 이지용, 농상부대신 권중현
이 다섯 명을 을사오적이라고 하는 것이죠. 나머지 사람은 이완용
덕분에 이름이 거의 잊히게 됐어요.

이근택은 정말 친일파 중의 친일파였거든요. 그런데 이 사람이
친일파가 되는 과정이 좀 황당해요. 이 사람은 아주 한미한 시골
무관이었어요. 충주 사람이었죠. 옛날에는 이런 사람들을 향무사
鄕武士라고 했어요. 시골 출신 무사들은 무과 급제하기가 참 힘들
어요. 무과에서도 서울에 있는 명문거족 자식들이 다 급제하는 거
죠. 지방 사람들은 무예가 뛰어나도 여간 해서는 힘들어요.

이근택도 무과 준비를 하고 있었어요. 입신양명하려면 과거를
보아야 될 것 아니겠습니까? 아무리 한말이라 하더라도 말이죠. 그
런데 갑자기 황당한 사건이 벌어진 거예요. 상상조차 할 수 없던
사건이 생겼죠. 그게 뭔 줄 아세요? 왕비가 그 근처에 나타난 거예
요. 민왕후가 이근택이 사는 동네로 도망쳐 온 거에요. 임오군란은
차별에 분노한 구식 군대들이 민중과 합세해 일으킨 사건이죠. 이
사건으로 민씨정권이 축출되고 흥선대원군이 집권하거든요. 민왕
후는 살기 위해 그곳까지 피신했던 거죠.

민왕후는 충주 근처 장호원에 머물렀어요. 장호원이 코앞이니까
이근택도 그 소식을 들었죠. 그는 기회다 싶었어요. 민왕후의 눈에
들기 위해 무엇을 할까 고심했죠. 생각 끝에 그는 남한강에 가서 고
기를 잡았어요. 매일같이 고기를 잡아다가 민왕후한테 진상을 한 거
예요. 민왕후가 쫓겨 와서 외롭게 지내는데 얼마나 고마웠겠어요.

몇 달 후에 민왕후는 궁궐로 돌아가게 되죠. 청나라가 군대를 파견해 대원군을 중국 천진으로 납치해 가는 바람에 다시 권력을 되찾게 되었거든요. 이때 그 유명한 진령군이라는 무당이 등장하죠. 민왕후를 만난 무당이 몇 월 며칠 몇 시에 한양 궁궐로 돌아갈 거라고 이야기했다는 거죠. 그런데 신통하게 그게 맞은 거예요. 민왕후가 그 무당한테 쏙 빠졌죠. 궁궐로 돌아간 민왕후는 그 무당한테 참으로 영험한 사람이라는 뜻을 가진 진령군眞靈君이라는 군호를 내리고 자신의 가까이에 두었죠. 진령군이라는 무당은 민왕후를 끼고 한동안 위세가 대단했죠. 제가 예전에 박근혜 정권에서 국정을 농단한 최순실과 같은 역할을 한 게 진령군이라는 글을 쓴 적이 있어요.

민비의 죽음과 이근택의 출세

이근택도 이때 한양으로 올라옵니다. 민왕후가 고마움을 잊지 않고 버슬자리를 하나 마련해주었거든요. 그래 봤자 하급 무사 자리였지요. 시골에 묻혀 있던 사람 입장에서는 큰 은혜를 입은 거지만, 능력도 부족하고 연줄도 없으니까 그럭저럭 하급 무사 생활을 하며 지냈죠.

그러던 중 일약 고종의 총애를 받게 되는 결정적인 계기가 생깁니다. 마찬가지로 민왕후와 관계된 일이었죠. 일본이 눈엣가시 같

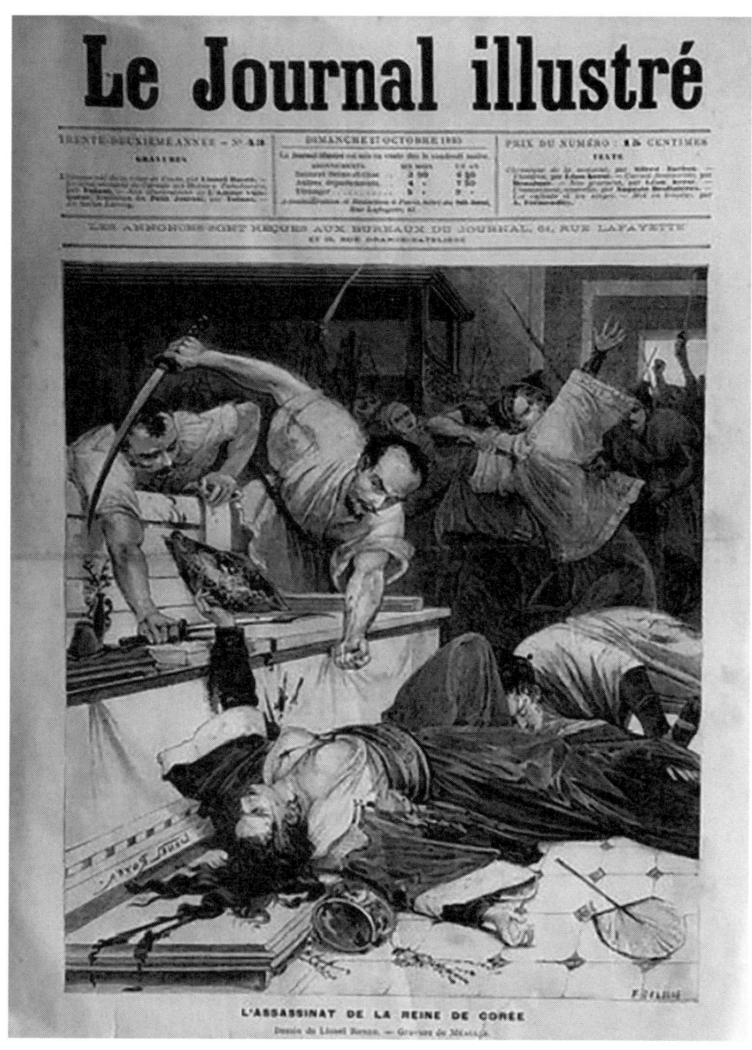

프랑스 신문 《르 주르날 일뤼스트레》 표지에 실린 을미사변 일러스트.

던 민왕후를 죽이기 위해 1985년에 을미사변을 일으키잖습니까?
남의 나라 궁궐에 침입해 국모를 죽이는 천인공노할 사건이었죠.
궁궐에 침입한 주력은 일본 낭인들이었는데, 말이 낭인이지 실은
일본 육사 출신도 들어 있었어요. 우리나라 드라마나 영화 같은 곳
에서는 이들이 건달처럼 나와요. 하지만 이들 낭인을 비정규 군인
이나 특수부대라고 보아야 돼요. 신분을 위장한 거죠. 그 중에는
나중에 제1차, 제2차 세계대전의 주역이 되는 사람도 있거든요.

일본인들이 얼마나 치밀했는지를 말해주는 증거가 있어요. 을미
사변을 일으키기 10년 전에 일본인들은 민왕후의 사진을 찍어두
었어요. 미국에서 수입한 최신식 카메라를 갖고 가서 고종하고 민
왕후의 사진을 찍은 거죠. 궁궐에 침입하면서 그 사진을 들고 갔어
요. 사진을 가지고 한 사람 한 사람 대조하면서 민왕후를 찾은 거
죠. 마침내 궁녀로 변장하고 있던 민왕후를 찾아내서 잔인하게 살
해했죠.

더 놀라운 것은 이들이 죽은 민왕후를 시간屍姦까지 했다는 거
예요. 죽이는 것으로 모자라 차마 있을 수 없는 모욕을 가한 거죠.
일본인들이 민왕후를 얼마나 미워했는지 알 수 있는 대목이죠. 당
시 조선 정부의 고문으로 있던 이시즈카 에조가 일본으로 보낸 사
건전말 보고서를 보면 죽은 민왕후의 하의를 벗겨 능욕했음을 알
수 있어요. 이를 근거로 야마베 겐타로 같은 역사학자도 '폭도들이
사체를 능욕했다'는 것을 폭로했어요. 당시 조선에 와 있던 각국 외
교사절들이 자국에 보낸 기밀문서를 통해서도 이 같은 사실을 확

인할 수 있어요. 그 생생한 내용을 이 방송 시청자 분들이 듣게 되면 일본대사관에 몰려가 다 불질러버린다고 난리가 날 거예요. 그 정도로 일본 사람들은 상상할 수 없는 인간성을 갖고 있었어요.

민왕후는 칼을 맞고 죽었거든요. 피를 많이 흘렸겠지요. 이근택이 어느 날 일본인 상점을 가게 돼요. 거기서 우연히 허리띠를 하나 보게 됐죠. 비단 허리띠인데 자수가 예사롭지가 않아 눈에 띈 거예요. 자세히 보니 핏자국 같은 게 있는 거죠. 이걸 보는 순간 이근택의 머리에 혹시 경복궁 옥호루에서 죽은 민왕후의 허리띠일지 모른다는 생각이 스쳤어요. 두말 않고 그 허리띠를 샀지요. 이근택의 뺑에 의하면 은 6만 냥을 주고 샀다는데 그건 심한 과장이겠지요.

허리띠를 산 이근택은 다음날 그걸 가지고 고종한테 가요. 가서 이게 바로 중전마마께서 허리에 차고 계시던 허리띠라고 이야기했지요. 핏자국이 증거라면서 말이죠. 허리띠를 본 고종은 대성통곡을 했죠.

게다가 왕세자 순종이 있잖습니까? 순종이 그때 어머니 죽음을 직접 눈으로 봤거든요. 일본 무사들은 끌려나온 순종의 목도 칼로 내려쳤어요. 칼날로 친 게 아니라 칼등으로 쳤죠. 순종은 목에 심한 타박상을 입고 기절했다가 깨어났는데, 그 상태에서 일본인들이 민왕후를 시간하는 것을 다 본 거예요. 그래서 그날 이후로 순종이 정신이 혼미해지기 시작해요. 어쨌든 당시에 자기 어머니가 입은 옷을 봤잖아요. 순종도 그 허리띠가 자기 어머니가 차고 있던 허리띠와 매우 유사하다고 생각한 거예요. 일본인들이 민왕후를 죽인 다음에 증거를 없애기 위해 불태워버렸잖습니까? 시신이 잿더미가 되는 바람에 아무것도 흔적이 남지 않았는데, 허리띠를 보니 감회가 어땠겠어요.

순종은 그 허리띠가 자기 어머니가 차고 있던 거라고 진짜 생각을 한 거예요. 고종은 물론이고요. 그러니 그걸 구해 온 이근택을 얼마나 총애했겠어요. 그때부터 이근택은 승승장구하게 돼요. 이근택은 고종의 호위무관이 됐죠. 친위부대장이 된 거예요. 그 후로 군대 요직을 두루 거쳐서 을사늑약이 체결되던 때는 군부대신 자리에까지 오른 거죠.

이근택, 너는 개, 돼지보다도 못하다

이근택은 고종을 가까이에서 모셨으니까 처음에는 당연히 일본을 미워했죠. 민왕후가 시해되고 나서 고종은 신변의 위협을 느끼게 되죠. 그래서 아관파천이라고 해서 러시아 공사관으로 피신을 가지 않습니까? 당시에 고종은 러시아가 대단히 힘이 센 나라고, 일본에 맞서 조선을 도와줄 나라는 러시아라고 생각했지요. 이근택도 마찬가지 생각이었어요. 친러파가 되어 활동한 거죠.

그런데 1904년에 러일전쟁이 터지잖습니까? 이근택은 당연히 러시아가 이길 거라고 생각했지요. 러시아가 일방적으로 이길 거라고 봤는데, 일본이 전쟁에서 승리하자 생각에 혼란을 겪게 돼요. 그 무렵부터 이근택은 친일파로 변신하기 시작해요.

이근택이 고종한테는 측근 중의 측근이었거든요. 고종을 호위하며 신변을 지켜주는 사람이다 보니까 고종과 왕세자의 일거수일투족을 가장 잘 알지 않겠어요? 많은 유용한 정보를 가지고 있는 거죠. 활용가치가 크다고 판단한 일본이 이근택을 매수해요. 이근택한테 30만 원을 건넨 거예요. 요즘으로 치면 수십억 원에 해당하겠지요. 어마어마한 거금을 받고 이근택은 대한제국 정부의 정보를 일본에 넘겨주기 시작합니다. 친일파를 넘어 일본의 주구가 된 거죠.

일본주차군 사령관 하세가와 요시미치와 함께 통감부로 향하는 을사늑약의 주역 이토 히로부미
(마차 왼쪽 자리).

친일파로 변신한 다음에는 노골적으로 일본의 합병정책에 동조하고 앞장서죠. 을사늑약이 체결될 때 대놓고 앞장선 이유이지요. 그래서 불명예스럽게도 을사오적의 한 사람이 된 거죠.

을사늑약이 체결된 날 집에 돌아온 이근택은 자신의 전 가족을 모아놓고 자랑스레 떠벌였다고 해요. 내가 오늘 중요한 조약에 도장을 찍었다. 앞으로 조선과 일본은 한 나라가 될 텐데, 우리 집은 억만금을 얻었다. 영원히 부자가 될 거다. 이렇게 뻥을 치면서 자신이 나라를 팔아먹은 일의 자초지종을 설명한 거예요.

그때 갑자기 부엌에서 쾅, 쾅하고 칼자루 내리치는 소리가 났어요. 그러더니 여종이 칼을 들고 나타나서 이근택한테 소리를 지르는 거예요. 내가 비록 이 집에서 일을 하는 천한 종이지만 너 같은 천하의 역적 밑에 있는 것이 부끄럽다, 너는 참으로 개, 돼지보다도 못하다고 하면서 칼을 집어던지고 집을 나가버렸다고 해요. 이근택의 아들은 한규설의 사위였죠. 한규설은 참정대신으로 있으면서 을사늑약을 끝까지 반대한 사람이었어요. 그 여종은 한규설의 딸이 시집 올 때 데리고 온 종이었어요.

이근택을 비롯한 을사오적에 대한 당시 백성들의 분노가 얼마나 컸는지 짐작할 수 있는 일화지요. 이근택은 그 중에서도 백성들의 원망을 가장 크게 받은 사람이었어요. 그래서 수차례 암살의 표적이 되었지요. 집에서 자다가 자객의 칼을 맞기도 했어요. 십여 군데나 칼에 찔렸지만 요행히 목숨을 건졌지요.

한일병합에 기여했다고 일본은 이근택에게 자작 작위를 수여했

어요. 은사금도 듬뿍 쥐어줬지요. 그러니 매국노 소리를 들으면서
도 잘먹고 잘살았죠. 나중에 수원에 큰 집을 지어서 호화롭게 살았
어요. 그래도 언제 누구에게 테러를 당할지 모른다는 불안 속에 전
전긍긍했겠지요. 비록 실패했지만 수차례 그의 목숨을 노리는 일
이 있었고, 그것은 다름아닌 민족정기가 살아 있다는 증표였죠.

친일의 역사에서 시작된 유치원의 뿌리

일본인과 서양인 선교사들이 만든 초기 유치원

우리나라 사학의 가장 큰 문제는 교육을 핑계로 돈벌이하려는 과도한 욕심일 겁니다. 대학에서부터 중고등학교, 유치원에 이르기까지 다 마찬가지죠. 다소의 예외는 있겠지만 태생부터가 기형적이었어요.

지금 한국유치원총연합회 문제가 사회적 이슈가 되고 있는만큼, 우리나라 유치원의 역사와 유치원이 어떤 경로로 어떻게 변화되어 왔는지를 살펴보겠습니다.

우리나라 유치원의 뿌리가 친일의 역사에서 시작됐다는 것을 아는 사람이 있을까요? 유치원이 등장하는 것은 을사늑약 이후부터거든요. 1905년에 을사늑약이 체결됨으로써 외교권이 박탈되고 통감부가 설치되어, 독립국가로서의 실질적 지위를 잃게 되죠. 1907년에는 정미7조약이 체결되어 군대가 해산되고, 1910년에 완전히 나라를 빼앗기게 됩니다.

을사늑약 이후 일본인들이 한반도에 대거 진출하기 시작하죠. 부산, 인천, 원산, 군산, 목포 같은 해안가를 중심으로 일본인 집단 거주지가 만들어집니다. 통감부, 그리고 이어서 총독부가 설치되는 서울에도 당연히 많은 수의 일본인들이 자리를 잡고요. 이들 일본인 거주 지역에 유치원들이 만들어지기 시작하는 거예요. 전부 일본 사람들이 만들었죠. 제일 먼저 만들어진 유치원이 1908년에 문을 연 원산유치원이에요. 뒤를 이어 부산과 인천에 유치원이 들어섭니다. 몇 년 만에 전국 10여 개 도시에 유치원이 생겨요.

이런 흐름과 별도로 서양 선교사들이 들어와서 유치원을 만들기 시작해요. 대표적인 유치원이 이화유치원이죠. 이화유치원은 손탁 호텔에서 개교를 해요. 덕수궁 뒤쪽 서울 정동에 자리하고 있던 손탁 호텔은 대한제국 시기에 국제외교의 중심이었죠. 대한제국의 내탕금으로 지은 사실상 한국정부 직영이나 다름없는 영빈관 호텔이었어요.

운영을 맡은 사람은 독일 출신의 손탁이라는 여성이었어요. 손탁은 러시아 공사 베베르의 추천으로 국내에 들어와 외교무대에서 큰 족적을 남겼죠. 손탁은 고종의 총애를 받아 외교자문 같은 일도 하면서 부를 쌓았고, 민왕후에게 영어, 독일어 같은 외국어도 가르쳤어요. 손탁의 말로는 아주 비참했어요. 고종한테 엄청난 돈을 받아 러시아로 갔는데, 하필 볼셰비키 혁명이 일어나 갖고 있던 모든 재산을 빼앗기고 굶어 죽었어요. 어쨌든 손탁은 자기 호텔의 일부를 대여해 이화학당과 연계된 유치원을 만들었죠.

또 하나 선교 차원에서 만들어진 대표적인 유치원은 중앙유치원이에요. 오늘날 중앙대학교의 전신이 되는 곳이죠. 중앙유치원을 설립한 중심인물은 박희도라는 목사였어요. 꽤 괜찮은 목사로 삼일운동 민족대표 33인의 한 사람인데, 1930년대 들어 친일파로 변신했죠. 민족대표 33인 가운데 세 사람이 변절했는데, 박희도는 그중의 한 사람이에요. 박희도가 변절한 데는 여자 문제가 있었어요. 제자의 부인과 눈이 맞아 지탄을 받자 변절을 하게 되었죠. 1916년에 문을 연 중앙유치원은 당초 선교 목적으로 만들어졌어요. 중앙유치원은 한국 기독교사에서 중요한 위치를 차지하는 영신교회라는 교회의 부속 유치원이에요.

친일파가 만든 최초의 유치원, 경성유치원

이들 유치원 말고 진짜 친일파들이 만든 유치원이 있어요. 어찌 보면 지금으로 이어지는 우리나라 유치원의 원조 격이라고 할 수 있죠. 오늘날 한국유치원총연합회가 저렇게 보수화되어 있는 데는 다 이유가 있는 거죠. 한국사회를 쥐락펴락하는 지배집단의 한 축은 친미파이고, 그 뿌리는 친일파 아니겠어요.

친일파들이 만든 최초의 유치원은 경성유치원이에요. 경성유치원을 만든 사람은 놀랍게도 나라를 팔아먹은 친일파의 우두머리 이완용이고요. 친일파들이 일본 사람들이 운영하는 유치원을 보니까 완전 특수교육인 거예요. 조선으로 건너온 일본의 고위 관료나 조선에 와서 수탈을 통해 경제적으로 성공한 일본 사람들이 자기 자식들을 위해 만든 거니까 당연히 그렇겠죠.

친일파들이 그걸 모방한 거죠. 당시 일본의 정책이라는 게 친일 관료를 만들어 한국을 지배하고, 대다수의 조선 사람들은 그저 일본에 충실한 신민으로 만들려는 거였지요. 일본어 잘하는 사람은 승진도 빠르고 일본 유학도 시켜주고 하니까, 친일파들이 자기 자식들도 대를 이어 출세한 친일파로 만들고 싶었던 거죠. 그래서 유치원을 만든 거예요. 자식들에게 일본식 교육을 시키고, 친일파로 만들기 위해서였죠. 어려서부터 이렇게 하면 무조건 친일화되는 거 아니겠어요.

경성유치원은 세 살 때부터 입학할 수 있었는데, 완전 귀족유치원이에요. 출자한 사람의 자식들만 입학할 수 있었죠. 그런데 출자한 사람이 50명이었어요. 출자금은 1인당 백 원이었다고 해요. 백 원이 지금의 가치로 어느 정도인지 가늠이 잘 안될 겁니다. 지금 국립중앙박물관에는 영친왕이 구입했던 고려청자들이 소장되어 있는데요. 작품 구입 내역을 보면 지금 국보로 지정되어 있는 고려

청자의 당시 구입 가격이 20원에서 40원 선이에요. 당대 최고의 명품 고려청자의 가격과 비교하면 출자금 백 원이 얼마나 큰돈인지 알 겁니다.

경성유치원의 원장과 교사들은 다 일본 사람들이었어요. 출자금 외에 매달 월사금 10원을 내야 했고요. 월사금 액수도 엄청나지 않습니까? 그게 다가 아니에요. 어린애가 집을 나서면 하인과 유모 대여섯 명이 따라오거든요.

유치원에서 가르치는 교육의 내용은 무엇이었을까요? 일본어 가르치기, 일본 노래 배우기, 일본 무용 배우기 같은 거였어요. 유치원에 다닐 때는 절대 조선옷을 입지 않아요. 기모노 입고, 게다 짝 끌고 다니게 하는 거죠. 이야기할 때는 일본어만 사용하고요.

경성유치원의 모습.

기록을 보니까 모래를 가지고 장난하던 아이들이 기미가요가 나오니까 벌떡 일어나 차렷 자세로 기미가요를 따라 불렀다는 내용이 있어요. 이처럼 뼛속까지 스며들도록 친일 교육을 시킨 거죠. 이게 바로 우리나라 유치원의 시작이에요.

선교사들이 만든 유치원은 신앙을 전파하는 데 중심을 두었죠. 영어 교육 같은 걸 중시했고요. 이화학당 같은 경우도 처음에는 가난한 아이들을 데려다 입학시키고 했지만, 나중에는 부유층들이 가게 되었거든요. 그렇듯이 선교사들의 유치원 교육도 평범한 가정의 아이들이 다닐 수 있는 정상적인 교육이라고 하기는 어려웠죠.

소파 방정환, 그리고 민족정신을 살리는 유치원

경성유치원이 이처럼 귀족 유치원으로 만들어지면서 이를 모델로 한 유치원이 전국에 걸쳐 생기게 됩니다. 각 지역마다 친일파들이 다 있었으니까요.

이때 등장하는 사람이 소파 방정환이에요. 어린이라는 말과 어린이날을 만든 사람이죠. 방정환이 친일파 유치원과 다른 차별적인 유아 교육, 어린이 교육을 하겠다고 나섰어요. 그런 측면에서 방정환 선생은 높게 평가해야 해요. 방정환 선생은 서른세 살에 세상을 떠났어요. 너무 열정적으로 일하다 고혈압으로 쓰러졌던 거예요.

방정환은 의암 손병희의 사위예요. 동학 지도자인 해월 최시형의 사위가 손병희이고요. 방정환이 결국 동학의 맥을 이어받은 것이죠. 손병희가 열아홉 살 먹은 소파 방정환의 사람됨을 알아보고 자기 딸과 결혼시키면서, 방정환이 천도교의 지도자로 성장하게 된 거죠. 손병희는 천도교 교주이면서 삼일운동 당시 민족대표 33인의 중심인물이잖습니까? 기미독립선언서도 천도교가 운영하던 보성학교 내에 자리한 인쇄소 보성사에서 찍었지요.

집안이 가난했던 방정환은 손병희와 연을 맺으면서 중단했던 학업을 계속하고 일본에 건너가 공부할 수 있었어요. 방정환은 어린이가 나라의 미래라고 생각했지요. 빼앗긴 나라를 되찾기 위해서는 어린 아이들을 잘 키우는 것이 무엇보다도 중요하다고 깨달은 거죠. 일본말을 국어라고 가르치는 세상에서 우리말, 우리글을 제대로 쓰는 것은 대단히 중요한 일이죠. 방정환은 어린이를 독립된 인격체로 보아 어린이들이 참되고 씩씩하게 자라게 해주었을 뿐 아니라, 어린이들에게 우리 민족의 얼을 심어주려 했어요.

각 지역에서도 보수적인 입장에서 탈피해 개화학문의 필요성을 깨닫는 선각자들이 나타나기 시작했죠. 이들이 소파 방정환의 주장에 호응해 민족정신을 살리는 유치원을 설립한 거죠. 이들 유치원은 한글 교육과 우리의 전통놀이, 전통음악 같은 우리의 얼을 살리는 교육을 중시했어요.

친일파들이 만든 유치원과 민족교육에 바탕한 유치원이 공존하게 된 거죠. 하지만 그 경쟁에서 결국 누가 이기게 될까요? 민족적인 색채를 띤 유치원은 재정도 열악하고, 일제의 감시와 탄압을 벗어날 수 없었으니까요.

민족교육, 친일교육에 밀리다

이처럼 우리나라 유치원은 몇 갈래의 뿌리를 가지고 있어요. 하지만 그 중심 흐름이 친일파에서 출발한 것은 부인하기 어렵죠. 민족교육이 친일파와의 경쟁에서 밀린 것은 참 안타까운 일입니다. 독립운동가들이 친일파들에게 봉변을 당하고 새나라 건설에서 뒷전으로 밀려난 것을 생각하면 땅을 칠 일이죠.

방정환 선생의 사모님은 1990년대 초반까지 살아 있었는데, 내내 단칸 셋방에서 지냈어요. 자식들도 제대로 배우지 못했지요. 다른 독립운동가들도 비슷한 상황이죠. 자신의 몸과 가진 재산을 다 바쳐 독립운동에 투신했는데, 무슨 수로 자식들을 교육시킬 수 있었겠어요.

그런데 친일파들은 어땠나요? 어렸을 때부터 귀족 교육을 받고, 일본 가서 유학하고, 발빠른 사람들은 다시 미국 가서 영어를 배우고 했던 거죠. 그러다 보니 영어 좀 한다는 이유로 지배자가 일제에서 미군정으로 바뀌어도 여전히 그 자리를 꿰찰 수 있었지요. 미군정이 선호하는 사람이 누구였겠어요? 행정 경험이 있고 영어 할 줄 아는 사람들이었죠. 친일파가 친미파로 이어지며 권력을 잡게 된 이유죠.

한국유치원총연합회가 자신들의 뿌리가 경성유치원이라고는 말하지 않겠지요. 여기서 말하는 것은 정신적으로 경성유치원의 후예라는 점이에요. 우리 아이들에게 건전한 교육, 민족통일에 이바지하는 교육을 시켜야 하지 않겠어요? 그런데 올바른 역사관에 입각한 교육을 부정하고, 자신들의 사적 이익만 앞세운다면 정신적 친일파와 무엇이 다르겠습니까?

유아 교육이 얼마나 중요합니까? 우리 아이들에게 바른 교육, 남을 배려하는 올바른 인성교육, 창의적인 교육을 시키는 일이 무엇보다 중요하다고 생각합니다.

의병, 풍전등화의
나라를 구하다

한 손 잃은 혜가 스님에서 유래한 소림사 합장법

오늘은 의병 이야기입니다. 6월 1일이 의병의 날이거든요. 우리가 수많은 촛불을 들었잖아요. 그 촛불을 든 사람들이 사실 의병이에요. 과거 임진왜란 때의 의병만이 의병이 아니에요. 대한제국이 망해갈 때도 의병이 일어났고, 빼앗긴 나라를 되찾겠다고 나선 독립군들도 결국 의병이죠.

의병이라는 게 자기들이 평소에 사용하던 낫이며 쇠스랑 같은 농기구를 무기 삼아 자기 고장을 지킨 거잖아요. 승려들도 의병으로 대거 나섰죠. 무기들이 전부 변변찮았죠. 소림사가 떠오르는군요. 무협영화하면 소림사 아닙니까? 맨손으로 수많은 적을 상대하는 무예가 대단하죠. 하지만 현실은 그런 게 아니죠.

그런데 소림사 승려들의 합장법이 일반 승려들하고 다른 것을 아세요? 일반적으로는 가슴 앞쪽으로 두 손을 모아 합장을 하죠. 소림사 승려들의 합장은 한 손을 얼굴 앞에 세우는 형태예요. 다 사연이 있지요. 달마대사의 제자였던 혜가라는 스님 때문이죠. 인도 사람인 달마가 불교를 전파하기 위해 중국에 와서 숭산에 머물게 됐죠. 그 숭산 아래 있는 절이 소림사인데, 달마가 소림사 위쪽에 자리한 동굴에서 9년 동안 면벽수도를 한 거예요. 눕지도 않고 벽만 바라보며 수행한 끝에 깨달음을 얻었어요. 인간도 깨달음을 얻으면 부처가 될 수 있다는 것이었어요.

달마가 소림사의 장문인으로 있다가 자기의 의발衣鉢을 전해줄 후계자를 찾았죠. 제자 중에 제일 똑똑한 사람이 혜가였어요. 혜가는 본래 도가道家에서 전향한 사람이라서 불교계에서는 비주류였어요. 당시에도 파벌 싸움이 있었던 거죠. 달마는 혜가에게 소림사의 주지를 맡겨 선종의 계보를 잇게 하고 싶었거든요. 눈이 어마어마하게 내리는 어느 날이었어요. 달마는 혜가를 비롯한 승려들을 모두 불러 모았어요. 그리고 만약 흰 눈이 아닌 붉은 눈이 내리게 한다면 의발을 전하겠다고 혜가에게 말했죠. 혜가는 부엌에 가서 칼을 들고 나와 자신의 왼팔을 잘라버렸어요. 그런 모습으로 소림사 마당을 돌아다니니 여기저기 눈 위에 붉은 피가 흘러내렸죠. 붉은 눈이 내리게 된 거죠. 그때서야 사람들이 모두 무릎을 꿇고 혜가가 소림사의 장문인의 되는 것을 받아들였다는 거예요. 혜가는 한 팔을 잃었으니 두 손으로 합장을 할 수 없었죠. 소림사 승려들은 혜가를 존중하는 마음으로 오른손 하나만으로 합장을 하게 되었다는 겁니다.

이순신과 의병, 조선을 구하다

의병하면 먼저 떠오르는 건 당연히 홍의장군 곽재우 아니겠습니까? 그 밖에도 고경명, 조헌, 전설적인 의병장 김덕령 같은 사람들이 많이 있죠. 의병은 세계적으로 흔한 형태의 군대가 아니에요.

의병이 우리나라에서 가장 대표적으로 활약한 시기는 임진왜란 때 아니겠습니까? 사실 임진왜란은 우리가 제대로 준비를 못한 전쟁이었죠. 일본군은 1592년 4월 13일날 부산 앞바다에 도착하거든요. 4월 12에 이순신 장군은 여수 앞바다에서 갓 제작한 거북선의 화포 시험에 성공했어요. 임진왜란이 일어나기 겨우 하루 전이었죠. 일본이 임진왜란에서 실패한 가장 큰 요인 가운데 하나는 이순신의 수군이었어요. 역사라는 것은 참 우리가 알 수 없는 인연 같은 게 있는 거죠. 일본군은 침공일부터 시작해서 정확하게 20일 만에 서울을 점령했어요. 걸어서 가는 것도 아니고 비록 서너 번의 전투라도 싸우면서 가는 건데, 얼마나 파죽지세였는지 알 수 있죠. 그렇게 빠른 속도로 진격할 수 있었던 것은 다 도망갔기 때문

     열다섯 번째 이야기

이죠. 관군이고 백성들이고 다 도망간 거예요. 일본군의 군세가 대단했던 거죠.

조선은 건국 후 2백 년 동안 큰 전란이 없었어요. 여진족하고 소소하게 싸운 적이 있고, 일본하고는 산발적인 왜구의 침입과 삼포 왜란이라는 게 있는 정도였어요. 삼포는 지금으로 치면 부산, 울산, 창원의 세 곳이었죠. 일본과의 무역이 이루어지던 항구였지요. 삼포에 거주하던 왜인들이 더 많은 무역을 허가해 달라며 일으킨 소동이었어요. 제법 큰 사건이었지만 중앙군이 도착하기도 전에 지방군에 의해 진압이 되었어요. 그래서 국방상의 문제로 큰 위협을 느끼지 않고 있었지요.

2백여 년 동안 평화로운 시대로 지내다 보니까 전쟁에 대해 깊이 고민하지 않은 거예요. 특히 선조대에 들어와서는 선조가 워낙 자기중심적인 사람인데다 당시 유림들이 자기네 당파의 이익을 앞세우고, 또 무예를 너무도 천시했어요. 그런 대규모 왜란을 막을 만한 힘이 없었던 거죠. 그나마 이순신이나 권율, 유성룡 같은 일부의 사람들이 전쟁에 대비를 한 정도였어요.

파죽지세로 북으로 밀고 올라갔지만 일본이 오판을 한 것이 크게 두 가지가 있었어요. 하나는 보급의 문제였어요. 당시 도요토미 히데요시는 정규군과 지원군을 포함한 수십만 명을 먹일 일 년치 군량미를 준비했거든요. 배를 이용해 부산으로 군량미를 수송한 다음 남해안을 타고 서해로 올라가려고 했어요. 우리나라 서해안에는 강이 많이 있지 않습니까? 영산강이라든지 동진강, 금강, 한강, 대동강 같은 강을 타고 들어와 내륙에 있는 육군에 필요한 군량미, 무기 등의 군수물자를 보급하려고 했던 거예요. 그런데 이순신 장군의 수군에 연거푸 패하면서 계획에 차질이 빚어진 거죠.

육로로 보급품을 수송하는 일도 난관에 봉착하고 말았죠. 일본군은 육로 수송을 위해 말 네 마리가 끄는 큰 수레를 준비했거든요. 큰 수레에 군수물자를 잔뜩 실어 나르려고 한 거죠. 그런데 길이 너무 좁아서 큰 수레가 갈 수 없는 거예요. 당시 우리나라에서 가장 큰 길인 6대로라고 하더라도 도로폭이 2미터가 채 되지 않았어요. 하는 수 없이 말 한 마리, 한 마리에 짐을 실어 날라야 하는 상황이 된 거죠. 보급 속도가 엄청나게 느려진 거예요.

일본군은 총알처럼 한양으로 진격해 갔죠. 조선 임금을 잡아서 빨리 전쟁을 끝내버리자 생각했던 거예요. 그런데 선조가 도망을 가버렸잖습니까. 선조가 자기 살겠다고 도망을 치는 바람에 신하들도 도망가고, 군사들도 도망을 가버렸죠. 선조가 의주에 도착했을 때 선조를 끝까지 호종한 신하는 삼십 명밖에 안됐어요. 내시, 의관, 궁녀, 말 견마잡이 같은 모든 인원을 포함한 숫자예요. 임금의 행차가 지나갈 때 백성들은 임금을 향해 짱돌을 던졌어요. 백성을 버리고 도망치는 임금에 대한 분노였지요. 한국전쟁 때 서울을 몰래 빠져나간 이승만도 선조나 똑같은 사람이었죠.

일본에는 의병이 없었다

나라가 풍전등화의 위기에 놓였을 때 짠 하고 나타난 사람들이 누구냐? 바로 의병들이었어요. 당시 일본은 의병이 일어날 줄은 전혀 생각을 못했어요. 완전한 오판이었죠. 일본은 임진왜란 때도 몇 년에 걸쳐 철저히 전쟁을 준비했거든요. 조선에도 스파이를 보내서 우리나라 군대가 어디에 주둔하고 있고, 군량미는 몇 석을 어디에 보관하고 있는지 전부 조사했던 거예요. 1910년에 나라를 빼앗을 때도 수십 년 전부터 우리나라의 풍습, 민속까지 철저히 조사를 했었죠.

하여튼 일본에는 우리 같은 의병이 없어요. 각 지역에서 자기네 마을을 지키겠다고 일어나는 사람들이 있을 줄은 꿈에도 생각 못했죠. 서울을 점령하고 내처 함경도, 평안도까지 진격했는데, 보급로가 막혀버린 거예요. 수로는 이순신에게 막히고, 육로는 의병에 의해 끊겨버린 거죠. 낫 들고, 죽창 들고, 쇠스랑 든 의병들이 보급로에 타격을 줄 줄은 상상도 못했던 거예요. 일본군은 대단히 당혹스러웠죠.

의병을 일으켜 군대를 모은 사람들은 다 양반 유생들이었어요. 천석꾼, 만석꾼 정도의 재산이 있고 그 지역의 명망가라야 사람들을 동원할 수 있기 때문이었죠. 우선적으로 의병에 참여한 사람은 의병을 일으킨 의병장의 노비와 소작인들이었고, 이어서 인근 동리의 농민들이 합세했죠. 가장 대표적인 의병장은 곽재우, 정인홍

같은 사람이었어요. 이들은 젊은 사람들이 아니었어요. 임진왜란 때의 의병장들은 대부분 사오십 대였어요.

　곽재우가 유명했던 건 두 가지 이유 때문이었어요. 첫째는 곽재우가 선조한테 버림받은 인물이라는 거예요. 곽재우는 그 유명한 남명 조식의 제자이거든요. 조식의 대표 제자인 곽재우와 정인홍이 모두 의병장이 되었어요. 곽재우는 원래 문과에 급제를 했어요. 그런데 벼슬길에 나가지 못했어요. 선조가 답안지 내용이 마음에 들지 않는다며 합격을 취소시켜버렸어요. 과거시험 문제가 학문에 대한 이야기만이 아니라 국가정책을 논하는 것이거든요. 곽재우가 선조한테 원한이 있을 수밖에 없지요. 하는 수 없이 은거하며 지냈

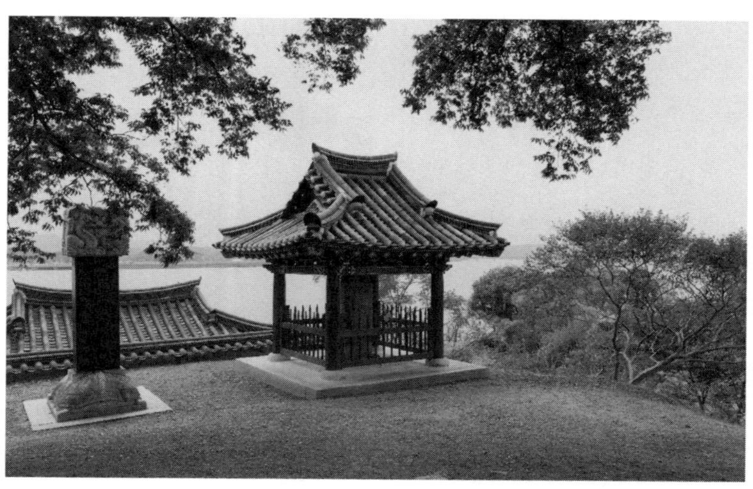

의병장 곽재우의 공적을 기리는 창녕 망우당 곽재우유허비.

는데도 불구하고 국가적 재난을 만나 의병을 일으킨 거였죠.

곽재우가 홍의장군이라고 불린 건 붉은 옷을 입었기 때문이에
요. 붉은 옷을 입고 '천강홍의장군'天降紅衣將軍이란 깃발을 내걸
었어요. 하늘에서 내려온 홍의장군이란 뜻이지요. 곽재우는 지략
이 뛰어났는데, 스무 명이나 되는 사람한테 자기하고 똑같은 복장
을 하게 했어요. 적이 보기에는 곽재우가 동에 나타났다 서에 나타
났다 한 거예요. 분신술을 쓰는 사람이라는 소문이 퍼지고, 자연히
곽재우를 두려워하기 시작했죠. 곽재우가 계속해서 승리를 거두다
보니까 관군들까지 아예 홍의장군 밑으로 들어왔어요. 곽재우처
럼 지략이 뛰어나고 담력이 큰 사람 밑에서 이기는 싸움을 하고 싶
었던 거죠. 곽재우는 일본군을 토끼몰이 식으로 한 곳으로 몰아 포
위한 다음 집중 공격하는 전술을 사용했어요. 에워싼 채 산 위에서
화살을 퍼부은 다음 우왕좌왕하는 적군을 육탄전으로 무찌르는 거
였죠.

전쟁 초기에 조선군은 일본군의 조총에 크게 겁을 먹었어요. 하
지만 차츰 조총의 약점을 간파하게 되었죠. 우선 조총은 연속 사격
이 불가능했어요. 숙련된 사수는 1분에 6발까지 쏠 수 있다지만,
대부분은 1분에 2발 정도였거든요. 총알을 발사하기 위해서는 조
총에 매달린 긴 줄에 불을 붙여 쏘아야 하기 때문이었어요. 조선
군사들이 처음에는 빵 소리가 나면 도망치기 바빴는데, 연속 발사
가 어렵다는 약점을 활용하기 시작했죠. 조총의 유효 사거리가 짧
다는 것도 알게 되었어요. 조총의 사거리는 100미터쯤 되었어요.

유효사거리 밖에 있으면 안전한 거죠. 게다가 우리 활은 150미터 가까이 나갔어요. 유효사거리가 더 긴 거죠. 적정거리를 유지하면서 전투를 할 수 있었던 거예요.

임금 노릇 똑똑히 하라

선조는 도성을 버리고 달아나기 바빴지만, 선조의 아들인 광해는 분조를 이끌면서 의병의 거병을 독려했지요. 전국 각지에서 의병이 일어나는 가운데 승병이 등장합니다. 의승병이지요. 당시 불교의 최고 지도자는 서산대사였어요. 서산대사는 평안도 묘향산에 있는 보현사에 머물고 있었는데, 서산대사에게 선조가 밀지를 보냈어요. 승병을 일으켜달라는 거였죠. 서산대사는 대신 불교를 공인해달라고 요청합니다. 선조는 그렇게 하겠다고 약속했지요. 사명대사는 금강산 건봉사에 있던 제자 유정과 함께 승군을 일으켜 큰 공을 세웠어요. 명나라군과 함께 평양성을 탈환하는 데도 승병들이 일등공신이었어요. 전쟁이 끝난 다음에 선조는 언제 그랬냐는 듯이 약속을 저버렸지요.

의병들은 아무 직책도 없이 정말 열심히 싸웠어요. 열심히 싸워 큰 공을 세우고서도 의병들은 터무니없는 모함을 받거나 심지어 역모 혐의를 뒤집어쓰기도 했어요. 관군들이 의병들을 괴롭히기도 많이 했죠. 김덕령이라는 의병장이 그런 경우예요. 이십대의 젊

함경도 의병장 정문부의 활약을 그린 〈창의토왜도〉.

은이였는데 전설적인 의병장으로 성장한 거예요. 백성들의 존경이 하늘같이 올라갔죠.

선조가 어떻게 했겠어요? 임진왜란 중에 이몽학이라는 사람의 반란이 있었어요. 《정감록》을 신봉한 이몽학이 임금을 없애버려야겠다 생각하고 반란을 일으킨 거였죠. 김덕령은 이몽학의 난을 진압하러 출병했거든요. 그럼에도 불구하고 김덕령을 역모죄로 몰아 죽여 버렸어요. 이몽학과 연대했다고 거짓사건을 조작한 거였어요. 임진왜란 때 선조가 이순신 장군도 죽이려고 했잖습니까.

광주에 가면 충장로라는 거리가 있어요. 서울로 치면 명동 같은 시내 제일 중심도로죠. 5·18 때 광주 시민들이 민주화를 요구하며 치열하게 싸운 곳인데, 거리 이름이 바로 김덕령의 시호에서 따온 거예요. 광주에는 충장사라는 김덕령을 모시는 서원도 있지요.

제게는 곽재우가 매우 매력적인 인물이에요. 곽재우 장군은 전쟁이 끝나고 나서 선조한테 편지를 보냅니다. 정중하게 예의를 갖춰 썼지만 임금 노릇 똑똑히 하라는 내용이었죠. 《선조실록》에 나오는 이야기예요. 그러면서 자기는 이제 세상에서 사라질 테니 찾지 말라고 합니다. 마치 한나라 고조를 도와 천하를 통일하는 데 큰 공을 세운 장량이 신선의 세계로 가겠다며 더 이상 자기를 찾지 말라고 한 일화를 연상시키죠. 곽재우는 자신이 한 말처럼 대구 근처의 비슬산 속으로 자취를 감추었어요.

평민 의병장의 시대로

의병 같은 백성들의 자발적인 외적에 대한 투쟁이 있었기에 국란을 극복할 수 있었죠. 그러한 힘과 전통이 쌓여 마침내는 평민 의병장이 나타나게 됩니다. 대한제국 시기에 경상도 영해 지방을 무대로 십수 년에 걸쳐 활약한 신돌석이 대표적이에요. 그 이전까지는 평민 의병장이란 존재하지도 않았죠. 평민 의병장이 등장하는 시대정신과 맞물려 나타나는 것이 바로 평민들이 들고 일어난 동학인 거죠. 동학의 지도자인 전봉준, 김개남, 손화중이 모두 그런 것 아니겠습니까? 이런 사람들에 의해 새로운 시대의 혁명이 이루어진 거고, 그 뒤를 이어서 또 평민들이 삼일만세 투쟁을 전개하는 거예요. 민족대표 33인을 포함해 삼일만세운동을 함께 준비한 48인 중에 양반 사대부 출신은 단 한 명도 없어요. 모두 다 평민 출신들이에요.

그래도 기개 있는 양반 사대부가 없지는 않았죠. 을시늑약의 파기를 주장하며 최익현, 유인석 같은 양반 사대부들이 의병을 일으켰어요. 군대 해산에 즈음해서는 의병운동이 전국으로 번졌고요. 면암 최익현은 일제에 체포되어 대마도까지 끌려가는 수모를 당했어요. 최익현은 일본이 주는 음식은 입에 대지 않겠다며 단식을 결행한 끝에 적국에서 숨을 거두었지요. 최소한 이 정도 되는 지식인들은 있어야지요.

조선시대의
신종 코로나
괴질

호열자: 호랑이에 물려 죽는 것처럼 아픈 괴질

신종 코로나 바이러스 때문에 지금 전 세계가 몸살을 앓고 있습니다. 조선시대에도 굉장히 많은 전염병이 있었어요. 논문을 찾아보니까 조선시대 519년 중에 전염병이 발생한 해가 320년이나 되었어요. 전염병이 발병한 횟수는 1,455회에 이르더군요. 한 해 동안 대여섯 차례 전염병이 돈 해가 많았던 거예요. 전염병이 끊이지 않았던 거죠.

《조선왕조실록》에 등장하는 괴질, 역병, 호열자 같은 것이 전염병을 가리키는 말이에요. 콜레라를 호열자하고 했는데, 음을 취해 만든 말이기는 하지만 호랑이에 물어 뜯겨 죽는 것처럼 아프다는 의미도 담겨 있지요.

순조 때인 1821년에 역병이 크게 창궐했어요. 평안도에서부터 황해도를 거쳐 삽시간에 전국으로 퍼졌는데, 처음에는 무슨 병인지를 알지 못했어요. 나중에야 콜레라라는 것이 밝혀져 호열자라고 불렸죠. 병에 걸려 죽은 사람만 몇 십만 명에 달했어요. 지금 코로나19가 전 세계로 빠르게 확산되었듯이, 당시의 콜레라도 인도에서 발생해 전 세계로 퍼져나간 것이었어요. 우리나라에는 중국을 거쳐 들어왔지요.

전염병이 생기면 우선 환자들을 격리 수용하는 일에 착수했죠. 천막을 치거나 움막을 지어 환자를 격리한 거예요. 활인서라는 기관에서 주로 전염병 환자의 치료를 담당했어요. 사망한 사람은 성 밖으로 옮긴 다음 땅을 깊게 파 매장했어요. 그리고 구휼정책이 시행되었어요. 유리걸식하는 사람들이 전염병에 가장 취약했기 때문에 전염병의 전파를 차단하자는 이유였죠. 한편으로는 역병의 창궐이 통치자의 부덕에서 비롯되었다는 생각이 있었던 거예요.

질병 퇴치에 도움을 주기 위해 의서도 만들어 전국에 배포했어요. 우리가 잘 아는 허준도 광해군의 특별지시를 받고《신찬벽온방》이라는 의서를 만들었죠. 허준은 임진왜란 때 선조가 의주로 피난 갈 때 선조를 마지막까지 호위한 30명 중의 한 명인데요. 허준은 어의로서 선조와 광해군의 치료를 담당하고,《동의보감》이라는 아주 놀라운 의서를 집필하지 않았습니까? 조선을 넘어 중국과 일본을 포괄해도 당대 최고의 의사였죠. 허준이 뛰어났던 점은 그런 부분만이 아니었어요. 허준의 저술을 보면 구하기 어려운 귀한 약재를 쓰는 것이 아니라, 우리나라 산천 어디에서나 자라는 아주 흔한 약초를 사용한 치료법을 제시하고 있어요. 의학의 대중화에 크게 기여한 거죠.

전염병 퇴치를 위해 만든 의서가 《신찬벽온방》인데, 허준은 아주 효과적이고 실제적인 치료법뿐만 아니라 여러 가지 예방법을 제안하고 있어요. 이 책은 훈민정음으로 번역이 되어 한문을 모르는 서민들도 이용할 수 있었어요. 지금 신종 코로나 바이러스라는 국가적 위기상황에서 보건복지부와 질병관리본부, 그리고 지방자치단체까지 혼연일체가 되어 예방과 치료에 온갖 노력을 기울이고 있지 않습니까? 국가적 재난에 대응하는 시스템이 마련되어 있고, 매

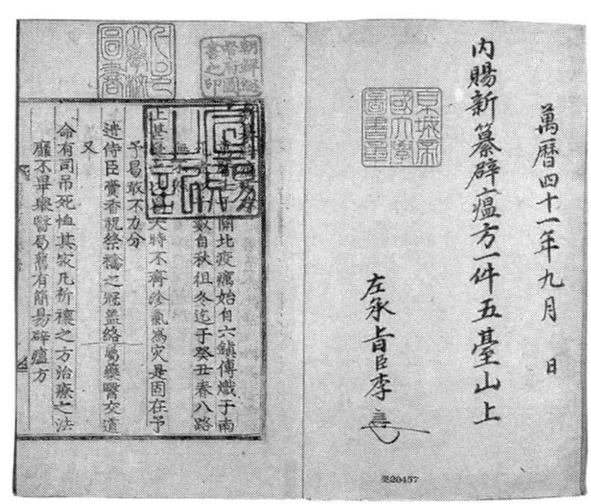

전염병 퇴치를 위해 허준이
지은 의서 《신찬벽온방》.

뉴얼이 있는 것이지요. 이처럼 온 나라가 공동체적 연대를 해야만 위기를 이겨낼 수 있는 거죠. 허준이 놀라운 것은 책 속에 그런 내용을 다 담아놓은 거예요. 지역의 향촌사회에서 양반 사대부들은 어떤 역할을 하고, 약재며 식량은 어떻게 마련하고, 전염병의 예방과 치료는 어떻게 한다는 마을 단위의 매뉴얼이 다 담겨 있어요.

코로나 예방법으로 가장 강조되는 것이 손씻기죠. 허준도 청결과 손씻기를 강조했어요. 환자를 돌보는 가족이 전염되면 안되지 않습니까? 그래서 환자가 입은 옷은 세탁한 다음 반드시 삶을 것을 권고하고 있어요. 옷을 삶는 것보다 철저한 소독은 없으니까요. 그리고 손씻기뿐 아니라 손을 씻고 마시는 물이 중요하기 때문에 마을 우물을 깨끗이 관리할 것을 강조하죠. 마을을 흐르는 하천의 환경도 깨끗하게 정비하도록 하고요. 환경을 정비하는 일이 전염병을 예방하는 핵심이란 것을 알았던 거죠.

거대한 오물 쓰레기장, 청계천

역사적으로 보면 전염병의 근원지는 오염된 물이었어요. 조선시대에는 하수도라는 개념조차 없었지요. 똥이나 오줌 같은 것을 전부 개울이나 하천에 갖다 버렸어요. 길에도 버리고요. 그러니 인구가 많은 도회지 하천은 오염 투성이였지요.

서울의 청계천도 '맑은 물이 흐르는 내'라는 뜻과는 사정이 전혀

달랐어요. 한양 도성 사람들 역시 대변, 소변을 청계천에 버렸거든
요. 청계천이 거대한 오물 쓰레기장이 되어버린 거예요. 물의 흐름
이 원만하지 못하고 토사까지 쌓여 하천 바닥이 높아졌죠. 비만 오
면 범람하게 된 거죠. 똥물이 넘쳐나니까 어떻게 되겠어요. 영조
때인 1750년에는 한양 도성 안에서 큰 전염병이 발생했어요. 청계
천 물이 넘치면서 바이러스 세균들이 퍼져나갔겠죠. 이런 상황 속
에서 영조는 청계천 준설공사를 벌이게 되죠. 57일 간에 걸쳐 청계
천에 쌓인 토사를 걷어내는 공사가 진행되었어요. 준설공사를 할
때 영조가 직접 나와서 살펴보고 했어요. 그만큼 중요한 공사였던
거죠.

청계천 준설공사를 참관하는 영조(《御前濬川題名帖》).

  열여섯 번째 이야기

사실 뭐 이런 비인간적이고 비위생적인 상황이 1970년대까지도 크게 개선된 것은 아니었어요. 상수도며 하수도 보급률이 아주 낮았고, 도시 지역 화장실도 분뇨를 수거하는 재래식이 많았죠. 영화 〈전태일〉을 보면 평화시장 노동자들이 얼마나 열악한 환경에서 생활했는지 알 수 있어요. 바람 한 점 통하지 않는 꽉 막힌 상자곽 같은 좁은 공간에서 하루 17, 18시간 쉬지 않고 미싱을 돌리는 힘든 노동에 종사했던 거지요. 각혈을 하는 어린 여공이 피 묻은 손을 씻을 화장실도 제대로 갖춰져 있지 않았죠. 그렇게 안 좋은 환경이다 보니까 결핵을 달고 살게 된 거죠. 결핵도 사람과 사람 사이에 퍼져나가는 전염병이거든요.

중국에서 넘어온 역병

조선시대 역병 가운데는 중국에서 넘어온 게 많았어요. 역병을 당홍역唐紅疫이라고 부르기도 했는데, 당나라에서 따온 '당'唐은 중국이라는 의미예요. 중국에서 전파된 역병이 많았음을 알 수 있죠. 평안도와 함경도 지방에서 역병이 먼저 발생한 다음 남쪽으로 퍼져나간 경우가 많았어요. 전염병이 발생하면 눈 깜짝할 사이에 수많은 사람이 목숨을 잃었죠. 의료기술이 좋지 않았으니 불가피한 일이었죠. 정조가 그렇게 열심히 했는데도 1799년의 전염병으로 15만 명 가까이가 죽었어요. 한국연구재단에서 나온 논문을 보니까《조선왕조실록》에 나온 기록을 통계 냈더군요. 중종 때 한 해 동안 30만 명이 죽은 해도 있었어요. 현종과 숙중 시기에 전염병으로 죽은 사람의 숫자는 모두 140만 명이나 됩니다. 어마어마한 숫자의 사람들이 전염병으로 죽어나간 거예요.

당시 사회에서는 군주가 제대로 정사를 돌보지 못해 이런 국가적 재난이 발생했다는 인식이 있었죠. 전염병이 돌기 시작하면 군주 자신이 근신하고 솔선수범하는 모습을 보이는 거죠. 허준은 전염병이 생기는 이유를 이렇게 분석하더군요. 소위 말해서 자연의 운행이 순조롭고 원만해야 하는데, 그렇지 못할 때 전염병이 창궐한다는 것이죠. 봄이 따뜻해야 하는데 따뜻하지 않고 춥다든지, 여름이 더워야 하는데 덥지 않고 서늘하다든지, 가을이 서늘해야 하는데 서늘하지 않고 덥다든지, 겨울이 추워야 되는데 춥지 않고 따뜻하다든지 할 때, 전염병이 나타난다는 거예요. 이런 걸 가리켜 이상기후라고 하지 않습니까? 자연이 정상적이지 않다는 거죠. 과학적인 관점에서 보아도 설득력 있는 의견으로 보입니다. 만일 비가 엄청나게 많이 오면 어떻게 되겠어요. 당시에는 화장실이 지금처럼 수세식이 아니지 않습니까? 비가 많이 내리면 화장실에 물이 스며들어 넘치게 되고, 자연스레 병균이 퍼질 수 있겠죠. 비가 너무 안 와도 문제가 되죠. 물이 흐르지 못하니 곳곳에 고인 물이 생길 거고, 물이 썩으면서 벌레가 생기겠죠. 이런 부자연스런 상황에서 전염병이 생기는 거죠.

1821년에 발생한 전염병은 콜레라였어요. 그 전에도 여러 가지

형태의 전염병이 발생했죠. 장티푸스, 천연두, 학질을 비롯한 20여 종의 전염병이 있었어요. 전염병이 생기면 거의 속수무책이었어요. 당시의 의술로는 해결하기가 어려웠던 거죠.

전염병을 예측한 다산 정약용

그런데 다산 선생의 글을 읽다 보면 다산이 전염병을 예측하는 흥미로운 장면이 등장해요. 다산은 1797년에 황해도 곡산부사로 부임하거든요. 부임한 지 얼마 되지 않아서의 일이에요. 다산이 아전들에게 중국 사신이 올 테니 사신 맞을 준비를 하라고 시켜요. 사신을 맞기 위해서는 돗자리도 새것으로 장만해야 되고, 탁자며 의자도 새 물건으로 준비해야 돼요. 새 물건이 아니면 중국 사신들이 까탈을 부리고 지방 수령을 괴롭히고 했거든요. 잠자리를 도울 여성도 필요했고요. 당시 제일 고통스러웠던 여성들은 의주 기생, 평양 기생, 개성 기생이었어요. 이들은 명나라와 청나라 사신단의 수청까지 들어야 했거든요.

다산이 사신 맞이할 준비를 하라고 하자 아전들이 뜬금없다는 듯이 말하죠. 얼마 전에 사신단이 다녀갔는데 무슨 사신이 또 오겠느냐고요. 그런데 한 달쯤 지나서 사신이 온 거예요. 사신이 온 이유는 청나라 건륭제가 죽었다는 부고를 전하기 위해서였어요. 태상왕으로 있던 건륭제가 갑자기 죽은 거예요. 다른 고을에서는 사신 맞이 준비를 미리 하지 못했기 때문에, 급히 필요한 물품을 비싼 값을 치르고 구입해야 했어요. 곡산부에서는 미리 준비했기 때문에 아주 헐값에 살 수 있었지요.

다산이 신통력이라도 있었던 것일까요? 아전들이 궁금해서 어떻게 중국 황제가 죽을 것을 알았느냐고 물었죠. 다산이 이렇게 대답했어요. 가만히 살펴보니까 80살 넘은 노인들이 죽더라. 먼 북쪽 지방에서부터 남쪽으로 내려오면서 죽더라. 북쪽 압록강에서부터 노인들이 죽기 시작하는 걸 보니, 이건 중국에서 전염병이 돈다는 증거다. 나이 많은 노인만 죽는 걸로 봐서 큰 전염병은 아니지만, 건륭제도 90살 가까운 노인이니 의술이 뛰어난 의원들이 곁에 있다 하더라도 죽을 가능성이 있다. 중국에서 온 전염병이라면 황제도 죽을 것이고, 사신이 오게 될 거라고 생각했다. 이 정도면 신통력이라고 해도 되겠죠. 다산의 기록을 통해 건륭제가 전염병으로 인해 죽었다는 사실을 알 수 있죠. 그리고 중국에서 건너오는 전염병이 많았던 것도 알 수 있죠.

다산 정약용도 조선의 뛰어난 의사 중의 한 명이었어요. 다산은 초정 박제가와 함께 천연두를 연구했고 성과도 냈죠. 1821년에 콜레라가 유행했을 때는 북경의 지인을 통해 중국 의사들의 콜레라 약방문을 구했다고 해요. 그만큼 열정이 컸던 거죠.

전염병 예방에 성공한 동학

전염병에 대해서는 동학에서도 많은 관심을 기울였어요. 수운 최제우가 1860년에 동학을 창시하거든요. 포교를 시작한 지 몇 년 만에 상당한 속도로 교세가 신장되었는데, 최제우는 삿된 도로 세상을 어지럽혔다는 죄로 1864년에 처형되었죠. 최제우의 뒤를 이어 해월 최시형이 새 교주가 되죠. 최시형은 동학을 확대시키는 과정에서 전염병 예방을 굉장히 중요하게 생각했어요. 전염병 예방에 꽤 성공을 거둔 덕분에 동학교도가 되면 절대 전염병에 걸리지 않는다는 소문이 퍼졌죠. 최시형은 동학교도들한테 위생에 신경 쓸 것을 주문했거든요.

우선 침을 뱉지 말라고 했어요. 코로나19 바이러스도 침을 통해 전염되지 않습니까? 침은 병균을 퍼뜨리는 중요한 매개체죠. 우리나라 사람들이 전 세계에서 침을 가장 많이 뱉는다고 해요. 그런 통계가 있다는 거예요. 최시형은 교도들에게 불가피하게 침을 뱉게 되면 반드시 흙으로 덮으라고 했어요. 가래도 조심하라고 했죠. 가래는 침보다 더 분명한 전염병의 증상 같은 것일 수 있죠. 가급적 침이나 가래를 뱉지 않고, 혹시라도 뱉게 되는 상황에서는 흙으로 덮어 예방하게 한 거죠.

두 번째는 먹던 음식을 새 음식하고 섞지 말라는 거였어요. 음식이 귀하다 보니까 먹다 남은 걸 새로 요리한 음식하고 섞는 경우가 많이 있었거든요. 동학교도들은 절대로 먹다 남은 음식과 새 음식을 섞지 않았어요. 위생을 지킨 거죠. 또 손을 깨끗이 씻게 했어요. 사용하고 난 그릇은 뜨거운 물에 끓여 사용했어요. 옷도 마찬가지로 뜨거운 물에 삶아서 입었어요.

아주 일상적인 것에서 예방수칙을 잘 지킨 거죠. 당시는 기근이 끊이지 않고 전염병도 늘 유행하고 있었거든요. 전염병에 걸리지 않기 위해서는 어떻게 해야 하는가를 최시형은 늘 고민했던 거죠. 동학교도들은 이 같은 실천을 통해 전염병 예방에 상당한 성과를 거둘 수 있었어요.

전염병의 극복은 의료과학의 발전에 의해 이루어지는 것이지만, 더불어 많은 사람들의 헌신과 기여, 노력이 수반되어야 하는 것이죠. 순수한 과학의 문제만은 아니라고 봅니다. 의술이라고 하는 것에 인仁과 의義가 함께 어우러져야죠. 우리나라 옛날 의서에는 단순 의료기술만이 아니라 그 안에 인간에 대한 존중이 담겨 있어요. 그게 우리나라 의서의 특징이죠. 현재의 코로나 바이러스를 해결하는 데도 인의를 바탕으로 한 우리의 이런 정신이 어우러진다면 한결 큰 성과를 거두지 않을까 싶습니다.

                                    열여섯 번째 이야기

여성이 지켜온
세시풍속 문화

오늘은 특별한 날입니다. 2008년에 숭례문이 불탄 날이에요. 원래 숭례문이 국보 1호 아니었습니까? 화재로 소실되고 나서 곧바로 복원작업이 이루어졌죠. 그 과정에서 여러 말이 무성했죠. 숭례문이 국보로서의 가치가 있는 것이냐, 국보 1호를 바꿔야 한다, 국보 1호를 훈민정음 해례본으로 바꿔야 한다는 등의 이야기였어요.

지난주에 문화재청에서 국보에 번호 매기는 제도를 폐지하기로 했어요. 앞으로는 국보 1호, 2호하고 부르지 않게 된 거죠. 제가 아주 오랫동안 주장해온 내용이에요. 문화재 관리나 문화재 평가에서 매우 중요한 변화가 시작된 거예요. 국보 1호, 보물 1호 이렇게 번호를 매기는 것은 일제가 자기네들 입맛에 맞게 관리하기 위해 만들어놓은 제도예요. 해방이 되고 나서도 일본이 만들어놓은 걸 그대로 쓴 거죠. 5·16쿠데타 이후인 1962년에 문화재보호법이 제 정되지만, 마찬가지로 일제 때 것을 그대로 적용한 거예요. 문화재 보호법이 혁신적으로 바뀐 것은 노무현 정부 들어서였어요. 그리 고 마침내 일제가 만든 문화재 관리 시스템에서 완전히 탈피하게 된 거죠.

음력으로 정월 초니까 우리나라의 세시풍속을 이야기해보려고 합니다. 제가 깊이 연구를 한 건 아니지만, 예전부터 관심이 많았 어요. 자료를 살펴보면 우리나라 세시풍속이 190건이 조금 넘는 데, 100여 건이 정월 초하루와 대보름에 집중돼 있어요. 그 가운데 는 왕실 세시풍속도 있고, 민간 세시풍속도 있죠. 굉장히 흥미로운 이야기가 많은데 일반인들은 거의 모르는 이야기죠.

111년 만의 문배도 재현 행사

정월 초하루하고 정말 대보름 풍속을 집중적으로 이야기해보겠 습니다. 음력 1월 1일을 정월 초하루라고 하잖습니까? 정월 초하 루부터 15일 사이에 아주 많은 행사들이 벌어지죠. 그런데 우리나 라 사람들은 실제 정월 초하루의 개념을 동지부터 잡아요. 동지는 밤이 제일 길고, 어두운 날이죠. 그래서 동지 다음날부터 실질적으 로 새로운 해가 시작된다고 생각한 거예요. 자연히 동짓날부터 여러 행사가 시작되죠.

가령 이런 거예요. 관상감이라는 관청이 있었거든요. 요즘으로 치면 기상청이죠. 관상감에서 부적을 만들어 백성들에게 나누어줬어요. 동짓날이 되면 백성들이 다투어 관상감을 찾아가는 거예요. 관상감에서 받아온 부적은 집안에 부착해 액운을 피할 수 있기를 기원하죠.

요즘까지 이어지는 동짓날 풍속 가운데는 동지팥죽이 있어요. 팥죽을 쑤어 먹는 거죠. 팥죽은 색깔이 붉죠? 붉은 색은 악귀를 막아 주는 색깔이거든요. 악귀를 물리치려는 마음에 팥죽을 먹는 거예요. 그리고 동지팥죽에는 흰 새알이 들어가죠. 새알은 밝은 태양의 색깔이에요. 새알을 먹음으로써 밝은 희망을 먹는 거예요. 악귀를 물리치고 희망을 기원하는 염원이 담겨 있는 거죠.

동짓날이 지나고 나면 정월 초하루가 오겠죠. 정월 초하루를 맞아 왕실에서 제일 먼저 하는 행사는 문배도門排圖를 궁궐 정문에 내거는 거예요. 경복궁 정문인 광화문이나 창덕궁 정문인 돈화문에 높이가 3미터쯤 되는 거대한 문배도라는 그림을 내걸었어요. 궁궐 안으로 들어오는 나쁜 기운을 몰아내기 위한 벽사辟邪의 의미를 담고 있는 거예요.

문배도의 원본이 남아 있어요. 흰 종이 위에 그려진 황금빛 갑옷에 투구를 쓰고 칼을 든 장군의 모습이죠. 눈알이 튀어나올 듯 부리부리한 눈에 험상궂은 얼굴이 인상적이에요. 도화서에서 두 장의 장군상을 그려 궁궐 문 양쪽에 붙였죠. 초하루 전날인 섣달그믐부터 보름 동안 붙여두었어요.

그 문배도 그림을 볼 수 있는 기회가 생겼어요. 광화문에 가면 됩니다. 내일부터 4일 동안 광화문에 복원한 문배도 그림을 붙여두거든요. 조선이 1910년에 망했죠. 경술국치 전까지는 해마다 궁궐 문에 붙여두었지만, 그 후로 더 이상은 붙일 수 없었어요. 해방이 되고 나서도 지금까지 문배도를 거는 행사가 일체 없었거든요. 전통이 끊긴 거였죠. 그러니까 111년 만에 재현하는 뜻깊은 행사인 겁니다.

이처럼 문배도 재현행사를 할 수 있게 된 것은 제 후배인 한종수 박사의 노력 때문이었어요. 한종수 박사는 한국학 분야의 최고봉인 하와이 대학에 가서 공부를 했어요. 나중에 자료를 검색하던 중에 《데모레스트 패밀리 매거진》*Demorest's Family Magazine*이라는 미국 잡지를 보게 된 거예요. 잡지에서 워싱턴에 있던 대한제국 공사관 내부 사진을 발견했는데, 그 속에 광화문 사진이 들어 있었어요. 사진은 대략 조미수교가 체결된 1882년경에 촬영된 것으로 추정되었죠. 광화문의 옛 모습도 흥미롭지만 한박사의 눈길을 끈 것은 광화문 문에 붙어 있는 이색적인 그림이었어요. 그게 무슨 그림인지 깊이 파고들기 시작했죠. 《동국세시기》《용재총화》를 비롯한 여러 자료를 섭렵한 끝에 그 그림이 궁궐에서 사용한 세시풍속 문배도라는 것을 밝혀냈어요. 그 덕분에 재현행사까지 가질 수 있게 되었죠.

조선왕실의 세시풍속

당시에는 궁궐 문만이 아니라 궁궐 안에 있는 전각들이며, 전각 기둥, 창호에도 그림을 붙였어요. 그리고 조선 초기에는 장군상이 아니라 처용의 그림을 붙였어요. 처용은 신라시대 향가에 등장하는 인물이지 않습니까? 처용이 밤늦게까지 밖에서 놀다가 집에 돌아와 보니 아내가 누군가와 잠자리를 같이하고 있었던 거예요. 처용은 조용히 물러나와 마당에서 춤을 추었다는 거죠. 처용의 아내는 신라 최고의 미인이었어요. 처용의 아내가 무척 아름다웠기 때문에 역신이 흠모하던 처용의 아내와 같이 자리에 누워 있었던 거예요. 처용은 신통력을 지닌 사람이니까 다른 사람은 볼 수 없는 역신을 볼 수 있었죠. 처용이 노래하며 춤을 추자 역신이 밖으로 나와 처용 앞에 무릎 꿇고 용서를 빌었다는 거죠. '잘못했습니다. 공의 아내를 범하였는데도 노여워하지 않으시니 참으로 대인이십니다. 맹세코 공의 형상만 보아도 물러가겠습니다.' 그 뒤로 처용에 기대어 역신이나 악귀를 물리치려는 민간신앙이 생기게 된 거죠.

민간에서 사용하던 수많은 부적의 얼굴이 다 처용의 얼굴이라는 거예요. 경주 괘릉 앞에는 눈방울이 부리부리한 서역인 용모의 석상이 서 있는데, 다름아닌 처용의 모습이라는 주장이 있죠. 조선왕실에는 〈처용무〉라는 춤이 따로 있었어요. 국가 의례로서 〈처용무〉를 추었는데 이 역시 악귀를 물리치기 위한 일환이었죠. 조

국가무형문화재 처용무.

선시대 초기에는 처용의 그림을 주로 그려 붙이다가 차츰 신선 얼굴로 바뀌더니, 나중에는 장군상을 그리게 된 거예요. 문배도는 단순히 왕실의 액운만 막겠다는 것이 아니라 국가 전체의 액운을 막겠다는 의미로 만들어진 것이죠.

왕실과 관련된 굉장히 흥미로운 게 또 있어요. 혹시 복숭아 좋아하시나요? 바로 복숭아나무 가지를 백성들한테 나눠준 거예요. 옛날 사람들은 복숭아야말로 액운을 막는 과일이라고 생각했지요. 천도복숭아를 먹으면 천 년을 산다는 거 아닙니까? 그래서 액운을

     열일곱 번째 이야기

물리치도록 복숭아나무 가지를 나누어주었죠. 백성들은 복숭아나무 가지에 부적을 꽂아가지고 다녔어요. 복숭아 가지를 모자에다 꽂기도 하고요.

조선시대 때는 왕실에서 중요한 행사가 있을 때 종이로 복숭아꽃을 만들었어요. 복숭아꽃을 만들어서 모자에다 꽂는 거예요. 여자들은 머리 비녀 옆에다 꽂았어요. 어버이날 카네이션을 달아드리잖습니까? 우리의 전통을 되살려 부모님께 복숭아꽃을 달아드리면 좋지 않을까 하는 생각도 해봅니다.

왕실에서 행하던 다른 중요한 행사 중의 하나는 붉은 색으로 만든 작은 복주머니를 나누어주는 거예요. 복주머니 속에는 콩알이 들어 있어요. 콩은 건강에 좋고 구황작물이기도 하죠. 처음에는 궁녀들한테만 주었어요. 궁녀들한테 줘서 악귀를 막도록 하던 관습이 확대되어 관리들한테까지 주게 되었죠. 정월 초하룻날 전에 다 나누어주었겠죠. 그것을 초하룻날부터 보름날까지 차고 다니는 거예요.

정월 초하룻날에 해야 되는 일이 있겠지요. 사정에 의해 못할 수가 있는데, 옛날사람들은 초하룻날에 못해도 정월 14일까지 하면 똑같다고 생각했어요. 가령 초하룻날에 세배를 못했으면 2일이나 3일날 해도 되고, 14일까지만 세배하면 초하룻날에 한 것이나 다름없다는 것이죠. 단 1월 15일날에는 세배를 받지 않았어요.

남자들이 하는 일은 1%에 불과

정월 초하루는 백성들의 삶에서 중요한 날이었어요. 단순히 새해 첫날이라서 중요시 여긴 것은 아니에요. 새해 첫날은 지난해의 마지막 날과 맞물리잖습니까? 지나간 일 가운데는 좋은 일도 있고, 안 좋은 일도 있겠죠. 온갖 일들이 있었겠죠. 새해를 맞이하면서 그런 지나간 일들을 모두 훌훌 털어버리고 승화시키자, 새해에는 좋은 일만 있도록 하자 해서 1월 1일을 중요시 여긴 거예요.

민가에서 정월 초하룻날을 맞아 제일 먼저 하는 일은 정한수를 집안 곳곳에 뿌려주는 거였죠. 전날 받아놓은 깨끗한 물을 주춧돌에도 뿌려주고, 부엌에도 뿌려주고 한단 말이죠. 옛날사람들의 세시풍속 모습을 살펴보면 남자들이 하는 일은 1%에 불과해요. 나머지 99%는 다 여자들이 하는 일이에요. 남자들은 여자들이 준비해주면 제사 하나 지내는 정도였어요. 양반 사대부나 일반 백성이나 똑같았어요. 명절이 되면 여자들만 고생스러웠던 거예요.

정한수는 깨끗이 정화한다는 의미를 지니고 있지만, 옛사람들은 지금의 우리보다는 물을 굉장히 성스럽게 생각했어요. 깨끗한 물에 대한 바람이 컸다는 것이죠. 옛날사람들은 물을 관장하는 신이 누구라고 생각했을까요? 무엇보다 용왕이라고 생각했거든요. 그렇다고 무슨 큰물에 가서 제사 지내는 게 아니라 마을에 있는 공동 우물, 냇가의 공동 빨래터 같은 데 가서 가족과 마을의 안녕을 기원했지요. 아녀자들이 쌀이나 떡을 싸 가지고 가서 앞으로 잘되게 해달라고 빈 거예요.

　요즘은 교통사고가 많이 발생하죠. 옛날이라고 길에서 사고가 생기지 않는 건 아니었어요. 그래서 길에서 사고가 나지 않게 해달라고 제사를 지내죠. 자기 가족들이 가장 많이 다니는 길을 쭉 따라가면 갈래길이 나오겠죠. 옛날사람들은 길에도 잡신이 있다고 믿었거든요. 또 역병이라든지 안 좋은 것들이 길을 따라 온다고 생각했어요. 옛날에는 길이 매우 단순했지요. 갈래길이라야 마을 어귀에 하나 있는 정도였거든요. 그런 갈래길에 가서 가족과 마을 사람들의 건강을 기원하는 제사를 드리는 거예요.

　또 당산나무나 서낭당이 있지요. 모두 마을을 지키는 성스러운 신령이 사는 곳이죠. 옛사람들은 그 마을을 지켜주는 신이 있다고 생각했으니까요. 그런 신성한 장소에 가서도 제를 올렸죠. 아주 흥미로운 것 중의 하나는 뱀을 퇴치하려는 노력이었어요. 옛날사람들은 뱀 때문에 고생을 많이 했거든요. 환경 자체가 뱀과 더불어 살 수밖에 없었으니까요. 뱀이 집안으로 들어오는 경우도 많았지요. 비가 많이 올 때는 더 말할 것도 없었고요. 이번에도 여인들이 나서요. 새끼줄을 집 울타리 바깥으로 쭉 둘러매는 거예요. 새끼줄이 액막이 역할을 해서 뱀이 들어오지 말라는 주술행위 같은 거였어요.

　재미있는 것 중의 하나는 정월 보름날까지 절대 쓰레기를 치우지 않은 거예요. 작년에 있었던 안 좋은 기운이 아직 새해 초니까 쓰레기에 묻어 있을 수 있지 않겠어요. 그래서 보름날까지 쓰레기를 모아놓았다가 한꺼번에 태우는 거예요. 옛날의 쓰레기야 전부 자연재료에서 나온 거니까 태우거나 땅에 묻으면 되고, 자연으로 돌아가지 않는 게 하나도 없었죠. 어쨌든 정월 초에는 쓰레기를 모았다가 한 번에 태워버렸어요. 좋지 못한 기운, 악귀까지 다 태워 없애는 거였죠. 불을 통해서 악귀의 침범을 막을 수 있다고 생각했던 거죠. 그리고 태우고 나면 재가 남지 않습니까? 가족들이 다 나와서 그 태운 재 위를 건너갔다 건너오는 행위를 세 번씩 반복해요. 모두 악귀를 막아내는 의식이었죠. 이를 모깃불 태우기라고 불렀어요.

전부 여자들이 하는 일이에요. 또 절굿공이라는 게 있잖습니까? 절굿공이를 들고 자기집 경계의 땅을 두드리는 거예요. 땅을 두드리면서 신한테 이 땅은 우리 땅이라는 걸 고하고 확인 받고 하는 의식이었죠. 이런 일들을 우리는 예전에 누구든지 다 했어요.

그러는 가운데 1월 15일 정월 대보름을 맞이하게 되죠. 대보름에는 오곡밥을 먹는 거예요. 정월 초하룻날에는 떡국을 먹죠. 또 쌀로 떡을 만드는데, 쌀떡은 풍요의 상징이에요. 대보름에 먹는 오곡밥은 각종 농사가 잘 되었으면 하는 기원의 의미죠. 보름날에는 사람들이 큰 광주리를 들고 집집을 찾아다녀요. 집집이 돌면서 밥하고 나물을 조금씩 모으는 거예요. 모은 음식은 음식을 장만하지 못할 정도로 가난한 사람들에게 나누어주는 거죠. 어느 마을에나 가난한 사람은 있기 마련이죠. 우리는 대동세상을 꿈꾼 사람들 아닙니까? 명절을 맞아서 힘들고 가난한 사람들하고도 즐거움을 함께했던 거죠.

　많은 세시풍속 중에서도 설날과 정월 대보름이 들어 있는 정초는 가장 풍요롭고 정감이 넘치는 때였어요. 명절과 세시풍속의 시대적 의미를 좀 더 되새길 수 있었으면 합니다. 예전이나 지금이나 명절을 맞아 항상 문제가 되는 것은 여성들의 과도한 노동이죠. 옛 여성들은 자신의 희생과 수고로 가족들이 불길한 액운을 막아내고 큰 복을 받기를 기원하는 마음으로 이런 세시풍속의 전통을 지켜왔던 거죠. 남성들의 역할이 매우 부족했던 점에는 통렬한 반성이 필요할 것 같습니다.

조선 최대의
정치공작
정여립 사건

유시민 전 장관 죽이기로 의심되는 정치공작 뉴스가 화제입니다. 채널A 기자와 윤석열 검찰총장의 측근인 한동훈 검사장이 공모한 것으로 보도가 나오고 있어요. 100% 진실이 다 드러난 것은 아니지만, MBC 보도에 의하면 유시민을 포토라인에 세워 선거에 영향을 주려고 했다는 것입니다. 한 걸음 더 나아가 잠재적 대권주자일 수 있는 유시민 전 장관을 제거하려는 의도도 있는 것으로 보입니다.

어쨌든 이런 정치공작이 계속되고 있지 않습니까? 이런 일들이 조선시대 때도 수없이 많았어요. 거짓 증언에 의한 공작이죠. 거짓 증언을 유도하는 정치공작이 요즘도 계속되는 것과 마찬가지죠.

유시민 전 장관을 포토라인에 세우기만 하면, 실제 죄가 있든 없든 진보진영 전체에 나쁜 이미지가 덧씌워지잖습니까?

　조선시대 때의 숱한 정치공작 가운데 가장 대표적인 사건이라고 할 수 있는 것은 정여립 사건이에요. 정여립이라는 사람이 임진왜란이 일어나기 3년 전인 1589년에 역모사건으로 죽었죠. 정여립이 정말 대단한 인물이었습니다. 전라도 일대에서는 지금도 정여립 이야기가 전설처럼 흘러나와요. 정여립은 전주 사람이거든요.

죽어서 전설이 된 정여립

　이 사건이 터지게 된 과정은 이렇습니다. 당시의 황해도 감사가 선조 임금한테 비밀장계를 보냈어요. 정여립이 역모를 꾀하고 있다는 내용이었죠. 증거는 없었죠. 황해감사의 부하 가운데 박충간이라는 사람이 있었는데, 그 박충간이 말하기를 정여립이 전라도에서 서울로 진격할 것이라고 했다는 거예요. 겨울에 얼음이 언 한강을 건너서 도성으로 쳐들어갈 것이라고요. 그 시절에는 한강에 다리가 없었으니까 한강을 건너는 가장 손쉬운 방법이 얼음이 얼었을 때 건너는 거였죠. 경험해보지 않은 사람은 잘 모를 거예요. 저는 대학원 석사 과정 시절 다산 선생님이 겨울에 한강을 건넌 것을 따라 해보겠다고 꽁꽁 언 한강을 걸어서 건너봤어요.

　정여립이 한양 도성을 점령한 다음에 자기가 왕이 되려고 했다는 게 박충간의 고변 내용이었죠. 박충간의 고변을 황해감사가 선조한테 장계로 알린 거예요. 즉시 정여립을 잡아들이라는 어명이 내렸죠. 조정에서는 선전관과 의금부 도사를 파견합니다.

사실 선조는 정여립을 탐탁지 않게 생각했어요. 정여립이 자기를 무시한다는 생각이 있었거든요. 정여립은 당시 사회의 기준에서 보면 많이 다른 사람이었어요. 정여립이 대동계大同契라는 걸 만들었거든요. 대동세상을 꿈꾼 거지요. 여기서 말하는 '동'同이란 함께 밥을 먹는 거예요. 한 공간 안에서 함께 밥을 먹는 게 '동'인 거예요. '대동'의 정확한 의미는 바로 나라가 만민의 것, 백성들의 것이라는 거죠. 왕의 것이 아니라는 거예요. 임금은 핏줄로 이어지는 것이 아니라 백성들이 현명한 사람을 선발하는 것이라는 의미를 갖고 있어요. 백성이 뽑은 사람에 의해 나라가 다스려지고, 노동을 해도 만민을 위해 노동하는 것이라는 생각이었죠. 이런 사상은 모두 옛 경전에 나오는 이야기죠.

정여립은 이처럼 경전에 나오는 대동의 의미를 적용한 대동계를 만든 거예요. 양반 사대부만이 아니라 평민, 중인, 노비, 여성까지 모두 대동계라는 모임 안으로 들어오게 한 거예요. 모임 안에서는 존댓말을 쓰며 서로를 존중했어요. 매달 15일마다 함께 모여서 활쏘기 등 무예 연습을 하고 같이 술도 마시고 했죠. 양반이라고 자리를 따로 하고 하는 게 없었어요.

정여립이 율곡 이이의 제자였는데, 이이를 배신하고 동인이 되었다 하는 등의 세상사람들이 흔히 하는 이야기는 그다지 중요한

게 아니에요. 정여립이 대동세상을 꿈꾸었다는 게 중요하죠. 대동
세상의 핵심은 두 가지예요. 첫째는 백성이 주인이 되는 나라죠.
국가는 공공의 물건이라는 거예요. 공공의 물건은 모두가 이용해
야 되는 거죠. 정여립은 나라가 어찌 왕 한 사람의 나라냐, 어찌 양
반 사대부들의 나라냐, 이렇게 이야기를 했어요. 둘째는 자주정신
이에요. 외세에 의해서 침략 받지 않는 나라, 그 안에서 백성들이
함께 어우러지는 나라죠. 정여립은 명나라의 지배도 거부하고, 일
본의 침략도 막아내려고 했어요.

　당시 일본이 침략을 준비하고 있다는 징후가 꽤 있었어요. 일본
의 전국시대를 평정한 도요토미 히데요시는 조선 정벌을 원했죠.
실제 그의 야망은 명나라까지 정벌하는 거였지만요. 망상에 빠진
히데요시는 명나라를 정벌하려 하니 길을 내놓으라고 조선에 요구
했죠. 조선에서는 일본의 사정을 살피기 위해 통신사를 파견하잖
습니까? 서인 황윤길이 정사, 동인 김성일이 부사로 갔는데, 두 사
람의 의견이 갈렸죠. 어쨌든 황윤길은 일본이 쳐들어올 거라고 조
정에 보고했죠. 대마도주를 중심으로 구성된 일본 사신단이 일본
의 침략 의도를 귀띔하기도 했고요. 대마도는 조선과 일본 사이의
무역으로 먹고 사는 섬이었기 때문에 전쟁을 원하지 않았어요. 우
리나라 상인들도 대마도를 출입했기 때문에 대마도에 떠돌던 곧
전쟁이 일어난다는 풍문을 접할 수 있었죠. 겁에 질린 사람들은 도
성을 떠나 피난을 가기도 했어요. 일본이 쳐들어온다, 아니다 설왕
설래되는 중에도 조선 정부는 일본의 능력을 과소평가하는 우를

범했어요.

율곡 이이의 십만양병설이라는 게 있지요. 일본이 쳐들어올 것에 대비해 이이가 십만 병사를 양성하자고 주장했다는 것인데, 그 사실 여부에 대해서는 역사학계의 의견이 갈려요. 십만양병설의 발원지는 송시열이에요. 이이의 제자가 김장생이고, 김장생의 제자가 송시열이거든요. 송시열은 자신이 김장생에게서 이이가 십만양병설을 주장했다는 이야기를 들었다고 했어요. 하지만 이이가 생존시에 십만양병설을 주장했는지는 애매모호해요. 그래서 이이가 십만양병설을 주장했다는 의견과 그렇지 않다는 의견이 역사학계의 논쟁거리가 되어 있지요.

천 명이 넘는 무고한 사람들이 죽다

정여립은 일본이 분명히 조선을 쳐들어올 가능성이 높다고 보았어요. 그래서 무장대를 만들었어요. 백성들 스스로 자신과 나라를 지키기 위해 무장을 하고 무예를 훈련한 거죠. 1587년에 여수 앞바다 손죽도에 왜구가 쳐들어왔어요. 임진왜란을 불과 5년 앞둔 시점이었죠. 조선 수군은 왜구의 기세를 당해내지 못했어요. 관군으로 도저히 왜구를 물리칠 방법이 없자 전라도 관찰사는 정여립한테 부탁해요. 그래서 정여립을 위시한 대동계원들이 가서 왜구를 물리쳤죠.

왜구들은 남해안 일대를 휩쓸고 다니며 노략질하고 백성들을 잡아가고 했거든요. 정여립이 그런 왜구를 쫓아냈으니 굉장한 애국자죠. 백성들 사이에서 정여립의 인기도 높아졌죠. 콤플렉스에 가득 차 있던 선조가 그걸 받아들일 수 있겠습니까? 도저히 받아들일 수 없었겠죠. 그래서 역모 사건을 조작한 거예요. 사전에 다 계획된 조작이라는 거죠.

주모자는 송익필이라는 사람하고 송강 정철이에요. 고등학교 다닐 때 〈사미인곡〉이니 〈관동별곡〉이니 하는 정철이 지은 가사를 배운 적이 있을 거예요. 유려한 문체에 감동한 사람들이 많을 텐데, 그 정철 때문에 천 명 이상이나 되는 무고한 사람들이 죽었어요.

어떤 사람들까지 죽었는 줄 아세요? 조대중이란 사람이 있었어요. 정여립 사건이 있고 나서 전라도 도사로 임명되어 지방을 순시하게 되었죠. 이 사람이 정여립의 죽음을 슬퍼해 눈물을 흘렸다고 해서 곤장을 맞고 죽었거든요. 그런데 참으로 어이없는 일이었어요. 정여립 때문에 눈물을 흘린 게 아니라 기생 때문이었거든요. 조대중이 부안에서 관기를 데리고 보성까지 갔다가 거기서 그 기생과 헤어지게 됐어요. 관기는 각 관아에 소속돼 있기 때문에 다른 곳으로 데려가면 안되거든요. 그래서 되돌려 보낼 수밖에 없는 상황에 처한 거예요. 그래서 눈물을 보였다가 잘못 전달이 되어 억울한 죽임을 당한 것이죠.

이런 일이 부지기수였어요. 정여립이 진안 죽도에서 죽었기 때문에 선조는 시체를 가져다 국문할 것을 명했어요. 한겨울이라서 날씨가 매우 춥고 바람이 많이 불었어요. 형조좌랑 김빙도 국문장에 입회했지요. 김빙은 계속 눈물을 흘렸어요. 정여립의 시체를 보면서 눈물을 흘린 사람을 그냥 두었을 리 없지요. 결국 고문을 받다 숨졌죠. 그런데 김빙은 눈병을 앓았거든요. 안구건조증이 심한데다 바람이 불어 눈물을 흘렸던 거예요.

정여립 정치공작의 주범은 송익필과 정철

송익필은 아주 대단한 사람이었어요. 좀 심한 이야기이긴 한데 송익필의 몸에서 후광이 나왔다는 거예요. 예수님이나 부처님 그림을 보면 얼굴 뒤에 후광이 그려져 있잖습니까? 송익필도 그런 후광이 있었다는 거예요. 그래서 사람들이 송익필을 보면 저절로 무릎을 꿇게 되었다고 해요. 물론 심한 과장이겠지요. 송익필의 할머니는 천첩 소생이었어요. 양반이 여종하고 관계해서 낳은 딸인 거예요. 송익필의 할머니도 당연히 천민이고, 그 아들인 송익필의 아버지도 천민이죠. 그런데 송익필의 아버지가 주인집을 관에다 고발해요. 역모를 꾀했다고요. 천민 신분에서 벗어나기 위해 주인을 무고한 거예요. 그 집은 멸문지화를 당했죠. 대신 송익필의 아버지는 역모사건을 고발했다고 해서 양반 신분이 돼요. 송익필은 이렇게 해서 양반의 아들로 자라게 됐죠.

그런데 그 멸문지화를 당한 집안에서 조작사건이라며 재수사 청원을 넣었어요. 다시 조사해보니까 조작이 맞아요. 조작사건이 들통 난 거예요. 그래서 송익필 부자는 다시 노비 신분으로 떨어지죠. 송익필은 학문적으로 굉장한 경지에 이르고 제자들도 많이 길러냈지만, 하루아침에 노비 신세가 된 거예요. 게다가 무고로 조작된 사건이라서 신분을 숨기고 도망을 다녀야 했어요.

도망을 다니다가 안되겠다 싶어서 황해감사를 찾아간 거예요. 또 다른 조작사건을 만들어 자기의 지위를 회복시킬 생각을 한 거죠. 송익필은 서인이었거든요. 당시 서인의 우두머리는 정철이었어요. 송익필 혼자의 계획이 아니라 정철하고 공모한 거였죠. 그래서 황해감사가 조정에 장계를 올리게 되었죠.

정여립의 제자 가운데 변숭복이라는 사람이 있었어요. 조정에 장계가 올라가자 변숭복은 황해도 안악에서 전주로 재빨리 내려갑니다. 전주에 도착해서 정여립에게 말하죠. '선생님, 이거 큰일 났습니다. 빨리 피하셔야 합니다.' 그리고 함께 진안 죽도로 도망간 거예요.

죽도는 섬이 아니에요. 강물이 돌아 흐르고 깎아지른 절벽이 있어서 고립된 섬처럼 보이는 거예요. 강원도 영월에 가면 단종의 유배지였던 청령포가 있지요. 흡사 청령포 같은 곳이에요. 남한강 줄기인 서강이 흐르고 깎아지른 절벽이 막고 있어서, 청령포 안으로 들어가면 바깥으로 나오기 힘들어요. 천하의 유배지인 거예요. 제가 가서 보니까 죽도도 어쩜 그리 청령포와 똑같은지 모르겠더라고요.

당시에 정철이 자기의 제자였던 김장생에게 한 이야기가 있죠. 정여립이 지금 딴데로 도망갔을 거라고 했다는 거죠. 그걸 어떻게 아느냐고 김장생이 물었더니, 정철이 다 아는 수가 있다고 말했죠. 모든 게 이미 다 계획되어 있었던 거죠. 정여립의 제자라고 하는 변숭복을 정철과 송익필이 매수를 해버렸던 거예요. 예전에 장준하 선생이 포천 약사봉에 등산 갔다가 자기 제자한테 해머로 머리를 맞고 숨을 거두지 않았습니까? 제자라고 위장해 들어와 정보를 빼돌리고 죽음에 이르게 했던 거죠.

정철은 변숭복에게 빨리 정여립한테 가서 큰일 났다며 딴데로 도피시키라고 지시했죠. 그리고 죽도로 군사를 보내 정여립을 죽여 버린 거예요. 정여립이 자살했다고 세상에 알려졌지만, 그것은 자살로 위장된 거예요. 정철이 이 모든 것을 계획하고 주도한 거예요. 그래서 처음부터 이미 그 내용을 속속들이 알고 있었던 거죠. 정철이 다시 김장생에게 자신이 빨리 조정에 들어가서 이 문제를 정리해야겠다고 하니까 김장생이 말려요. 지금 들어가면 안된다, 전하가 이 문제에 자문을 구하거든 들어가라고 한 거예요. 정철은 김장생의 말을 듣지 않고 거처하고 있던 경기도 고양에서 곧바로 한양으로 올라가 선조를 만납니다. 그래서 수많은 서인의 정적들이 제거되는 상황이 전개되죠.

황해감사에게 고변했다는 박충간은 황해도에 있었잖습니까? 황해도에 있는 사람이 전주에 있는 정여립의 역모를 어떻게 알겠어요. 지금처럼 핸드폰이 있는 것도 아니고요. 잘못된 정보, 거짓 증언으로 결국 정여립을 비롯해 그와 연관되어 있던 수많은 사람들이 죽음의 나락으로 떨어졌던 것이죠. 정승, 판서부터 시작해 천여 명이나 되는 사람들이 사형을 당해 죽게 된 거예요. 정치공작이 얼마나 무서운지 알게 해주는 사건이지요.

남인의 몰락을 가져온 경신환국

두 번째 정치공작 사건을 살펴보죠. 숙종 연간에 영의정을 지낸 허적이라는 사람이 있어요. 이 사람이 굉장히 대단한 인물이에요. 그리고 허적이 영의정일 때 훈련대장과 병조판서를 지낸 유혁연이라는 인물이 있어요. 제가 대단히 존경하는 인물입니다. 우리나라의 역대 무신 가운데 최고의 무신이라고 할 수 있어요.

유혁연의 아버지도 뛰어난 무장이었거든요. 무인 집안이었죠. 유혁연은 생원시와 진사시에 다 합격했어요. 집안에서 무인보다는 문신을 시키고 싶어 했지요. 그런데 좋은 신체조건에다 타고난 무인 기질로 인해 무반이 되었어요. 무인이 되어서 정말 많은 공을 세웠죠. 유혁연은 전설의 조선검이라고 불리는 김체건을 키운 사람이에요. 김체건을 동래 왜관에 보내서 일본 검법을 익히게 하고, 만주 검법도 익히게 했죠. 김체건의 검술이 그의 아들 김광택으로 이어지고, 김광택의 제자가 정조를 모셨던 백동수예요.

정치를 잘하고
백성의 신망이 높아
서인의 제거 대상이
된 허적.

조선 후기 무예계의 전설 같은 인물이 유혁연이에요. 또 백호 윤휴라고 하는 사람이 있어요. 허적, 유혁연, 윤휴 이 세 사람이 한 팀이었죠. 이 사람들이 바로 인조 때 일어난 삼전도의 치욕을 극복하기 위해 북벌을 주장했던 사람들이에요. 허적은 세상에 잘 알려져 있지 않지만, 인품이 뛰어나고, 담대하고, 지략이 있고, 애국적인 사람이었어요. 당시에 영의정 허적을 비롯해 남인들이 집권을 하고 있었거든요.

서인 입장에서는 허적을 제거하지 않으면 안 됐어요. 결국 정치 공작을 벌였죠. 이때 발생한 사건을 경신환국庚申換局이라고 해요. 허적의 아들 허견이 숙종의 당숙인 복선군 등과 공모해 역모를 꾀했다는 거예요. 이 사건으로 남인은 완전히 몰락하게 됩니다.

복선군은 인조의 손자이고, 숙종은 인조의 증손자예요. 오촌 아저씨인 거죠. 복선군은 권력에 대한 의지를 조금도 갖고 있지 않은 사람이었어요. 인격적으로도 문제가 많은 사람이었죠. 심지어 궁녀와 정을 통해 임신까지 시켰어요. 궁녀와 정을 통한 것은 중범죄이지만 숙종의 가까운 종친이라서 넘어갈 수 있었지요. 숙종은 현종의 외아들이라서 형제 없이 외롭게 컸어요. 게다가 어머니 명성왕후가 무지무지 엄한 사람이었죠. 남편인 현종도 명성왕후한테 꼼짝을 못했어요. 어머니가 그런 대가 센 사람이다 보니까 숙종도 눈치 보느라고 옴짝달싹 못했지요. 그래서 어머니가 죽자마자 바로 장희빈 만나서 딴세상을 경험하기 시작했죠. 숙종이 복선군하고는 상당히 관계가 좋았단 말이죠.

백성의 신망이 높고 정치까지 잘하다니

서인을 난처하게 만든 건 허적이 너무나 정치를 잘해서예요. 백성들의 신망도 높았어요. 이런 일화가 전해 내려와요. 숙종 때 전염병이 돌았거든요. 전염병은 무서운 질병이니까 허적이 유혁연한테 전염병이 휩쓸고 간 마을에는 절대로 들어가지 말라고 신신당부를 했어요. 사람들이 죽어 나가는데 시신을 장례 치러줄 사람도 없는 거예요. 보다 못한 유혁연이 자기라도 나서야겠다 싶어 전염병이 돈 마을로 들어섰어요. 이 사람도 참 담대한 거죠. 마을 내 한 집에 들어서자 시체가 눈에 띄었어요. 유혁연이 시체 곁으로 다가가니 시체가 갑자기 벌떡 일어나는 거예요. 그걸 보고 깜짝 놀라기는커녕 유혁연이 껄껄껄 웃어요. 마치 예상하고 있었다는 듯이 말예요. 벌떡 일어난 시신은 허적이었거든요. 영의정 허적도 시체를 돌봐야겠다는 생각에 그 마을에 들어왔던 거예요. 그리고 유혁연이 마을에 들어서는 것을 멀리서 보고 놀래킨 거였어요. 설화에 나오는 이야기거든요. 실제 그랬는지는 알 수 없지만, 백성들이 얼마나 허적과 유혁연을 존경했으면 그런 설화가 만들어졌겠어요.

이렇게 백성의 신망을 받는 사람들이 계속 정치를 하면 자기네가 집권하는 것은 글러먹을 것 아니겠어요. 자연히 조바심이 나기 마련이죠. 그래서 서인은 조작사건을 만들기로 해요. 그 중심인물은 김석주였어요. 김석주는 바로 명성왕후의 오빠예요. 남아 전하는 김석주의 초상화를 보면 눈이 옆으로 째지고 눈썹은 위로 말려 올라갔어요. 찬바람이 도는 얼굴이죠. 김석주가 나서 숙종한테 장계를 보낸 거예요. 허견이 복선군을 왕으로 만들려고 했다는 내용이었어요. 허견도 복선군도 모두 다 금시초문의 일이었지요.

역모죄로 고변되었으니 국문이 열리게 됐죠. 이 사람들을 잡아다가 그냥 고문해댄 거예요. 증거는 아무 것도 없었어요. 김석주의 증언뿐이었죠. 아무리 그런 일이 없다고 해도 점점 더 심한 고문이 가해질 뿐이었어요. 사람이 계속 고문을 당하다 보면 그 지옥 같은 상황에서 빨리 벗어나고 싶은 생각이 들게 돼요. 죽는 게 낫겠다 싶은 거죠. 망연자실해가지고 그런 일이 있었으니 빨리 죽여 달라고 하는 거예요. 고문을 견디다 못한 허견이 역모 사실을 인정했지요.

복선군 사건은 이렇듯 정치공작에 의해 조작된 사건이었죠. 고문에 의한 것이었다 할지라도 자백을 했으니 관련자들을 엄벌에 처하게 됐죠. 허견은 지금의 서울시청 자리인 군기시 앞에서 교수형에 처해졌어요. 복선군은 유배를 간 다음 사사되었죠. 허적과 유혁연, 윤휴도 결국 모두 죽임을 당했어요. 이 사건으로 남인은 몰락하고 말았죠.

김석주의 정치공작은 그 뒤로도 계속되었어요. 후환을 없애기 위해 남아 있는 남인 세력을 마저 뿌리 뽑으려고 했던 거예요. 정치공작을 성공시키기 위해서는 간자, 곧 공작원을 붙이는 게 효과적이죠. 허견에게 간자를 붙여 재미를 본 김석주는 수하에게 지시해 남인 핵심에 해당하는 허영 형제의 옆집에 기거하게 했어요. 그리고 장기를 두며 친분을 쌓도록 한 다음, 장기판의 왕을 먹을 상황이 되면 '왕 먹는 게 이렇게 쉬운데, 나라는 모름지기 이렇게 빼앗아야 한다'고 말하며 두 사람의 기색을 엿보게 한 거예요. 허영 형제는 장기를 두던 중이었고, 장기라는 게 마지막에 왕을 먹어야 승부가 결정 나는 까닭에, 재미있게 하느라고 그러나 보다 하며 허허 웃고 넘어갔던 거죠. 그런 말에 대해 아무 소리를 안했다고 역모의 증거로 다시 고변했으니, 소가 웃을 일이었지요. 그런데도 허영 형제는 참형당하고 말았어요.

재일교포 유학생 중에 서승이라는 분이 있었어요. 서울대학교 대학원에서 유학하던 중에 보안사에 끌려갔는데, 고문 수사를 받다가 도저히 견딜 수 없어 화롯불을 얼굴에 뒤집어썼죠. 빨리 죽고 싶은 생각밖에 없었던 거예요. 끝내 죽지 못하고 얼굴을 알아보기 힘들 정도의 화상을 입었죠. 박정희 정권 때 그렇게 고문을 해서 간첩단 사건을 조작해냈던 거예요.

사도세자를 고변한 나경언의 배후는?

마지막으로 살펴볼 정치조작 사건은 사도세자 죽음이에요. 사도세자도 조작사건으로 죽는 거예요. 나상언이라는 사람이 있었어요. 영조를 호위하는 호위무사 중의 한 사람이었죠. 그 나상언의 형이 나경언인데, 이 사람이 사도세자를 고변한 거예요. 나경언은 궁궐 바깥에서 청소를 하던 사람이었거든요. 나경언이 어느 날 영조를 직접 만난 거예요. 청소일을 하던 사람이 어떻게 임금을 직접 만날 수가 있겠어요? 말도 안되는 소리죠.

이 사람이 영조를 만나서 지금 전하께서 금주령을 내렸는데, 세자가 궁궐 바깥에 출입하면서 술을 마시고 다닙니다 한 거예요. 영조는 술 이야기가 나오면 몸을 부들부들 떨던 사람이에요. 자기가 금주령을 내렸는데 세자가 건방지게 아버지 말을 흘려들었다니 화가 머리끝까지 치밀었죠. 그날은 나경언을 그냥 돌려보내요. 얼마 후 나경언이 영조를 다시 찾아가요. 한 번도 아니고 두 번씩이나 영조를 만나게 된 건 노론이 주선했기 때문이지요. 영조를 만난 나경언이 옷소매 솔기를 뜯어서 문서를 꺼내는 거예요. 그 문서의 내용은 세자가 평양에 있는 군대를 동원해서 영조를 죽이려고 한다는 거였어요. 사도세자가 그 무렵에 평양을 다녀온 건 사실이거든요. 그것을 빌미로 세자가 평양에 있는 군대를 동원해 자기가 왕이 되려 한다고 조작한 거죠.

너무 열을 받은 영조는 즉각 계엄령을 선포해버려요. 계엄령에 해당하는 초엄, 중엄, 삼엄이라는 게 있어요. 초엄은 임금이 있는 전각 주변을 완전히 꽁꽁 봉쇄하는 거예요. 군인들로 철통같이 둘러싸죠. 중엄은 궁궐 전체를 봉쇄하는 거예요. 삼엄은 도성 4대문을 모두 닫아 버려요. 궁궐이고 도성이고 나가지도 들어가지도 못하는 거죠. 그리고 나서 세자를 들어오게 했어요.

나경언은 어떻게 되었을까요? 정상적이라면 대질심문을 해야겠지요. 전혀 엉뚱한 상황이 벌어집니다. 나경언을 죽여 버린 거예요. 감히 세자의 비리를 이야기했다고 해서 죽여 버려요. 나경언은 이 조작사건의 공로자 아닙니까? 뒤에서 시키는 대로 충실히 다 했고요. 시키는 대로 하면 한몫 단단히 챙길 거라고 생각하지 않았겠어요. 큰 음모를 꾸미는 자들에게 이런 건 아무것도 아니었죠. 나경언의 뒤에 실제 사건을 조작한 엄청난 배후세력이 있었던 거예요. 나경언은 꼭두각시에 지나지 않았던 거죠.

유시민 사건도 냄새가 폴폴 납니다. 정치공작에는 항시 배후세력이 있기 마련이죠. 옛날 조선시대든 지금이든 권력을 얻고 정적을 제거하기 위해서 불법 정치공작을 벌이는 것은 마찬가지로 보입니다.

조선시대의
사문난적 마녀사냥

오늘은 조선시대의 마녀사냥 이야기입니다. 마녀사냥은 자기 정파의 이익을 위해서 아무 문제가 없는 사람을 숙청하고 죽여 버리는 것인데요. 특히 진보적인 개혁가들이 희생양이 되었지요. 요즘도 툭 하면 똑같은 일이 되풀이되고 있지 않습니까? 언론이 나서서 의혹을 제기하고, 야당이 사건을 확대시키고, 마지막에는 검찰이 나서는 공식이 있죠.

다산 정약용 같은 경우도 마녀사냥의 희생자 아니겠습니까? 다산은 개혁가로서 백성을 위한 여러 정책을 펼쳤지요. 정조의 반대 세력이었던 노론 입장에서는 도저히 함께할 수 없는 사람이었죠. 그래서 국가를 위해 많은 일을 할 수 있는 경륜이 있었음에도 불구하고, 18년 동안이나 유배살이를 해야 했죠. 유배에서 풀린 다음에도 조정에서 부르지 않아 18년에 이르는 긴 시간을 저술 활동을 하며 지냈죠.

근대 서양의 철학자 중엔 존 로크라는 사람이 있지 않습니까? 존 로크는 자유를 굉장히 중요시했죠. 로크는 자유의 전제조건은 도덕과 상식이라고 했어요. 도덕적이지 않고 사회적 상식에 어긋나는 것은 자유가 아니라는 거지요. 진정한 자유를 누리기 위해서는 합리적 지성을 지녀야 하고, 옳고 그름을 판단하는 능력을 지녀야 하겠지요.

조선시대의 사상범 윤휴

지금부터 이야기하려는 가장 대표적인 사례는 윤휴라는 사람을 둘러싸고 벌어진 일들이에요. 윤휴는 꽤 널리 알려진 사람이지만, 대부분의 사람은 잘 모를 거예요. 우리 역사에서 사문난적斯文亂賊 사상범으로 죽은 첫 번째 인물이거든요. 당시는 조선 숙종 때인데요. 영의정을 지낸 허적과 병조판서였던 유혁연도 같이 연루되었는데, 이 두 사람은 역모죄로 죽임을 당합니다. 그런데 윤휴는 사상범으로 죽은 거예요. 같은 마녀사냥이어도 아주 달랐던 거죠.

사문斯文은 공자를 말하는 겁니다. 사문이라는 말의 어원을 이해할 필요가 있는데, 공자는 주나라 문왕文王을 몹시 흠모했어요.

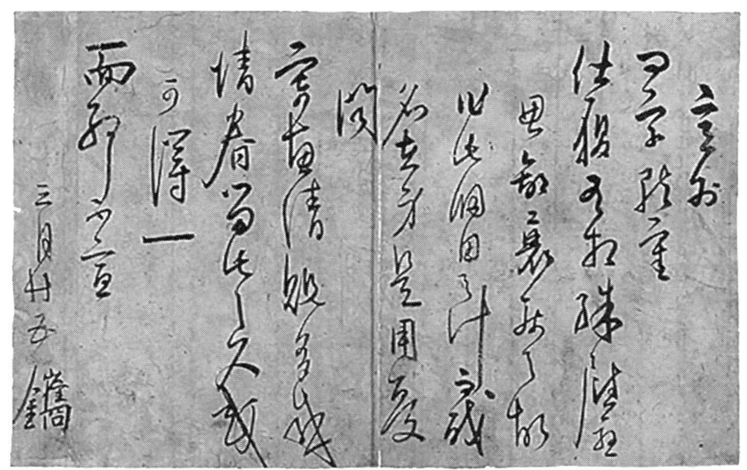

윤휴의 서신.

문왕 시대에 가장 이상적인 문화가 꽃피웠다고 생각했거든요. 어느 날 공자가 제자들에게 자신이 죽을 날이 얼마 남지 않았나 보다고 이야기를 합니다. 예전에는 수시로 문왕의 꿈을 꾸었는데 이제 문왕이 꿈에 잘 나타나지 않는다는 거였어요. 공자는 자신이 문왕의 도를 이은 사람이라고 생각했어요. 문왕은 천하의 도인 '예'禮를 만들어낸 사람이고, 문왕을 계승한 사람은 자기밖에 없다는 거였죠. 공자는 일종의 자부심 같은 걸로 자신이 문왕을 이은 사람, 사문斯文이라고 했죠.

그 후 공자를 사문이다, 만세의 사표다 하게 된 거예요. 그러니까 사문난적은 사문의 적, 곧 공자의 적인 거죠. 중국의 춘추전국

시대에 제자백가라고 해서 수많은 사상이 등장하지 않았습니까? 그런데 한나라 무제 때 공자의 학문인 유교를 국가 통치이념으로 받아들이거든요. 유교가 국가 이데올로기가 되는 거죠. 그러던 중에 송나라 때가 되어 주희라는 탁월한 학자가 등장해요. 우리가 흔히 이야기하는 《대학》《중용》《논어》《맹자》의 사서는 기본적으로 주희가 정리를 한 거예요. 주희가 사서를 재해석해 주를 붙인 거죠. 주희 곧 주자가 공자의 학문, 원시 유학을 재해석한 것이 성리학이자 주자학이에요.

이 주자학이 고려 말의 안향이라는 사람에 의해 우리나라에 들어오게 됐죠. 성리학은 고려시대에 안향의 제자인 이제현, 이색을 거쳐 이색의 제자인 정몽주, 정도전, 길재 등을 거치며 조선의 지배이념으로 발전하게 되죠. 길재의 학문은 김숙자, 김종직, 조광조 등으로 이어지고, 다시 이이, 김장생, 송시열로 이어지면서 조선사회가 주자 성리학 중심의 사회가 되어버린 거예요.

이런 속에서 윤휴라는 사람이 등장한 겁니다. 윤휴가 사문난적으로 몰리게 된 결정적인 계기는 《중용》 때문이에요. 《중용》을 재해석했던 거죠. 애초의 《중용》은 장이 나뉘어 있지 않았는데, 주희가 33장으로 나눴어요. 《중용》을 읽고 나서 이렇게 이렇게 장을 나누면 좋겠다 해서 나누었던 거예요. 고려 말과 조선시대의 선비들은 주희가 장을 나눈 《중용》으로 공부했어요. 제가 읽은 《중용》도 33장으로 구성된 책이었어요.

윤휴는 젊은 나이에 《중용》을 읽고 깨달은 바가 컸어요. 그래서

　　　　　　　　　열아홉 번째 이야기

《중용》을 10개의 장으로 나눈 거예요. 자기가 보기에는 주희가 나눈 게 적절치 않다는 생각이 들었겠지요. 어느 날 송시열이 지인의 집에 들렀더니 열심히 책을 읽고 있는 거예요. 무슨 책이냐고 물으니 윤휴가 쓴《중용》이라고 대답을 해요. 송시열이 깜짝 놀라서 책을 들여다보게 되었죠. 주희와 달리 윤휴가 전체를 10장으로 나누어놓은 것을 알게 됐죠. 1장은 수장首章이라고 해서 전체를 총괄하는 장이고, 나머지 장들은 수장을 보조하는 구성으로 되어 있었어요. 그리고 가장 중요한 수장에 집중적으로 주를 달아두었죠. 당시에도 이 같은 윤휴의 해석이 몹시 좋은 방식이라는 이야기들이 있었죠.

그런데 윤휴는 기본적으로 벼슬길에 나서지를 않았어요. 관료가 되지 않았던 거죠. 윤휴는 아마도 가문의 영향도 받았던 것 같아요. 아버지가 윤효전이라고 화담 서경덕의 문인이었어요. 외할아버지는 남명 조식의 제자였고요. 서경덕과 조식 모두 당대의 뛰어난 학자로서 주류와는 다른 새로운 해석을 많이 한 사람들이잖습니까? 그런 영향 때문에 좀 더 진보적이고 기존 주자학에 대한 다른 해석이 가능했을 수 있지요.

송시열은 주자의 서술에서 일자일획을 더하고 빼서도 안된다고 생각했어요. 주자학을 벗어나면 조선사회가 대단히 위험해진다는 극단적인 사고를 갖고 있었죠. 송시열과 윤휴는 젊은 시절부터 서로 가깝게 교유하던 사이였어요. 송시열이 나이로는 열 살 위였죠. 윤휴를 만난 송시열이 경전 해석을 그 따위로 하느냐, 주자의 해석이 그르다는 것이냐고 언성을 높여 물었죠. 윤휴는 어째서 주자만이 공자의 뜻을 안다는 말이냐고 대답했죠. 윤휴가 주자의 학문을 배격한 것은 아니었어요. 주자만이 오직 진리라는 주장을 받아들이지 못했던 거죠. 주자가 공자의 사상을 새롭게 해석했듯이, 조선의 선비들도 선배들의 업적을 토대로 새로운 영역을 개척해야 한다는 것이었죠.

주자의 말에 일자일획을 더해도 빼도 안된다

주희의 시대는 존왕양이의 시대였어요. 주희가 살던 송나라는 군사력이 약해 북방 오랑캐들의 핍박을 크게 받았어요. 그래서 지배층은 자신들의 기득권 지키는 것을 가장 중요하게 생각했지요. 존왕양이尊王攘夷, 왕을 높이고 오랑캐를 멀리 하기 위해서는 기득권 질서체제를 유지하고 강화해야 되겠죠. 철저히 기득권 옹호의 논리인 거예요. 공자의 사상은 기득권 옹호의 논리가 아니라 사상적으로 굉장히 열려 있었어요. 나중에 정조가 원시 유학, 공자의 학문으로 돌아가야 한다고 강조한 이유는 사대부들이 기득권을 유지하기 위해 주자를 강조하는 것을 억누르고 싶었기 때문이에요.

물론 정조도 주자주의자예요. 그 시절에는 주자주의자 아닌 사람이 없었어요. 그 시절이 얼마나 무서웠는지 아세요. 만약 어느 고을에 수령이 새로 부임을 하잖습니까? 수령이 제일 먼저 들르는 곳이 어딘 줄 아세요? 정무를 보는 동헌이 아니에요. 향교를 찾아가야 돼요. 향교에 들러서 공자를 참배해야 되는 거예요. 유교주의자라는 걸 천명하지 않으면 안되는 거예요.

정조의 측근 중에 이가환이라는 사람이 있었어요. 당대 천재 중의 천재예요. 정약용이 큰형님으로서 모시던 인물이었죠. 정조가 이가환을 너무 총애했어요. 신하들 앞에서 장차 이 나라의 정승이 될 사람이라고 이야기하기도 했죠. 정약용에게는 그 다음에 정승 될 사람이라고 했고요. 정조가 그렇게 이야기하는 바람에 두 사람 모두 정조가 죽고 나서 조정에서 쫓겨나게 되죠. 이가환은 사형당해 죽었죠.

이가환이 충주목사로 임명되었을 때의 이야기예요. 임지로 부임해 갔는데 너무 늦은 밤에 도착한 거예요. 그래서 관아에 가서 자고 다음날 새벽에 향교를 찾았어요. 그랬더니 충주 유림들이 들고일어났어요. 먼저 향교를 찾아 공자를 참배하지 않았으니 반유교주의자, 반공자주의자라는 거였어요. 이가환은 반공자주의자로 마녀사냥을 당해서 한 달 만에 사표 내고 나와 버렸죠. 이가환은 형조판서까지 지낸 사람이에요. 밤 늦은 시간에 향교에 간들 제례를 지낼 수 없잖습니까? 정조도 밤 늦게 화성에 도착해 새벽에 향교에 간 일이 있었어요. 문제가 되지 않는 일을 마녀사냥 삼아 억지로 문제를 만든 거죠.

윤휴가 송시열한테 주자만이 공자의 학문을 안다는 말이냐고 대들었을 때만 하더라도, 원체 윤휴가 젊고 충용하고 똑똑해서 송시

열과 같은 서인 계열에도 윤휴를 좋아하는 사람들이 있었어요. 송
시열의 친구였던 윤선거 같은 사람도 괜찮다, 젊은 나이지만 고명
하지 않느냐고 이야기한 거예요. 고명高明은 식견이 높고 사물에
두루 밝다는 뜻이지요. 그랬더니 송시열이 그러면 윤휴만 고명하
고 맹자나 주자는 고명하지 않다는 말이냐고 말도 안되는 떼를 썼
죠. 송시열이 떼쓰기의 원조가 된 거죠.

사문난적에 더해 불효자라는 이름을 덧씌우다

이 문제는 일단 봉합된 채 넘어갔지만, 뒤를 이어 두 가지 큰 사
건이 생깁니다. 정말 황당한 사건인데 하나는 이른바 예송논쟁이
라는 거예요. 효종이 죽고 아들인 현종이 왕이 되었어요. 장례를
치러야 되잖습니까? 효종의 의붓어머니인 자의대비가 얼마 동안
상복을 입어야 하느냐는 문제가 발생했어요. 송시열은 효종이 비
록 왕이지만 맏아들이 아닌 둘째 아들이므로 1년 동안 상복을 입
으면 된다고 주장했어요. 윤휴는 둘째 아들이어도 왕이므로 왕으
로서의 예우에 따라 3년복을 입어야 한다고 했죠. 당시의 사대부
들 가운데는 윤휴의 말이 맞다고 생각한 사람이 많았어요. 서인 내
부에도 3년복이 옳다고 주장하는 사람들이 있었죠.
그런데 논쟁이 불붙으면서 정파적 입장으로 나가게 된 거예요.
당시에 윤휴는 조정에 나와서 강력하게 의견을 말한 사람이 아니

에요. 하지만 남인들이 이걸 논쟁으로 삼아 자신들의 세력 확대를 꾀한 거예요. 현종한테 선대왕을 둘째 아들이라고 하는 게 말이 되느냐고 비판했죠. 위기를 느낀 서인들이 갑자기 전체가 똘똘 뭉치는 거예요. 거기서 밀리면 권력을 놓칠 수 있다고 생각한 거죠. 다른 목소리를 내던 사람들도 싹 돌변해버렸어요. 이들은 혼연일체가 되어 자신들의 주장을 밀어붙이기 시작했죠. 결국 서인의 주장대로 1년설을 채택하게 되었어요. 윤휴는 다시 비난의 표적이 되고, 송시열 비판에 앞장선 남인들은 유배를 가야 했지요.

시간이 흘러 현종이 죽고 숙종이 왕이 되었어요. 왕위에 오른 숙종이 윤휴를 불러들였어요. 그만큼 윤휴가 중요한 사람이기 때문이었어요. 윤후가 조정에 오게 된 것은 북벌 때문이었죠. 송시열도 효종 때 북벌하자고 이야기했지만, 병자호란 때 당한 원수를 갚자면서도 사실은 립서비스에 지나지 않았어요. 그 후로 다시 북벌을 이야기하지 않거든요. 윤휴는 현종에게 비밀리에 편지를 보내 북벌을 해야 된다고 이야기했죠. 당시 사관들도 윤휴가 현종한테 북벌론을 주장한 것은 너무나 명백하다고 기록해놓았어요. 그러면서도 현종이 답을 하지 않았다며 윤휴를 평가절하시키고 있는데, 현종이 답을 안했을 리 없다고 생각해요. 현종이 답을 했기 때문에 그의 아들인 숙종이 윤휴를 다시 불러들이지 않았겠어요?

윤휴 등이 중심이 되어 북벌을 계획하게 되었죠. 서인 세력들은 또 당황하게 되었어요. 윤휴가 영의정이었던 허적, 병조판서 유혁연과 같이 새로운 북벌 군대를 만들려고 했거든요. 서인은 북벌을 위한 것이 아니라 자기들을 죽이려는 것이라고 판단한 거예요. 그러면 어떻게 해야 되겠어요? 사문난적으로 몰아서 죽여야죠.

당시에 윤휴는 북벌이 가능하다는 논리를 이렇게 폈어요. 우리에게는 활을 엄청나게 잘 쏘는 관군이 있고, 너무나 성능 좋은 대포가 있다는 거예요. 우리가 가진 활과 대포를 잘 활용하면 청나라 군대를 이길 수 있다는 주장이었어요. 우리가 전 세계에서 활을 가장 잘 쏘는 민족이잖습니까? 대포 만드는 기술도 당시에는 대단히 뛰어났어요. 가슴 아픈 이야기이지만 청나라가 남한산성을 함락시킬 때 우리 대포로 공격해왔거든요. 창덕궁 안에 보관되어 있던 대포였죠. 청나라 군대가 그걸 가져다가 남한산성 벌봉까지 올라가서 성안을 공격한 거예요. 이긍익이 쓴 《연려실기술》을 보면 인조가 있던 바로 옆방에 대포가 떨어진 걸로 나와요. 무너지는 건물 속에서 가까스로 튀어나온 거예요. 그러고 나서 바로 항복해버렸죠. 우리 대포는 세계적인 수준이었다고 할 수 있어요. 그 후 청나라에서 집요하게 대포를 바칠 것을 요구했죠.

실제로 북벌 군대가 존재한 적이 있어요. 총 쏘는 전문부대, 총포부대가 있었죠. 러시아가 만주 북부 흑룡강 부근을 쳐들어오자 청나라가 조선에 원병을 요청했어요. 조선은 두 차례에 걸쳐 출병해서 러시아 군대 5천 명과 맞붙었는데 완승을 거두었죠. 유명한 《북정일기》에 아주 자세히 기록돼 있어요. 그러한 군사적 능력이 있는 것을 윤휴는 잘 알고 있었던 거예요.

당시에 숙종은 열다섯 살이었거든요. 어린 나이인데도 굉장히 합리적이고 정치적 판단력이 있었어요. 윤휴가 청나라에서 숙종한 테 주는 책봉 문서도 받지 말라고 하거든요. 한편으로는 과격주의자였던 거예요. 숙종은 외교 관례가 있고 하니 그런 문제로 대립각을 세울 이유가 없다, 받고 나서 무시하면 된다고 말해요. 그리고 잘 준비해서 중국이 혼란스러우니까 치러 가자고 이야기하죠.

서인 입장에서는 저들이 군권을 장악하면 안되잖아요. 그래서 또 명분을 만들어냅니다. 숙종의 어머니가 명성왕후였거든요. 현종의 왕비였죠. 명성왕후가 성격이 상당히 과격했어요. 아들이 왕이 되었으니 대비가 된 거죠. 대비가 툭 하면 숙종의 침소로 와서 이렇게 해라 저렇게 해라 지시를 하는 거예요. 흡사 예전에 문정왕후가 자기 아들 명종한테 이래라 저래라 하듯이 한 거죠. 왕이 신하들하고 함께 정치하는 거지 대비가 나서서 조정의 정무에 관여해서는 안되잖습니까? 특히나 자기 친정 집안이라든지 서인들의 청탁이 대부분인 거예요.

그래서 윤휴가 숙종한테 대비께서 너무 자주 나와서 말씀하시는 것은 국정 운영상 올바르지 않을뿐더러 전하의 권위에도 문제가 된다고 이야기했어요. 그때부터 윤휴한테 온갖 비난을 퍼붓기 시작한 거예요. 효를 망각한 사람이다, 저 무례한 인간이 임금의 효를 방해했다는 등의 어처구니없는 비판이 쏟아졌죠. 조선 사회의 기본이 효孝와 충忠 아니겠습니까? 효는 나라의 이데올로기인데 갑자기 윤휴가 가장 불효막심한 놈이 된 거예요. 사문의 난적, 반주자주의자에 더해 불효자라는 이름을 덧씌운 거죠.

사문난적 사상범으로 몰린 백호 윤휴의 초상화.

사문난적은 조선 사대부들에게 천형 같은 말

말도 안되는 이야기지만 연거푸 집요하게 몰아붙이니까 결국 숙종도 손을 들게 됩니다. 결국 상식과 비상식의 문제이지만, 마녀사냥의 올가미는 상식을 보기 좋게 무너뜨리고 마는 거죠. 다시 반복하는 말이지만 윤휴는 주희를 반대한 적이 없어요. 그럼에도 불구하고 주자와 다른 해석을 할 수 있고, 주자의 학설을 보완할 수도 있는 것 아니겠어요? 주자 자신이 수도 없이 다시 고쳐 썼고, 제자의 이야기를 듣고 고치기도 하고, 10년 뒤에 생각이 달라져 또 고쳐 썼다고 윤휴는 이야기했어요. 학문이란 이렇게 해서 완성되는 것이죠. 주자도 끊임없이 생각이 변화되었는데, 4, 5백 년이나 된 주자의 생각이 무조건 절대적으로 옳을 수는 없는 것이지요. 시대가 달라지면 그 달라진 시대에 맞게 공자의 학문도 재해석되어야겠죠.

그런데 어떻게 되었습니까? 자기들 생각하고 다른 말을 했다고 마녀사냥으로 몰아붙여 사문난적이라는 딱지를 붙여버렸지요. 3년상을 주장했다고 사문난적이라고 몰아세웠고, 국정 운영에 간섭하면 안되는 대비의 행동을 지적했다고 불효자라는 낙인을 찍은 거예요.

그마저 부족했던지 마지막에는 남인들이 임금을 능욕하는 쿠데타를 준비했다는 가짜 뉴스를 만들어요. 이 가짜 뉴스에 숙종이 완전히 넘어간 거예요. 속종이 일종의 가짜 뉴스를 만드는 데 동의한 것일 수도 있겠죠. 갑자기 영의정 허적과 병조판서 유혁연이 사형에 처해진 거예요. 이 사람들에게 덧씌운 죄목은 역적죄였어요. 그런데 윤휴만큼은 달랐어요. 윤휴는 사문난적 사상범으로 몰아서 죽인 거예요.

더 이상 반주자주의자, 주자의 학문에 반대하거나 주자의 학문에 대해 이러쿵저러쿵 논평하는 사람의 씨를 말려버리겠다는 심산이었겠죠. 사문난적이란 말은 조선시대 사부들에게는 천형과 같은 것이었어요. 윤휴의 죽음을 본 사대부들은 얼마나 두려웠겠어요. 공자의 학문을 재해석할 엄두도 낼 수 없었죠. 오직 주자의 의견만 추종할 뿐이었죠. 그래도 다산 정약용 같은 학자가 나오기는 했죠.

정파적 이익 때문에 편가르기를 하고, 마녀사냥으로 매장시키는 일이 예나 지금이나 계속되고 있는 것이죠. 중요한 것은 상식과 이성이 아닐까 싶습니다. 이제는 진보와 보수의 개념도 좌와 우의 개념이 아니라, 상식이냐 비상식이냐의 문제일 것 같습니다. 깨어 있는 국민이라야 이런 비상식, 몰상식을 이겨낼 수 있는 것이죠.

 열아홉 번째 이야기

정조 죽음의 미스터리

고금도 장씨 여인들 이야기

오는 토요일이 정조 탄신일이거든요. 음력 9월 22일이죠. 지인들하고 화성행궁 옆에 있는 정조대왕 사당 화령전을 참배할 예정입니다. 융건릉도 찾아가고요. 융릉은 사도세자의 능, 건릉은 정조의 능이잖아요. 정조 탄신일을 앞두고 있으니 정조에 대한 이야기를 하도록 하겠습니다.

일반인들이 몹시 궁금해 하는 것 중의 하나는 정조가 어떻게 죽었는가입니다. 제가 최근에 인터넷으로 독자들하고 대화를 많이 했거든요. 정조의 리더십도 궁금하지만 정조의 죽음에 대해 이야기해주면 좋겠다는 이야기가 많았어요. 오늘은 정조의 죽음에 얽힌 미스터리를 파헤쳐보겠습니다.

본격적인 이야기에 앞서서 정조가 독살되어 죽은 것 아니냐는 이야기가 어떻게 해서 나오게 되었는지 한번 살펴볼게요. 그 실마리가 된 기록은 다산 정약용이 남긴 〈고금도 장씨 여인들 이야기〉예요. 다산이 전라도 강진에서 유배 생활을 하지 않았습니까? 강진 앞바다에는 고금도라고 하는 섬이 있어요. 이순신 장군이 한때 주둔했던 곳이지요. 모함을 받아 고초를 겪던 이순신이 명량해전을 승리로 이끈 후 고금도를 수군의 근거지로 삼았거든요.

정조가 죽고 나서 고금도에 유배를 온 사람들이 있었어요. 어머니하고 두 딸, 그리고 어린 아들이었어요. 그런데 큰딸이 성장하면서 고금도 군졸에게 성적 학대를 당하기 시작한 거예요. 군졸은 자신의 말을 듣지 않으면 어머니와 어린 동생들을 괴롭히겠다고 협박하며 큰딸을 겁탈했어요. 큰딸은 지속적으로 성적 학대에 시달려야 했어요.

큰딸은 자신의 처지를 비관해 바다에 몸을 던지고 말았어요. 소식을 들은 어머니와 여동생이 뒤쫓아갔지만 큰딸은 이미 바다의 넋이 된 뒤였어요. 어머니 역시 큰딸의 뒤를 이어 바다에 몸을 던졌죠. 막내딸도 자살하려다 '너는 남아서 어린 남동생을 돌봐 달라'는 어머니의 간곡한 부탁을 받고 살아 남았어요. 막내딸은 관아로 달려가 자초지종을 알렸어요. 하지만 강진현감이나 전라감사는 사건을 덮어버렸어요. 이 이야기가 다산의 귀에 들어가게 되었던 거죠. 그래서 다산이 그들 모녀의 죽음을 슬퍼하는 시를 쓰게 되었던 거예요.

이들은 대체 어떤 연유로 고금도까지 유배를 오게 되었을까요? 이들은 지금의 구미 지역인 인동에 살던 장현경이란 사람의 아내와 자식이었어요. 장현경은 인동 장씨라고 아주 유명한 영남 남인의 핵심 가문 출신이었죠. 그의 사촌형 장시경은 인동 지방에서 생불生佛로 불렸다고 해요. 살아 있는 부처처럼 선하고 신망이 높았던 거죠.

정조가 세상을 떠나자 장현경은 크게 낙심한 채 3년 국상을 지내고 있었어요. 그런데 인동부사 이갑회의 초청장이 날아온 거예요. 이갑회 부친의 회갑연 초청장이었어요. 고을 수령의 초청장을 받고 모른 체할 수가 없어 무거운 마음으로 관아로 향했죠. 관아에 당도하니 기녀들을 불러 모아 잔치를 벌이고 있었어요. 장현경은 국상 중에 잔치를 벌이고 술을 마시는 것은 있을 수 없는 일이라고 호통을 쳤어요. 이 일로 인동부사 이갑회는 장현경에 앙심을 품게 되었죠.

장현경은 정조가 독살되었다고 생각했어요. 그런 이야기를 전해 들었던 거예요. 노론 벽파의 우두머리인 심환지의 조카 심인이 당시 어의였거든요. 심인이 독을 타서 정조를 죽였다는 거죠. 장현경이 자신의 인척들과 이런 이야기를 나눈 적이 있는데, 이 사실을 알게 된 이갑회가 역모사건으로 조작했던 거예요. 결국 장현경은 역적으로 몰려 스스로 자결하고, 장현경의 처자식은 관노가 되어 고금도 유배에 처해진 것이었어요.

이 이야기를 먼저 꺼내는 것은 당시 사회, 특히 영남지역에서는 정조가 독살되었다는 생각이 광범위하게 퍼져 있었다는 것이죠. 〈영원한 제국〉이라는 소설이 있어요. 이인화라는 소설가가 썼는데, 이인화의 고향이 그쪽이거든요. 그 지역에 전해 내려오던 정조 독살설을 모티프로 해서 소설을 쓴 거였죠. 어려서부터 그런 이야기를 많이 들었겠죠.

이처럼 영남지역을 중심으로 정조가 독살되었다는 소문이 퍼져 있는데, 사실을 밝히기 위해서는 학문적 분석이 필요한 거죠. 꽤 오래 지났는데 8, 9년쯤 됐을 것 같아요. 푸른역사 아카데미라는 곳에서 어떤 학자들은 정조가 독살되었다고 하고 어떤 학자들은 그렇지 않다고 하는데, 이 문제를 사학사적으로 풀어달라는 요청이 있었어요. 그 요청을 받고 정조의 죽음에 관한 논문을 써야겠다고 생각했죠. 정조의 죽음과 관련된 글들을 조사하기 시작했어요. 정약용은 어떻게 생각했고, 박제가는 어떻게 생각했고, 그 뒤의 학자들은 어떻게 생각했고 하는 자료들을 전부 모았죠. 정조의 죽음과 관련된 객관적 자료들을 다 모았는데, 논문을 쓰지는 못했어요. 정리하고 보니까 기본적으로 정조의 죽음을 둘러싼 주장은 3가지 설이 있는 거예요.

정조의 죽음은 의료사고?

첫 번째는 의료사고설입니다. 아주 간단하게 이야기하면 의사들이 처방을 잘못했다는 거죠. 병을 잘못 오진해 잘못된 처방을 계속한 끝에 정조가 죽게 됐다는 주장이에요. 두 번째는 과로사설이에요. 정조가 너무 일을 많이 하다가 과로로 죽었다는 거죠. 세 번째가 독살설입니다.

아주 재미있는 것은 의료사고설은 한의학계에서 제기한 주장이라는 거예요. 경희대 한의대에서 나온 논문 중에 정조 죽음과 관련된 게 2편이 있는데, 공동연구에 의해서 나온 겁니다. 이들 논문에서 의료사고설을 제기하고 있어요. 반면에 다른 한의대에서 나온

정조 어진을 모신 수원 화령전 운한각.

논문은 독살설을 주장하고 있어요. 경희대 한의대의 주장에 의하면 당시 의관들이 정조의 체질을 잘못 판단했다는 거예요.

정조는 죽기 전에 종기가 심했는데 연훈방烟燻方이라는 치료법을 사용했어요. 보통은 종기에 고약을 발라 근을 뽑아내거든요. 연훈방을 제안한 사람은 심인이었어요. 정조는 종기의 뿌리가 깊어 고약으로 안된다는 거였지요. 연훈방은 간단하게 설명하면 수은 성분인 경면주사를 태워 그 연기가 종기 안으로 들어가게 하는 거예요. 수은 연기로 종기 안에 있는 균을 죽이는 거죠. 그때는 음력 6월 한여름이었거든요. 방문을 다 잠근 다음에 방안에서 수은을 태우니 숨도 제대로 쉬기 어려운데, 그런 상태로 이틀을 보낸 거예요.

연훈방 치료를 하고 나서 정조한테 경옥고를 계속 투여했어요. 경옥고는 인삼 엑기스거든요. 정조는 태양인이라서 인삼이 몸에 맞지 않는다는 게 의료사고설의 핵심이에요. 체질적으로 맞지 않는 인삼, 곧 경옥고를 과도하게 투여함으로써 부작용이 생겨 그걸로 인해서 죽게 되었다는 거죠. 경옥고는 인삼을 달인 고농도 농축액인데, 그걸 열흘 가까이 계속 먹다 보니까 부작용이 생기지 않을 수 없었다는 거예요.

그런데 정조 자신이 의술의 대가였어요. 《수민묘전》이라는 의서를 쓰기도 했죠. '백성들의 건강을 이롭게 하는 신묘한 책'이라는 의미예요. 정조가 할아버지 영조와 어머니 혜경궁 홍씨의 병간호를 하면서 의학을 깊이 있게 공부했어요. 영조는 나이가 많아서 병치레가 잦았거든요. 그래서 허준의 《동의보감》을 정말 열심히 파고들어서 당대 최고의 의사 경지에 오른 거예요. 의관을 보는 눈도 탁월했죠. 자기의 병도 이렇게 저렇게 고치라고 하고 그랬죠.

종기 치료는 좀 특수한 영역이라고 할 수 있어요. 당시에 고약을 만들어 팔던 피재길이라는 사람이 있었어요. 정식 의관은 아니었죠. 피재길은 일자무식쟁이이지만 자기 아버지의 고약 만드는 비법을 물려받아서 고약으로 종기를 치료하는 데 용하다는 소문이 난 거예요. 사대부들도 그에게 치료를 받아 효험을 본 사람들이 많았죠.

1793년에 정조의 머리에 종기가 났는데, 오랫동안 낫지를 않고 오히려 얼굴로 번지고 말았어요. 고질병이 도진 거였어요. 정조는 어린 시절에 사도세자의 죽음을 목격한 이후 늘 화병을 가지고 있었는데, 화병이 머리에 종기로 나타났던 거예요. 내의원 의원들이 온갖 방법을 다 써보았으나 효과를 보기는커녕 얼굴과 목 부위까지 퍼졌던 거예요. 한여름이라서 정조의 고통은 이루 말할 수가 없었죠. 내의원에서 전전긍긍하자 정조를 곁에서 모시는 사관 가운데 한 명이 피재길을 추천한 거예요. 급작스레 정조에게 불려간 피재길은 어쩔 줄 몰라 했죠. 내의원 의원을 비롯한 대소 신료들이 피재길을 비웃었어요. 하지만 피재길이 제조한 고약이 신기한 효험을 발휘해 정조의 병이 낫게 되었어요.

반신반의하던 정조는 깜짝 놀라며 기뻐했죠. 정조는 이런 숨은 인재가 내의원에 들어와야 한다고 생각했어요. 물론 조정 대신들의 반대가 만만치 않았어요. 특히 의관들의 반대가 심했죠. 지방에서 고약이나 만들던 천한 사람이 임금을 치료하는 내의원 의원이 된다는 것이 말도 안된다는 생각이었어요. 자신들은 의과 시험에 합격한 의관인데다 대대로 이어지는 의원 집안 출신이었거든요. 그럼에도 불구하고 정조는 피재길에게 내의원의 벼슬을 내리고 자신의 치료를 맡게 했어요.

그런데 정조가 마지막 죽기 전의 일이에요. 고약 치료를 받아야 되는데 피재길이 없는 거예요. 어의 책임자가 피재길을 뭘 조사해 오라고 지방으로 내려 보낸 상황이었어요. 정조가 피재길을 찾았지만 피재길의 처방을 받을 수 없는 상황이었던 거예요.

정조는 내의원을 깊이 신뢰하지 않았거든요. 그래서 정조는 지방에서 일하는 의원을 부르라고 해요. 의관들도 다 당파와 연결되어 있었기 때문이에요. 지방 의원들이 불려와서 내의원 의관들과 함께 정조를 진맥하고 치료를 하게 됐죠. 그러는 중에 심인이 연훈방을 제안한 거예요. 정조가 허락해서 이틀 동안 연훈방을 하고 나니, 종기의 고름이 터져 나왔어요. 고름을 짜내고 뿌리를 긁어내다 보니까 피도 많이 흘리게 됐죠.

어쨌든 종기는 다 고친 거예요. 의관들이 정조한테 종기의 근원은 이제 다 치료되었다고 이야기하죠. 실록에 나오는 이야기인데 정조가 죽기 이틀 전의 일이에요. 그러면서 정조한테 이런 이런 약을 드시면 됩니다 하며 처방전을 올린 거예요. 정조가 보고 처방전의 내용이 맞다며 다만 약재를 반으로 줄이라고 해요. 자신이 연훈방 치료를 받으면서 기력이 쇠해지고, 피를 많이 흘린 데다, 심한 것은 아니어도 몸에 칼을 댔기 때문에 자신의 몸이 받아들일 수가 없다는 거였어요. 얼마나 대단해요. 정조가 그 정도까지 의학 지식이 깊었던 거죠.

얼마 후 의관들은 정조의 치료는 전부 다 되었고 이제 회복만이 남았다며 정조의 침전 앞에서 천세를 불렀어요. 당시는 황제에게만 만세라고 하는 것이라서 천세를 불렀던 것이지요. 의관들의 생각으로는 정조가 다 나은 것이나 마찬가지였던 거예요. 정조는 회복을 위한 섭생을 하면서 이틀 동안 자리에 누워 지냈어요.

일벌레 정조, 스트레스 속에서 살다

두 번째는 과로사설이에요. 정조가 일벌레였거든요. 일을 너무 많이 해서 몸에 무리가 간데다 과도한 스트레스에 시달렸다는 거예요. 정조는 좀 더 강력한 개혁을 추진하고 싶었거든요. 그런데 그게 제대로 되지 않았죠. 말년에 가서는 신하들의 저항이 더욱 극심했고요. 그러니 스트레스를 받지 않을 수 없었죠. 신하들은 기득권을 유지하려 하고 정조는 개혁하려고 하니까 충돌이 생길 수밖에 없었던 거죠. 정조는 군신공치君臣共治라고 해서 신하들과 함께 힘을 합쳐 정사를 펼치려는 노력을 많이 했어요. 그럼에도 불구하고 신하들은 정조의 개혁을 받아들이려 하지 않았어요.

우선 정조가 노비제도를 없애려고 했거든요. 신분제도를 없애게 되면 노비를 소유한 기득권 세력의 재정 기반이 무너지겠죠. 서얼들을 등용한 점도 큰 반감을 불러왔어요. 서학을 용인한 점도 성리학 유일사상에 찌들어 있던 사대부들에게는 눈엣가시였고요. 금난전권도 폐지하려 했단 말이에요. 기득권 상인들의 반감이 클 수밖에 없었죠. 정조의 개혁정책에 더 이상 밀리지 않겠다는 집단적 저항이 1799년에 실현이 됩니다. 바로 서학을 명분으로 내세운 거예요. 서학, 곧 천주교를 명분으로 내세워 정조를 공격한 거예요. 요즘으로 치면 정조 당신 주변에 있는 사람들은 다 빨갱이다 이거였죠. 이가환, 정약용, 정약전을 비롯해 정조 주변에 서학과 관련된 사람들이 있었거든요. 그 사람들이 다 이단인데 왜 임금이 그들 이단세력과 같이 있느냐는 거였어요.

그런 명분으로 공격하니까 정조 입장에서는 당혹스러운 거죠. 당시는 성리학이 지배하던 사회였기 때문에 어쨌거나 그런 주장은 먹힐 수밖에 없었죠. 무엇보다 제사 문제가 컸어요. 1790년까지는 천주교에서 제사를 용인했거든요. 그런데 로마 교황청의 정책에 의해 제사를 지내지 않는 것으로 바뀌어버렸죠. 천주교의 타락과 종교개혁운동의 영향으로 천주교를 혁신하자는 움직임의 하나가 예수회이거든요. 예수회는 아시아 포교를 큰 방향으로 정하고 중국으로 건너왔는데, 예수회의 방침은 십자가만 인정하면 그 나라의 문화를 다 인정하는 거였어요. 아시아 문화의 핵심이 바로 제사를 지내는 전통이지 않습니까? 공자가 강조한 것도, 특히 주자의 성리학에서 강조하는 것도 조상에 대한 숭배와 제사였어요.

예수회 신부들은 아시아로 건너오면서 건축학, 토목학, 천문학 같은 지식을 가지고 왔고, 사회 발전에 도움이 되는 까닭에 중국 황제들도 좋아했어요. 그렇게 백 년 가까이 동방 전교가 이루어졌는데, 로마 교황청에서 예수회 세력이 너무 커지니까 견제하기 시작한 거죠. 그래서 예수회를 파문시키고, 예수회 소속 신부들을 전부 교체해버린 거예요. 그러면서 제사가 금지된 거죠.

그 소문이 조선으로 전해졌어요. 그때까지만 하더라도 조선의 천주교 신자들은 모두 제사를 지낸 거예요. 제사를 지내니까 탄압할 명분이 약했죠. 서학에는 두 가지 개념이 들어 있거든요. 하나는 서기西器로 서양의 기술문명을 가리키는 것이고, 하나는 서교西敎로 서양의 종교를 말하죠. 그동안 천주교 신자들은 종교적 입장보다 서양의 기술문명을 배우려는 것이라며 어느 정도 예봉을 피해갈 수 있었어요. 그런데 천주교에서 제사를 금지하기로 했다는 소문이 계속 들리는 거예요. 이것은 심각한 문제이거든요. 그래서 북경에 가는 사신단을 통해 소문의 진위를 알아본 거예요. 사실이라는 게 확인이 되었죠. 조선의 천주교 신자들도 더 이상 제사를 지내면 안되게 된 거죠.

제사를 못 지내게 하는 정책의 변경으로 인해 양반 사대부 출신 천주교 신자들의 95%가 천주교를 버렸어요. 1866년에 일어난 병인박해 때 죽은 신자들 중에 양반 출신은 거의 없어요. 양반은 양반 출신이라는 표기가 되어 있어서 다 확인할 수가 있거든요. 아주 소수를 빼고는 유교적 명분에 어긋난다 해서 천주교를 버린 거예

정조가 잠들어 있는 화성 건릉.

요. 다산 정약용도 이때 천주교를 버렸죠. 다산은 1789년까지만 해도 과거시험 볼 생각을 하지 않았어요. 한 2년 정도를 천주학 보급 운동을 해야겠다는 생각을 갖고 있었거든요. 그러던 중에 정조가 계속 설득하는 바람에 1789년에 과거를 보고 합격한 거였어요.

당시 남인 신자들의 대부분이 천주교를 버렸죠. 그럼에도 불구하고 그 이전에 천주교를 믿거나 공부했다는 걸 가지고 끊임없이 노론 세력이 공격해오는 거예요. 1799년 들어서는 더욱 거세게 공격을 해왔죠. 그래서 당시 남인 세력들은 공격당하는 정조를 위해 조정에서 잠깐이나마 한발 물러서 있자고 생각했던 거예요. 이들이 조정을 비우니까 정조는 함께 호흡을 맞출 파트너들이 사라져 버린 거죠.

이제 조정에는 정조의 개혁을 반대하거나 미온적인 사람만 남게 된 거예요. 정조의 스트레스가 어느 정도였을지 잠작이 되는 거죠. 그런 과정에서 정조가 결단을 내리는 거예요. 1800년 5월 그믐날 신하들한테 자신의 개혁에 동참할 사람은 조정에 남고 개혁에 반대하는 사람은 고향으로 돌아가라고 하교를 한 거예요. 그 유명한 오회연교五晦筵敎라는 거죠. 당시의 정조는 이처럼 굉장한 스트레스 속에 있었어요. 그러다가 6월 15일에 발병을 하게 되는 거예요.

정조는 평상시에도 종기가 자주 났어요. 마음에 화병 같은 게 있었기 때문이죠. 화를 잘 다스려야 하는데 그게 안되면 병으로 발전하는 거죠. 어쨌든 병을 치료하는 과정에서 정조가 기력이 너무 쇠해진 거예요. 그 전에는 병이 생겨도 이겨냈는데, 종전의 종기 치료법이 통하지 않아 연훈방까지 했던 거죠. 그마저도 듣지 않아 정조가 끝내 죽게 되었다는 것이 과로사설이에요.

실제로 정조가 정말 일을 많이 했거든요. 역사학계에서는 정조가 그처럼 과로로 죽은 것은 아름다운 죽음이라는 이야기를 하기도 해요. 독살이니 의료사고니 하는 것보다 임금이 백성을 위해 열심히 일하다 죽은 것은 명예로운 죽음이라는 것이죠.

독살설의 근거는 무엇인가

세 번째는 앞에서 일부 이야기하였지만 독살설이에요. 치료를 마친 정조가 자리에 누워 있는 중에 정순왕후가 정조를 찾아옵니다. 성향정기산이라는 탕약을 들고 온 거예요. 성향정기산은 경옥고 엑기스예요. 정순왕후가 말하기를 선대왕, 곧 영조께서도 주상과 같은 병을 앓았는데, 이 약을 먹고 낳았으니 어서 쾌차하도록 이 약을 주상에게 먹여야 되겠다는 거였죠. 대비가 탕약을 직접 들고 온 것은 상식적으로 이해가 잘 되지를 않죠. 탕약을 전할 것 같으면 내의원 의원을 대비전으로 오게 해서 임금에게 달여 먹이는 게 순리이기 때문이에요. 탕약을 가져왔다 하더라도 현장에 있는 의관들이나 영의정, 좌의정 같은 약방 도제조들에게 전해주어야 맞지요.

그런데 정순왕후는 납득할 수 없는 행동을 하는 거예요. 정조가 누워 있는 방안에 대기하고 있던 신하들더러 전부 방안에서 나가라고 한 거예요. 자신이 임금하고 단 둘이 있겠다는 거였어요. 그래서 의관들이며 정승들이며, 승지, 사관들까지 전부 방에서 나온 거예요. 방안에는 정조와 정순왕후 둘만 있게 되었죠. 이것이 정조 독살설의 빌미가 된 것이죠.

정순왕후는 방에 들어간 한참 후에 갑자기 울면서 뛰어나왔어요. 펑펑 울면서 전하가 승하하셨다고 말하는 거예요. 사람들이 깜짝 놀라서 뛰어들어갔죠. 대제학이 이만수라는 사람이었는데, 이

만수가 보니까 정조가 안 죽은 거예요. 정순왕후는 정조가 승하하셨다고 했는데, 죽지 않은 상태였어요. 정조가 자리에 누운 채 뭐라고 말하는 거예요. 정조의 입에 귀를 가져다 대니 희미한 목소리로 '수정전'이라고 말하고는 혼수상태에 빠져버렸죠. 수정전은 대비가 거처하는 전각 이름이에요. 그러니까 수정전이란 말은 곧 대비를 가리키는 말이죠.

정조가 말한 '수정전'이란 말만 가지고는 대비가 자기한테 독약을 먹였다는 것인지, 갑자기 죽게 됐으니 대비한테 정사를 맡긴다는 것인지 분명하지가 않죠. 하지만 분명히 이틀 전에 병의 뿌리가 뽑히고 몸을 추스르는 일만 남았다며 천세까지 불렀단 말이죠. 또 그 사이에 몸이 많이 호전되어 긴급한 현안을 보고도 받고 명령도 내렸단 말이에요. 그런데 갑자기 정순왕후가 준 탕약을 먹고 죽음에 이르게 된 거죠. 탕약 속에 진짜 독이 들었던 것인지 아닌지는 모르죠. 기록에 없으니까요. 다만 정황적으로는 충분히 그랬을 수 있다는 의심이 가는 거죠.

그때 다산이 한양에 있었거든요. 한양에 머물면서 정조의 죽음 이야기를 들었으나, 다산은 공식적으로 정조의 죽음에 대한 기록을 남기지 않았어요. 다만 앞에서 살펴본 〈고금도 장씨 여인들 이야기〉를 통해 정조가 독살되어 죽었다는 사실을 은근히 써놓은 거죠. 그리고 다산이 쓴 글 중에 〈솔피의 노래〉라는 게 있어요. 솔피는 바다에 사는 물고기인데, 이빨을 지니고 있거든요. 솔피떼 수백 마리가 큰 고래한테 달려들어 물어뜯어서 죽였다는 내용이에요.

솔피는 노론, 큰 고래는 정조로 해석될 수 있어요. 다산은 〈솔피의 노래〉를 통해 아주 은유적으로 정조가 독살되었다고 쓴 거죠. 직설적으로 쓰면 곧바로 체포되어 참형에 처해질 테니 그렇게 하기는 어려웠죠. 다산은 아주 명백하게 정조가 독살되었다고 생각했던 거예요.

여전히 미스터리 속에 싸여 있는 정조의 죽음

마무리를 하자면 정조가 스트레스를 엄청 받았던 것은 분명한 사실이에요. 그래서 과로사로 죽었을 수 있다고 생각합니다. 그러나 한편으로는 정조가 죽은 날의 상황이 너무나 석연치가 않아요. 그래서 이덕일 선생은 명백한 독살이라고 규정하고 있죠. 재야 사학계를 대표하는 이이화 선생님도 독살설을 이야기했죠. 한국 사학계의 태두 가운데 한 분인 김용덕 교수님도 일찍부터 정조 독살설을 주장했어요. 김용덕 교수님은 경성제국대학 출신으로 해방 이후 우리나라 국사학계의 한축을 대표하는 분이죠. 초정 박제가 연구에서 뛰어난 업적을 남겼는데, 이병도의 친일사관을 극복해야 된다고 항상 주장했죠. 이분이 《한국사의 탐구》라는 책 속에 정조가 독살되었다는 것을 명확하게 서술해놓았어요.

그러나 나머지 대부분의 학자들은 독살은 아니라는 입장이에요. 한신대학교의 유봉학 교수, 《정치가 정조》라는 책을 쓴 박현모 교수, 서울대학교 국문과 정병설 교수 같은 분들은 정조 독살설은 전혀 사실이 아니다, 허무맹랑한 소설이다라고 이야기하고 있죠. 하지만 어찌 보면 진단을 잘못해서 몸에 맞지 않는 약을 처방했다는 것도 석연치 않잖습니까?

시간이 많이 흐른 데다 자료가 충분치 않기 때문에 정조의 죽음을 명확히 규명하기는 어려운 상황이죠. 일방적으로 과로사라고 하기에도 적절치 않고, 그렇다고 독살에 대한 명확한 근거는 없단 말이죠.

정조의 죽음이 여전히 미스터리 속에 싸여 있기는 하지만, 수많은 역사학자들이 일관되게 이야기하는 분명한 사실은 정조가 백성을 위한 개혁을 열심히 추구한 군주였다는 것이죠. 그리고 그런 과정 속에서 벽에 부딪치게 되었고, 결국 개혁을 완성하지 못한 채 죽음에 이르렀던 말이에요. 정조의 죽음을 통해 다시금 되새겨야 할 우리의 역사적 과제는 정조의 개혁정신 그리고 개혁과제를 현대적으로 어떻게 계승할까 하는 점일 것입니다.

명나라 향한
사대주의의 말로

주한미군 방위비 분담금 문제가 뜨거운 이슈로 떠오르고 있습니다. 트럼프가 우리나라더러 1년에 50억 달러의 분담금을 내놓으라고 큰소리치고 있는 중이죠. 갑자기 5배를 올려달라고 하는 거예요. 애초의 한미주둔군지위협정에 의하면 토지 등은 우리가 제공하지만 미군 주둔에 필요한 모든 비용은 미국이 부담하는 것으로 명시되어 있었어요. 미국 경제가 좋지 않다는 이유로 협상을 통해 상당한 주둔비를 우리가 부담하게 된 거죠. 계속 올린 끝에 한 해 1조 원 상당의 분담금으로 늘어난 거예요. 어마어마한 돈이죠. 최근에 평택으로 주한 미군기지를 이전했는데, 그 넓은 땅을 우리가 다 제공하고 건물도 지어줬어요. 여기에 대해서도 굴욕적이라는 국민정서가 크죠. 그런데 하루아침에 방위비 분담금을 5배나 올리겠다는 겁니다. 이는 타당한 주장일까요? 조선시대에도 이와 똑같은 일이 있었어요.

명나라 장수 이여송의 생사당을 지어준 조선

그 전모를 이해하기 위해서는 임진왜란 때부터 들여다봐야 돼요. 일본군이 부산에 상륙한 지 20일 만에 한양에 들이닥쳤지 않습니까? 선조는 의주까지 줄행랑을 놓았지요. 다급하니까 명나라에 군대 파견을 요청하게 되었어요. 1차로 조승훈이라는 장수가 인솔하는 3천 명의 군대가 조선 땅에 들어왔는데, 일본군의 전투 능력을 얕잡아 보았다가 허무하게 패퇴하고 말았죠.

명나라는 일본이 조선을 건너서 중국 본토로 들어오려는 걸 알고 있었거든요. 조선에 군대를 파견한 건 명나라 땅에서 전쟁하는 걸 원하지 않았기 때문이에요. 조선을 구하려 온 게 아니었던 거죠. 1차로 보낸 군대가 참패하자 큰일났다 싶어 이번에는 대군을 편성하게 되죠. 국방부 차관쯤에 해당하는 병부 우시랑 송응창과 요동군 장수 이여송이 5만여 명의 병력을 이끌고 압록강을 건너온 거예요. 실질적인 전투 지휘는 이여송이 맡았죠.

1593년 1월에 이여송이 인솔한 명군과 조선군이 연합해 평양성을 공격하게 되었어요. 배고픔과 추위에 지쳐 있던 일본군은 조명

연합군의 공격을 받고 평양성을 버리고 남쪽으로 도주하고 말았죠. 이여송은 평양성을 함락한 것은 전적으로 자신의 공이라고 생각했거든요. 그런데 그렇지만은 않아요. 이여송 밑에 날고 기는 장수들이 있었던 건 사실입니다. 낙상지 같은 뛰어난 장수가 있었고, 낙상지는 평양성 성문을 돌파하는 데 큰 역할을 했어요.

조선군도 평양성을 공격하는 데 군사적 역량을 총동원하다시피 했어요. 관군뿐 아니라 사명대사가 이끄는 승군이 대거 참전을 했죠. 평양성 탈환에 조선군도 많은 공을 세웠는데, 그 가운데 김경서라는 맹장이 있었어요. 아주 뛰어난 장수인데 나중에 명나라의 요청으로 후금과의 싸움에 출전했다가 억울한 누명을 쓰고 처형되었죠. 김경서에게는 계월향이라는 사랑하는 애인이 있었어요. 남쪽의 논개, 북쪽의 계월향이라고 해서 임진왜란 때의 양대 의기義妓로 불리는 인물이에요. 계월향은 일본군 장수의 거짓 총애를 얻은 다음 애인 김경서를 평양성에 잠입시켜 적장을 죽이게 했다고 해요. 그런 다음 김경서는 일본군 진지에 불을 지르고 성문을 넘어 탈출했어요. 계월향은 성문을 빠져나오지 못하고 목숨을 잃었죠. 계월향의 의로운 이야기는 오늘날까지 전해지는데, 북한에서는 드

1593년 1월 명나라와 조선 연합군의 평양성 전투를 그린 〈평양성탈환도〉.

라마로 만들어지기도 했어요.

이처럼 평양성 탈환은 이여송과 명나라 군대만의 힘으로 이루어진 것은 아니에요. 조선군 특수부대에 의해 일본군 장교가 살해되고 일본군 진지에 화재가 발생함으로써 일본군의 지휘계통에 큰 혼란이 발생했던 거예요. 이 부분도 굉장히 중요한데 당시에 이여송이든 조선 조정이든 거의 무시해버렸죠.

이여송만 과대망상증에 빠진 게 아니었어요. 선조는 이여송이 너무나 대단한 장수라고 여겼어요. 이항복 같은 사람들조차 판단력에 문제가 생겼어요. 이항복은 이여송의 사당을 지어주자고 이야기했어요. 실제로 이여송의 생사당을 지었어요. 사당은 원래 죽은 사람한테 지어주는 건데, 이항복의 건의로 살아 있는 삼십대의 젊은 이여송 사당을 건립했던 거예요.

선조, 전시작전권을 이여송에게 넘겨주다

평양성을 탈환한 다음 선조를 만난 이여송은 마치 며칠이면 전

쟁을 끝낼 수 있다는 듯이 사탕발림의 말을 늘어놓죠. 그 말에 혹한 선조는 모든 전시작전권을 이여송한테 넘겨줍니다. 이여송이 조선 군대까지 다 통솔을 하게 된 거예요. 한국전쟁이 터졌을 때 이승만 대통령이 당시 유엔군 사령관이던 미군 사령관한테 전시작전권을 넘긴 것과 똑같은 일이었죠.

평양성 전투를 치른 다음 우리나라 장수들은 일본군이 어느 길로 퇴각할지 예상해서 군대를 배치해두었어요. 일본군을 초토화시킬 준비를 했던 거예요. 일본군은 퇴각하면서 이여송과 흥정을 벌였어요. 강화를 구실로 퇴각로를 보장해달라고 한 거였죠. 이여송이 그 요청을 받아들였어요. 그래서 조선군한테 퇴각하는 일본군을 일체 공격하지 말라는 명령이 떨어진 거예요. 일본군의 퇴각로에 군대를 배치해두고 있던 유성룡과 순변사 이일 등은 군대를 물릴 수밖에 없었어요. 일본군에 큰 타격을 가해 전쟁을 일찍 끝낼 수 있었던 기회를 놓친 거죠. 그 뒤에 일본군이 한양에서 영남 해안지역으로 퇴각할 때도 명나라군이 호위하다시피해서 내려갔어요.

이여송이 일본군과의 전투에 소극적이었던 것은 벽제관 전투에서 패한 이유도 크게 작용했지요. 이여송은 평양에서 승리한 다음 일본군을 아주 우습게 여기기 시작했어요. 평양성 전투에서 승리하는 데는 대포의 역할이 컸거든요. 대포는 조총보다 사거리가 길고 위력이 세기 때문에 대포로 먼저 포격을 가한 다음에 공격하는 전법을 썼어요. 그런데 자만에 빠진 이여송은 대포를 하나도 안 가지고 내려왔다가 일본군에 완패를 당한 거였어요.

벽제에서 패한 명나라군은 개성으로 물러나 허송세월을 보내고 있었죠. 사실 그들의 목표는 일본군이 명나라를 침략하지 못하도록 막으면 되는 것이었거든요. 조선 땅을 침략한 일본에 대한 응징이나 조선과 명나라 사이의 동맹이라는 건 허울 좋은 명분일 뿐이었죠. 명나라군이 전투에 나설 기미가 전혀 없자 유성룡을 비롯한 우리나라 재상들이 이여송을 찾아갔어요. 이여송에게 제발 일본군을 공격해달라고 애원했지요. 이여송은 우리 정승들을 무릎 꿇려놓고 조선이 보급을 제대로 해주지 않아 싸울 수가 없다며 모욕을 주었어요. 함께 간 장수 한 사람은 발로 걷어차이기까지 했어요. 나라가 힘이 없다 보니 당하는 설움이었죠.

그러니 힘없는 백성들은 오죽했겠어요. 명나라군은 자신들의 전과를 부풀리기 위해 무시로 조선 사람들의 목을 베었어요. 병사들이 취한 수급의 수에 따라 상금을 주었기 때문이에요. 일본군과 싸운 일이 거의 없었으니까 수급을 얻기 위해 무고한 조선 사람을 죽여 일본군인 것처럼 속인 거예요. 우리나라 사람은 상투를 틀고 유건을 쓰기 때문에 이마에 유건 자국이 있어요. 유건 자국이 난 수급이 많다 보니까 명나라에서도 문제가 되었어요. 명나라군에게 억울하게 죽임을 당한 조선 사람의 숫자가 만여 명에 이르렀다고 해요.

선조가 얼마나 웃기는 사람이었는 줄 아세요? 명나라 군대가 참전하기 전까지는 의병장들을 예우해주었거든요. 평양성 전투 이후에는 태도가 싹 달라져요. 명나라 군대는 평양성 전투 이후에는 전투 한 번 제대로 하지 않았거든요. 우리 백성들에게 고통을 안겨주었을 뿐이죠. 그런데도 선조는 명나라 군대만 상전처럼 모셨어요. 의병장들은 예우를 받기는커녕 명나라 군대의 짐 나르는 일 같은 걸 해야 했어요. 김덕령같이 뛰어난 의병장을 죄를 뒤집어씌워 죽이기까지 했고요.

명나라 장수 모문룡의 사기극

임진왜란 때 명나라군이 조선군의 군사지휘권을 행사했다고 하지 않았습니까? 임진왜란이 끝나고도 그 후유증이 계속 유지되는 거예요. 선조에 이어 광해가 왕이 되었을 때의 일이에요. 1622년의 일인데, 의주부사의 긴급보고가 조정에 올라왔어요. 모문룡이라는 명나라 장수가 압록강 너머 진강에서 사고를 치고 의주로 들어왔다는 내용이었어요. 진강은 현재의 중국 단동이에요.

당시는 만주에서 후금이 크게 일어나고 있을 때예요. 누르하치가 그 우두머리인데, 백두산 일대에서 시작해 만주의 중심부인 심양과 요양 일대까지 다 손에 넣어버렸어요. 중국 전역을 정복하기 위해 한 발 두 발 명나라를 압박하고 있었던 거죠. 그런 상황에서 요동 순변사의 지시를 받은 모문룡이 진강 일대를 공격한 거예요. 2백여 군사를 데리고 진강을 공격해 잠깐 하루 남짓을 점령했어요. 곧바로 후금 군대가 출진했다는 소식을 들은 모문룡이 압록강을 건너 의주로 도망 온 거였어요.

의주에 나타난 모문룡은 숙소를 내놓아라, 먹을 것을 가져와라 하며 의주부사에게 큰소리를 쳐댄 거예요. 임진왜란 때 구해줬는데 자기들 대국에 충성해야 할 것 아니냐며 윽박지른 거죠. 보고를 받은 광해는 한밤중에 긴급 비변사 회의를 개최했어요. 그리고 병조판서를 의주로 보냈죠. 병조판서는 의주에 머물면 후금 군대가 쳐들어올 수 있으니, 압록강 하구의 가도라는 섬으로 옮길 것을 제안했어요. 여진족은 수군이 없었거든요. 모문룡은 갈 데가 없는 신세였으므로 가도로 들어가게 되었죠.

모문룡은 천하의 사기꾼이었어요. 가도에서 명나라 황제한테 장계를 보낸 거예요. 자신이 진강을 공격해 점령하면서 큰 전과를 올렸다고 한 거죠. 명나라는 오랫동안 누르하치 군대를 이겨보지 못했기 때문에 모문룡을 높이 평가해서 가도에 동강진이라는 명나라 군사기지를 건설하게 했죠. 가도에서 배를 이용해 요동 땅을 공격하게 되면 후금도 머리가 아픈 상황이 된 거예요. 군사기지를 운영하는 데는 돈, 식량, 자재 등이 필요하겠죠. 요동을 후금이 점령하고 있기 때문에 중국에서 물자를 보내는 데는 아무래도 어려움이 있었죠. 또 당시 명나라 경제가 아주 어려웠어요.

명나라는 조선에 동강진 건설과 운영에 필요한 비용을 댈 것을 요구했죠. 광해는 하는 수 없이 아주 조금 물자를 보내는 시늉만 한 다음, 후금에 사신을 파견해 양해를 구했어요.

그런 과정에서 인조반정 일어난 거예요. 이제부터 문제가 심각해져요. 인조가 광해를 내쫓고 왕이 되었는데, 광해가 명나라의 은혜를 저버리고 후금이라는 오랑캐와 연대를 하였으니 내쫓는다는 게 명분이었어요. 요즈음 우리 사회 일각에서 미국의 은혜를 저버리고 좌파 세력이 중국하고 친하게 지내려고 한다는 이야기를 하는데, 똑같은 논리인 거예요.

그런데 황당한 일이 벌어져요. 인조가 왕이 되었으니 책봉이라는 절차가 있지 않습니까? 명나라에서 책봉을 해줘야 되는 거예요. 인조가 왕이 되자마자 책봉사를 보냈는데, 명나라에서 책봉을 해주지 않았거든요. 고도의 작전이었던 거예요. 첫째 이유는 사전에 쿠데타 승인을 받지 않았다는 거였지만, 두 번째 실제의 이유는 경제적 이익을 뜯어내려는 거였어요. 애가 달은 인조는 충성 서약과 엄청난 물량의 조공을 약속하게 됐죠.

마침내 책봉을 받게 되었는데, 책봉 문서를 들고 온 자가 모문룡이었어요. 모문룡이라는 사기꾼 하급 장수가 한양에 와서 명나라 황제의 책봉 문서를 인조에게 읽어준 거예요. 모문룡이 인조가 왕이 되는 데 마치 엄청난 공이라도 세운 듯한 시위를 한 것이죠. 가도에 있는 명나라군을 위해 주둔비를 톡톡히 내놓으라는 압박이기도 했죠. 광해 때는 주는 시늉만 했던 주둔비를 인조 때는 조선 전체 쌀 생산량의 3분의 1이나 갖다 바쳐야 했어요. 인조반정 이후 조선 경제는 파탄이 난 거죠.

광해 때는 중립외교를 표방하며 임진왜란으로 무너진 경제를 살리려는 노력을 기울였거든요. 그런데 인조가 왕이 되면서 상황이 달라진 거예요. 친명사대주의자들은 오직 허울뿐인 명분론에만 갇혀 있었어요. 실제로는 자기네들의 기득권을 지키기에 급급했지요. 백성들의 삶은 안중에도 없었어요. 조선의 위정자들도 모문룡이 국제 사기꾼인 건 다 알았어요. 그가 군대를 동원해 후금하고 일전을 불사할 의지가 없다는 것을 너무 잘 알고 있었죠. 그럼에도 불구하고 오직 명나라에 사대해야 한다는 논리 때문에, 조선 백성들이 죽도록 고생해서 수확한 엄청난 양의 쌀을 사기꾼한테 갖다 바친 거죠.

모문룡은 거기에 만족하지 않았어요. 국제 사기꾼답게 가도를 중심으로 밀무역을 한 거예요. 조선 상인들과 명나라 상인들이 그곳에 와서 물품을 거래하게 하고 관세를 받았어요. 국경의 요충지이기 때문에 거둬들이는 수입이 어마어마했어요. 자신이 직접 무역업을 운영하기도 했고요. 기록에 보면 모문룡은 오륙십 가지 반찬을 차려놓고 밥을 먹었다고 해요. 그리고 그의 곁에서는 항시 십여 명의 미인이 시중을 들었어요. 왕이 부럽지 않은 생활을 한 거예요.

친명사대주의의 결과는 백성의 굶주림과 병자호란

친명사대주의를 통해 백성들을 굶주리게 하고 우리 경제를 파탄내며 명나라에 모든 것을 갖다 바친 결과는 무엇이었죠? 결국 정묘호란과 병자호란이 일어나고 만 거예요. 가도에 있던 명나라 군대의 영향을 무시할 수 없어요. 모문룡은 가끔씩 가도에서 나와 압록강 너머 만주 땅에다 대포를 몇 발씩 쏘고 했어요. 후금 입장에서는 조선 땅에 있는 군사기지가 자기네를 공격하는 전진기지이다 보니까 가도가 눈엣가시였죠. 그래서 가도에 대한 경제 지원을 끊어라, 그렇지 않으면 가만두지 않겠다고 강력히 요구했죠. 그런 끝에 정묘호란이 일어난 거예요.

우리나라에 주둔하고 있던 명나라 군대 때문에 조선은 말로 형용할 수 없는 피해를 입었던 거죠. 그뿐이 아니에요. 가도에 있던 명나라군이 몰래 섬을 빠져나와 우리 조선 사람의 수급을 베어간 거예요. 전과를 만들어야 했기 때문이지요. 산 사람의 머리도 베고, 무덤을 파헤쳐 시신의 머리를 베어가기도 했어요. 여진족 병사의 머리라고 속여 명나라 정부에 보고한 것이에요. 사람의 머리도 베어 가는데 다른 행패는 오죽 했겠어요. 의주부사나 평양감사한테 폭력을 행사한다든지 막무가내로 굴었을뿐더러 아녀자들을 겁탈하는 일이 수도 없었어요. 봉변을 당한 백성들이 조정해 하소연해 봤자 아무 소용이 없었어요.

모문룡이 이렇게 나쁜 짓을 많이 했는데 명나라 정부가 몰랐을까요? 어느 정도는 눈감아줬지만 나중에는 사달이 납니다. 명나라에 원숭환이라는 장수가 있었어요. 《열하일기》를 보면 박지원이 원숭환 이야기를 하는 부분이 있어요. 영원성을 지키고 있던 원숭환은 홍이포라는 대포를 설치해 공격해 오던 누르하치 군을 물리치거든요. 대포 파편에 맞아 부상을 입은 누르하치는 6개월 후에 죽고 맙니다. 누르하치를 죽인 장수 원숭환이 참고 참다가 모문룡이 후금 군대를 공격한다고 한 것은 돈을 뜯어내기 위한 사기임을 증명했어요. 결국 모문룡은 사형을 당해 죽게 되죠.

모문룡이 얼마나 나쁜 짓을 많이 했으면 정조 때의 황경원이라는 인물이 이렇게 이야기해요. '원숭환이 모문룡을 죽인 것은 이여송이 평양성 전투에서 승리해 조선을 구한 것보다 더 위대한 일이다.' 당시 이 나라의 상당수 지식인들은 모문룡의 행패가 얼마나 말도 안되는 짓인 줄을 알고 있었던 거죠. 그런데도 인조를 비롯한 친명사대주의자들은 끝내 눈을 감았던 거예요.

나중에 가도에 있던 명나라 군사기지는 후금과 조선군의 공격을 받게 돼요. 조선군도 후금과 연합해 가도를 공격한 거예요. 명나라 군사기지는 완전히 파괴되고 말았죠. 당시 친명사대주의가 얼마나 극에 달했는지를 보여주는 낯 뜨거운 증거가 있어요. 우리가 후금하고 함께 가도를 공격한 건 분명한 역사적 사실이잖습니까? 부인할 수 없는 사실이죠. 그런데 그 명백한 역사를 왜곡 조작하는 겁니다. 그 앞장을 선 사람은 친명사대주의를 대표하던 우암 송시열이에요.

다음과 같이 아주 교묘히 사실을 비틀어버리는 거죠. 후금 군대 때문에 어쩔 수 없이 우리 조선 군대가 가도에 가게 되었다. 우리 조선군은 명나라 군대를 공격하지 않고, 후금군이 공격하는 명나라 군대를 몰래 빼돌려 살려주었다. 명나라 군대를 명나라로 보내주는 비밀스러운 일을 했다. 우리는 명나라의 은혜를 버리지 않았다.

　말이 되는 소리인가요? 그 오랜 시간이 지난 다음에도 명나라의 은혜는 절대 잊으면 안되는 것인가요? 역사를 왜곡하면서까지 말이죠. 인조가 왕위에 오르면서 명나라에 사대하겠다고 했는데, 인조 재위 기간에 어떤 명분으로든 조선군대가 명나라 군대를 공격했다는 건 용납이 안되었겠지요. 그래서 그처럼 역사를 왜곡해야만 자기들의 정통성이 유지된다고 생각한 거죠.

　오늘도 역사는 똑같이 반복되고 있어요. 국제관계는 냉혹한 겁니다. 어느 나라든 자국의 이익이 우선이에요. 자국의 이익을 넘어서서 다른 나라를 우선한다는 건 있을 수 없어요. 중국이든 미국이든 자국의 이해를 앞세우기 마련이지요. 미국이 한반도에서 싸운 것도, 여태껏 주둔하고 있는 것도 미국의 이익 때문이에요. 미국이 한국에 은혜를 베풀었다, 따라서 미국의 은혜를 잊지 말아야 한다고 주장하는 사람은 철부지이거나 역사인식이 없는 것이지요. 명나라의 실체를 제대로 보지 않은 채 명나라의 은혜를 잊지 말아야 한다며 맹목적으로 명나라를 추켜세우던 과오를 21세기 대한민국 땅에서 다시는 되풀이하지 말아야겠죠.

백성을 품어준
포용의 리더십

벌 대신 상을 내린 정조의 너그러움

나라의 리더가 되려는 사람은 무엇보다 가난하고 소외된 사람들에 대한 배려심이 필요하다고 생각해요. 정조는 포용력이 넓고 이해심이 깊은 사람이었어요.

한번은 아주 황당한 일이 있었어요. 궁중에는 주방상궁 외에도 음식을 담당하는 남자 요리사가 있었거든요. 숙수라고 불렀지요. 갓 궁궐에 들어와 숙수의 잔심부름이나 하던 젊은이가 임금한테 주려고 가져온 꿩 요리를 몰래 먹어버린 거예요. 참 철없는 사람인 거죠. 아무리 생각이 짧기로서니 임금에게 올리려는 요리를 몰래 먹는 게 말이 되겠어요.

그 사실이 발각이 되었으니 난리가 났겠죠. 임금의 귀에까지 그 사실이 들어갔죠. 정조도 기가 막히긴 했지요. 주위에서 하도 떠들어대니 정조가 분부를 내렸어요. 이 사람의 죄가 어느 정도의 형벌에 해당하는지 알려달라고요. 신하들은 마땅히 죽여야 한다고들 이야기했지요. 아무리 작은 것일지라도 왕의 것을 탐하는 것은 사형죄에 해당한다는 거였어요.

조용히 듣고 있던 정조가 말했죠. 그런 걸 갖고 사람의 생명을 빼앗는다는 게 말이 되느냐? 잘 몰라서 그랬겠지, 그게 중죄가 되는 줄 알았으면 그랬을 리가 없다. 다 용서해라. 얼마나 먹고 싶었으면 그랬겠느냐? 그러니 그에게 꿩 한 마리를 더 줘라. 이렇게 말하고 사건을 마무리했다는 거예요.

또 다른 이야기인데요. 정조 시대 성균관 진사 중에 이정용이라는 사람이 있었어요. 지금의 성균관대학교 뒤쪽이 반촌이라는 마을이었거든요. 반촌은 아주 기묘한 마을이었어요. 반촌에는 두 부류의 사람이 살았어요. 하나는 백정, 또 하나는 내시였어요. 그 밖에 성균관 유생의 일부가 거기서 하숙을 했지요.

사실 조선에서 가장 힘센 권력층 중의 하나가 내시 집단이었거든요. 왕과 지근거리에 있으니 권력이 생길 수밖에 없었겠죠. 백정은 가장 천대 받던 사람들이었죠. 반면에 그들은 두려움이 없는 사람들이었어요.

백정과 내시가 한마을을 이룬 거였죠. 거기에 나라의 미래를 책

화성 낙남헌에서 정조가 노인들을 초대해 개최한 양로연.

임질 동량인 성균관 유생들이 어울렸고요. 그곳은 아주 특별한 지역이어서 포도청에서도 함부로 들어가지 못했어요. 왈패들이 사고를 치고 쫓기거나 하면 그 마을로 도망가는 거예요. 그럼 잡을 수가 없는 거죠. 일종의 치외법권 지역이었죠.

이정용이 그 동네에서 술을 꽤 마셨던 모양이에요. 술에 취해 호기로움이 발동했는지 근처 궁궐까지 내려온 거예요. 창덕궁 옆에까지 와서는 쓰러져 잠이 들었죠. 궁궐 문앞에서요. 궁궐 문앞에서 잠잔다는 것은 있을 수 없는 일이거든요.

그래서 문제가 커졌어요. 이정용을 잡아다 가두지 않은 궁궐 수문장은 유배를 보내야 하고, 잘못을 저지른 이정용에게도 큰 죄를 물어야 한다는 의론이 일었지요. 다음날 그 소식이 정조한테 보고가 올라갔어요. 정조의 처결은 전혀 의외였어요. 요즘 나라에 호기로운 술꾼이 없다는 이야기가 들려 참 아쉬웠다. 그러니까 성균관 유생들도 모두 과거시험에 합격하려고 좀팽이처럼 책만 들여다봤다는 거죠. 그런데 진사 이정용이 술 마시고 궁궐까지 내려와 소리지르다 잤다니 대단한 기백이다. 거기는 민가하고 붙어 있는 곳이라서 궁인지 민가인지 헷갈릴 수도 있으니, 죄를 묻지 마라. 그리고 이정용한테 술값은 있는지 물어보고, 외상술을 먹었거든 술값을 두둑이 내려보내 주라고 한 거예요. 큰 죄를 물어야 했음에도 불구하고 임금이 이런 호기로움을 가상하게 여기고 상까지 내려준 일이 실제 있었어요. 리더가 되려는 사람은 이런 너그러움과 배포 같은 게 있어야지요.

정조는 소통의 군주였다

정조는 아버지가 비참하게 죽어가는 것을 어린 나이에 목격하고 그것을 평생 한으로 품고 살았지만, 좋은 지도자가 되기 위해 끊임없이 노력했어요. 먼저 신체 단련에 힘썼지요. 열심히 활쏘기하고, 검술도 연마하고, 말도 타고. 그래서 출중한 무예를 지니게 됐지요. 학문도 열심히 해서 고전 경서는 물론 의술 같은 실생활에 사용되는 학문에도 통달했어요. 신하들의 도전을 이겨내기 위해서는 열심히 공부해서 뛰어난 자질을 갖추어야 한다고 생각했던 거지요.

그런데 이런 점 못지않게, 오히려 더 중요한 정조의 덕목은 사람에 대한 배려였어요. 정조 스스로 말하기를 자신은 평생토록 미천한 마부에게조차 이놈저놈 해본 적이 없다고 했어요. 당시에 '놈'이라는 말은 지금 우리가 생각하는 것처럼 그렇게 모멸적인 말은 아니었어요. 자식들을 가리킬 때도 큰놈, 작은놈 했으니까요. 정조는 신분의 고하를 불문하고 인격적으로 대하고 포용하려 노력했다는 것이지요.

기본적으로 훌륭한 성품을 가지고 있었기 때문에 신하들하고 토론할 때도 어려운 질문을 하지 않았어요. 어려운 것을 물으면 대답을 못할 수 있죠. 그러면 그 신하가 얼마나 무안하겠어요. 그래서 대답을 못해서 무안해하는 신하가 있을까봐 절대 어려운 질문을 하지 않고 가급적 쉽게 풀어서 이야기했던 거죠.

노무현 대통령이 정조를 무척 좋아했어요. 아마도 정조의 인생과 자신의 인생이 매우 비슷하다고 느꼈던 것 같아요. 정조를 뒷받침하던 세력은 아주 소수였고, 노무현 대통령도 소수 세력에 속했잖습니까? 그리고 세종시를 만들고 세종시와 관련된 특별법을 제정할 때 정조 시대의 개혁정책을 바탕으로 하려 했었죠.

흔히들 정조를 소통의 군주라고 이야기하죠. 자신의 반대 세력한테도 편지를 끊임없이 보내고, 가족들한테 사랑의 편지를 보냅니다. 참 가슴 아픈 편지도 있어요. 여동생한테 보낸 편지가 있는데요. 여동생인 청선공주가 건강이 많이 좋지 않았어요. 그런데 남편 정재화가 바람을 피웠어요. 그래서 동생의 건강과 안부를 묻는 편지를 보냈지요. 다른 가족에게 남긴 편지도 남아 있는데, 정조의 인간미를 느낄 수 있어요.

신하들과도 다양한 방법으로 소통하려 노력했지요. 정조는 정적의 우두머리였던 심환지한테도 편지를 보냈어요. 나는 이러이러한 일을 하고 싶은데 당신의 의견을 말해보라고 했죠. 심환지가 자신들은 그런 정책에 찬동하지 않는다고 하면 계속 의견을 주고받으면서 합의점을 찾아내는 거죠. 반대 세력하고도 같이 문제를 풀어낸 거예요. 그런 과정에서 거래도 이루어져요. 심환지가 자신의 아들을 과거시험에 합격시켜 달라는 청탁까지 했죠. 실제 합격은 되지 않았어요. 정조는 경의 아들이 백 등 안에만 들었어도 합격시켜주려 했으나, 거기에 미치지 못해 그럴 수가 없었으니, 좀 더 공부해서 다음해에는 좋은 성적을 거두라고 점잖게 나무랐지요. 최종 과거시험은 보통 2백여 명이 시험을 보아 그 가운데 33명을 뽑았

                    스물두 번째 이야기

어요. 어쨌든 정조는 끊임없이 소통하고 설득하는 과정을 통해 자신의 정치를 펴나갔던 거예요.

상언은 오늘의 청와대 국민청원

정조는 백성들과의 소통도 파격적이었어요. 백성들의 이야기를 직접 들으려 했고, 아주 색다른 방법을 사용했어요. 가장 대표적인 게 상언上言과 격쟁擊錚이라는 거였어요. 상언은 일반 백성들이 국왕에게 편지를 써서 자신들의 의견을 말하는 거예요. 드라마 같은 데 자주 등장하는 상소라는 게 있지요. 상소는 양반 사대부들이 국왕에게 자신들의 의견을 전달하는 수단으로, 양반들만의 특권으로 인식되었어요. 정조는 이러한 양반들의 특권을 백성들에게도 열어준 거죠.

백성들에게 억울한 일이 있거든 국왕에게 직접 글을 써 올려라 한 거예요. 요즘으로 치면 청와대 국민청원 같은 거죠. 당시 정조에게 올라온 상언이 무려 3천 5백 건 가까이 됐어요. 관리들의 비리, 과다한 세금 징수, 억울한 옥살이 같은 게 상언의 주된 내용이었어요.

상언 내용을 보고 정조가 새로 처결한 대표적인 사건이 있어요. 한 여인이 강간을 당하는 과정에서 강간당하지 않으려고 죽기로 버티다가 남자를 힘껏 밀쳤는데 뒤로 넘어진 남자가 그만 죽고 말왔어요. 정당방위였음에도 불구하고 살인죄를 뒤집어썼죠. 남자 집안이 그 지역의 권세가였거든요. 자기 아들이 저지른 범죄는 감춘 채 여자를 살인죄로 몰았는데, 관아에서 그대로 살인죄로 판결을 내린 거였어요. 정조가 사건 관련문서를 꼼꼼히 살펴보고 나서 잘못된 판결이라며 여자의 억울한 누명을 벗겨주었죠.

정조가 얼마나 최선을 다해 기록을 살폈는지는 그가 남긴 글 속에서 찾아볼 수 있어요. 자신은 관아에서 올라온 판결문을 마치 경전 대하듯이 읽었다고 했거든요. 공자님 말씀을 읽듯이 꼼꼼히 내용을 살폈다는 의미죠. 그렇게 해서 정조가 구제한 사람이 백 오십 명이 넘어요.

먼 뱃길을 달려와 억울함을 호소한 흑산도 사람 김이수

격쟁은 억울한 일을 당한 사람이 왕이 행차하는 길가에서 징이나 꽹과리 따위를 쳐서 길을 막고 국왕에게 하소연하던 일을 말해요. 정조는 백성들이 격쟁할 수 있는 기회를 적극 만들어주었어요. 화성에 행차할 때면 아예 시간과 장소를 정해줬어요. 억울한 일이 있는 사람은 아무 날 아무 시에 시흥행궁으로 오라고 한 거예요. 화성 행차를 마치고 궁궐로 돌아가는 길에 백성들을 만나 그들의 하소연을 다 들어준 거죠.

격쟁에서 나온 대표적인 사건으로는 김이수 사건이 있어요. 흑

1795년 을묘년
행차와
시흥행궁 모습.

산도 사람 김이수가 정조 앞에 와서 억울함을 호소한 사건인데요. 예로부터 종이를 만들던 원료는 닥나무 껍질이었어요. 닥나무 껍질을 벗겨내 솥에 삶은 다음 잘 짓이겨 맑은 물에 풀어요. 그걸 넓은 나무 체로 얇게 떠서 말리면 한지가 되죠. 전 세계에서 제일 좋은 종이가 우리나라 닥나무 종이예요. 중국이나 일본 종이하고는 비교가 안됐죠.

혹산도에는 닥나무가 자라지 않거든요. 어떻게 된 연유인지 닥나무가 흑산도 특산품이라고 지정돼버린 거예요. 그러니까 어떻게 됐겠어요. 흑산도 사람들은 해마다 섬에서 나지도 않는 닥나무를 구하기 위해 천신만고 애를 써야 했지요. 다른 지방에 가서 비싼 값에 닥나무를 사다가 조정에 바쳐야 했던 거예요. 먹고 살기 위해 힘든 고기잡이에 나서야죠, 해산물을 세금으로 바쳐야죠, 나지도 않는 닥나무까지 힘들게 구해 바쳐야 했으니, 사는 게 사는 게 아니었죠. 섬사람들의 고통이 몇 백 년 동안 지속되었는데, 지역을 관할하는 수령이나 전라감사에게 청원해도 누구 하나 나서서 해결을 해주지 않은 거예요. 그러던 중에 정조가 백성들의 억울한 소리를 들어준다는 말을 전해들은 거지요. 섬사람들은 김이수를 격쟁에 보내기로 했죠. 김이수가 흑산도에서 제일 똑똑한 사람이었거든요.

그런 연유로 김이수가 그 먼 뱃길과 육로길을 거쳐 정조 앞에 나타났던 거예요. 정조가 들어보니까 말도 안되는 이야기 아닙니까? 즉시 시정하라고 명을 내렸죠. 전라도 관찰사라면 상당한 고위직 아닙니까? 올바르지 않고 시정해야 할 문제라면 그런 사람이 나서서 해결해야 하는데, 아무도 책임지고 해결하려 하지 않았던 거죠. 정조는 백성들의 이야기를 들어주었을 뿐 아니라, 잘못된 것이라면 근본적인 해결책을 마련해주었어요.

정조는 이처럼 백성들과 소통하고 백성들의 소리를 들어준 애민 군주였지요. 정치라는 게 결국 백성을 위한 것 아니겠어요? 이처럼 정적을 포함한 누구와도 소통하려 노력하고, 특히 가난하고 소외된 사람들의 목소리에 귀를 기울인 정조의 소통, 배려, 포용의 리더십을 다시 한 번 되새길 필요가 있겠습니다.

단종의 사면,
유성룡의 사면

국왕은 법 위에 군림하던 존재

대통령 신년 기자회견이 있었죠? 거기서 나온 질문 중의 하나가 사면이었어요. 이명박, 박근혜 두 전임 대통령에 대한 사면을 검토할 계획이 있느냐는 건데요. 정치권 일각에서는 줄기차게 사면을 요구하고 있는 게 현실이고요. 엄연히 법률이 존재하는 마당에 초법적인 논리로 사면을 주장해서는 국민적 지탄을 면치 못하리라고 봅니다.

사면이라는 게 뭘까요? 우리 역사 속에서도 사면이 존재했을까요? 있었다면 언제 어떤 형태의 사면이 있었는지 살펴보도록 하겠습니다.

현재의 우리나라는 대통령제 국가죠. 제2공화국 때 1년 남짓 의원내각제가 시행되기는 했지만, 1948년 이후 줄곧 대통령제를 채택하고 있습니다. 우리나라에서 근대적 의미의 사면제도는 정부수립 이후에 제정되고 시행된 것이죠. 우리뿐 아니라 모든 나라가 다 법률이 정하는 바에 따른 사면제도를 갖고 있는 것입니다. 대통령제냐, 의원내각제냐 등에 따라 절차와 사면을 승인하는 최종권한에 차이는 있어도, 사면제도를 두고 있는 법정신은 대동소이할 것입니다.

조선시대 때는 국왕이 사면을 시행하는 결정권자였죠. 여기서 잠시 한 가지 확인하고 갈 것이 있습니다. 조선시대 말기에 우리나라의 국체가 잠시 황제국가였던 적이 있죠. 1897년에 고종이 대한제국을 선포했잖습니까? 그때부터 1910년 일본에 완전히 국권을 빼앗기기까지 13년간은 황제국가였어요. 대한제국의 황제와 그 이전 조선의 국왕과 누구의 권한이 더 컸을까요? 상식적으로 생각하면 황제의 권한이 더 커야 되겠지요. 사실은 그렇지가 않았어요.

조선시대의 국왕에게는 적용되는 법률이라는 게 없었어요. 국왕이 어떠어떠한 것을 해야 한다거나 어떠어떠한 것을 할 수 있다고 하는 법률 자체가 존재하지 않았어요. 그런데 1897년 대한제국을 선포하면서 전제정치임을 표방했지만, 그 이전 시대의 왕들에 비해 더 큰 권한을 가졌다고 할 수는 없어요. 이미 그 이전에 2차 갑오개혁이 단행되면서 왕을 대군주폐하라고 고쳐 불렀어요. 그리고 대군주폐하의 권한에 관한 법률을 제정하거든요. 얼핏 보면 권한이 어마어마한 것 같아 보이죠. 하지만 권한을 법률로 규정하였으니, 법 위에 군림하던 조선시대의 왕을 넘어설 수는 없는 거죠. 애초에 법률이 존재하지 않아 법의 구속을 받지 않는 것이 더 큰 권한인 거죠.

조선시대 국왕에게는 사람을 사형시키거나 유배를 보낼 수 있는 지금으로선 상상하기 어려운 권한이 있었어요. 또한 죄인을 사면할 수 있는 권한도 있었죠. 사면권 역시 매우 큰 권한이었어요.

사면이라고 하는 것은 말 그대로 죄를 용서해 벌을 면해준다는 뜻이죠. 요즘 같으면 크게 뉘우치고 개전의 정을 보이는 사람 가운데 법률이 정한 요건을 충족한 사람이 대상이 되는 거죠. 과거에도 정치적 사건이 많았기 때문에 정치적 관계 속에서 이루어지는 경우가 많이 있었어요. 그리고 여론이랄까 백성들의 요청이 작동하는 경우도 볼 수 있습니다.

단종의 폐위와 죽음

조선시대에 있었던 사면의 사례를 몇 가지로 나누어볼 텐데요, 우선 국왕이 사면된 경우가 있어요. 국왕이 사면된다는 것은 당연히 아주 특별한 사례에 속하겠죠. 딱 한 번 그런 일이 있었어요. 단종의 이야기입니다.

영월 장릉의 엄흥도 정려각.

단종은 작은아버지인 수양대군에 의해 왕의 자리에서 쫓겨나고 끝내 죽임을 당했죠. 강원도 영월로 유배를 갔다가 거기서 목이 졸려서 죽었어요. 의금부 도사 왕방연이 사약을 들고 단종을 찾아갔지만, 차마 말을 꺼내지 못했다고 해요. 그러자 단종을 모시고 있던 통인이 스스로 자청해 단종을 해하였다는 거예요. 단종이 죽었지만 아무도 그의 시신을 수습하려 하지 않았어요. 영월 고을의 호장 엄흥도가 나서 단종의 시신을 양지바른 곳에 묻어주었어요.

단종은 열 살의 어린 나이에 왕위에 올랐어요. 단종의 할아버지는 세종대왕이거든요. 단종은 매우 총명해서 세종의 사랑을 듬뿍 받았어요. 단종의 아버지 문종이 왕이 된 지 2년 만에 죽자 단종이 뒤를 이은 거였어요. 단종이 어리기 때문에 세종의 측근 신하들이 곁에서 보필하며 정사를 펼쳐나갔죠. 어린 왕을 대신해서 국정을 책임지고 운용하는 신하를 원상院相이라고 하거든요.

수양대군은 김종서, 황보인 같은 원상들이 단종을 죽이고 왕이 되려 했다며 난을 일으켰어요. 왕실을 지키기 위해 종친으로서 나서지 않을 수 없다는 명분이었어요. 세상에서 계유정난이라고 부르는 사건이에요. 수양대군은 김종서와 황보인 등을 죽이고 자신이 영의정 자리에 올라 실권을 장악했어요. 자신과 경쟁하던 동생 안평대군마저 죽이고, 자신을 따르던 무리들을 두루 요직에 앉혔죠. 단종은 그저 이름뿐인 왕이 되고 말았어요. 단종을 지켜주던 사람들이 죄인으로 몰려 하나둘 떠나가고, 수양대군에게 양위하라는 압박이 날로 거세지자, 단종은 수양대군한테 왕위를 넘겨주고 맙니다. 상왕으로 물러난 거죠. 왕위에 오른 수양대군은 나중에 세조로 불리게 되었어요.

그러던 중 단종을 복위시키려는 사건이 일어납니다. 집현전 학사 출신의 성삼문 같은 문신과 유응부 같은 무신이 세조를 죽이고 단종을 복위시키려 했던 거예요. 사전에 발각이 되어 큰 피바람이 불었죠. 세조가 왕위에 오른 후에도 한동안 세조에게 대드는 신하들은 없었어요. 세조는 왕이 되기 전부터 신료들에게 약속을 했거든요. 권한을 나누어 이른바 군신공치君臣共治, 즉 임금과 신하가

　　　　　　　　　　　　스물세 번째 이야기

함께 정치를 하겠다는 거였어요. 그런데 약속을 어기고 자신이 전권을 휘두른 거예요. 사육신의 거사 배경 뒤에는 이런 측면도 있었어요. 주동자들은 전부 처형을 당했죠. 단종도 이 사건에 관련이 있으므로 책임을 물어야 한다는 주장이 대두하였죠. 그래서 상왕에서 노산군으로 강봉된 단종은 영월로 유배를 떠나야 했던 거예요.

단종의 비극은 여기서 끝나지 않았어요. 단종의 숙부인 금성대군이 다시 단종 복위운동을 꾀한 거예요. 금성대군은 세조의 동생이거든요. 그때 지금의 경상북도 영주에 해당하는 순흥에 유배를 가 있었어요. 그곳에서 순흥부사와 함께 사람들을 규합해 한양으로 진격하려다 발각이 된 거예요. 이 일로 금성대군을 비롯한 관련자들이 전부 처형을 당했어요.

단종 역시 죽임을 당하고 말았어요. 단종의 복위를 두려워한 세력에게 죽임을 당한 거죠. 그때 그의 나이 겨우 열일곱 살이었어요.

무속의 신이 된 단종과 단종비

단종이 죽은 다음에 그에 대해 이야기하는 것은 정치적 금기였어요. 상당히 오랜 시간 동안 그런 상황이 계속되었죠. 세조 이후의 왕이 모두 세조의 직계후손이었거든요. 백여 년이 흐른 중종, 명종대에도 거의 마찬가지였어요. 그러던 것이 선조대에 이르러 분위기가 바뀌기 시작합니다. 선조 때 임진왜란이 터지잖습니까? 오랫동안 전란에 시달리면서 온 백성이 고통을 겪었죠. 그래서 억울하게 죽은 단종을 동정하는 여론이 백성들 사이에서 자라난 거예요.

우리나라 민간신앙의 특징 중의 하나는 억울하게 죽은 사람들이 신이 되는 거예요. 그런 경우가 많아요. 가상 억울하게 죽었다고 이야기되는 사람 중의 한 명이 최영 장군이거든요. 최영 장군이 몹시 청렴결백해서 황금 보기를 돌같이 했다는 말이 전하죠. 최영 장군이 누명을 쓰고 죽어 그의 무덤에 풀이 자라지 않는다는 말이 생겨날 만큼 민중들은 최영의 죽음을 안타깝게 생각했어요. 그래서 그를 기리고 그의 영험한 능력에 기대려는 민중에 의해 최영 장군은 무속계의 신이 됩니다.

예전에는 여제厲祭라는 게 있었어요. 큰 흉년이 들고 역병이 창궐하면 먹을 게 없어서 거리를 떠돌다가 죽는 사람이 많이 있었어요. 행려병자라는 말이 있고, 요즘에도 무연고 사망자 뉴스가 심심찮게 나오잖습니까? 길거리에서 이름도 없이 가족도 없이 죽으면 제사를 지내줄 사람이 없지요. 그런 사람들을 위해서 국가에서, 관에서 지내준 제사가 바로 여제예요. 민간에서는 물론이고 국가에서도 억울한 사람을 품어주고 위하는 전통과 문화가 있었던 거예요.

무속에서 최영 장군이 최고의 남신이었다면, 최고의 여신은 놀랍게도 단종의 왕비 송씨예요. 왕비의 신분에서 일개 평민의 지위로 떨어진 송비는 죽임을 당하지는 않았지만, 죽음만도 못한 삶을 살아야 했어요. 서울 동대문 밖 동망봉 기슭의 정업원이라는 절에 들어가 한맺힌 삶을 보냈죠. 남양주시 진건읍에 위치한 사릉이 나중에 정순왕후로 복위된 송비의 무덤이에요.

단종비 송비가 한많은 삶을 산 유명인이기 때문에 억울하게 살아가는 사람들, 가난하고 힘없는 사람들, 기득권 세력에 분노하는 사람들이 송비한테 의탁하고 염원을 하게 된 거예요. 동병상련의 공감대가 형성된 거지요. 그래서 그런지 송비의 신을 받은 무당들이 그렇게 많았어요.

송비의 고통이 단종보다 결코 적다고 할 수 없겠지만, 단종이 얼마만큼 고통을 겪었을지 또한 미루어 짐작할 수 있지요. 송비가 무속에서 받들어진 것과 같은 맥락에서 단종도 무속신의 한 사람으로 모셔졌어요. 영월읍에 자리한 영모전을 비롯해 태백산 인근에서 단종에 대한 무속신앙의 뿌리가 깊었죠.

민간과 무속에서 단종과 송비가 받들어질수록 백성들은 단종을 죽인 세력들에 분노하게 되었어요. 자연스레 단종을 다시 왕으로 복위시켜야 한다는 여론이 형성되어나간 거예요. 죽은 지 이미 오래되었으니까 복위라는 게 명예회복에 지나지 않는 거죠. 그래도 백성들 사이에서 억울하게 죽은 단종이 신원되어야 한다는 여론이 일면서, 양반 사대부들도 단종의 왕호를 복권해야 한다는 목소리를 내기 시작했어요. 복권을 호소하는 상소가 올라오기 시작한 거예요.

단종이 복권되기까지 2백 년이 걸리다

　단종의 복권을 주장하는 여론이 많다 보니까, 숙종은 단종을 복권시켜야겠다는 생각을 하게 되었어요. 아무리 2백여 년이 흘렀어도 폐위된 왕을 복권시키기 위해서는 명분이 있어야 되겠죠. 숙종은 노량으로 군대를 사열하기 위한 행차를 나갑니다. 한강을 건너 사육신묘가 있는 노량으로 간 거예요. 지금도 그 자리에 사육신묘가 그대로 있어요. 노량진역에서 전철을 내린 다음 북동쪽으로 2백 미터쯤 올라가면 사육신묘가 나오죠.

　사육신이 처형된 다음 그 자리에 사육신묘가 조성된 거예요. 정확한 조성 경위는 알 수 없어요. 후손들까지 대부분 멸문지화를 당했기 때문에 시신을 수습해 한자리에 안장한다는 게 쉽지 않았거든요. 하지만 민간에서 그곳의 무덤을 사육신묘라고 일컫고 제사

영월 장릉 능침 전경.

를 지내온 게 숙종 이전에 이미 오래된 일이었어요. 사육신은 세조를 죽이려다 참형에 처해진 성삼문, 박팽년, 하위지, 이개, 유성원, 유응부의 6사람을 가리키는 말이죠.

사육신 묘역 앞을 지나가면서 숙종이 신하들에게 물었어요.

"이 무덤이 사육신의 무덤이냐?"

"예, 전하. 그렇사옵니다."

"사육신은 복권이 되었느냐?"

"아닙니다. 아직 역적이옵니다. 하지만 백성들은 사육신을 높이 평가하고 있습니다."

"의로운 사람들이라고 생각한다는 것이냐? 그렇다면 제사를 지내줘라."

이렇게 숙종의 명에 의해 사육신묘에 제사를 지냄으로써 사육신묘는 공식적으로 인정을 받게 되었어요. 숙종이 다시 물었어요.

"노산군의 묘는 어떻게 됐느냐?"

"영월에 있습니다."

"그럼 노산군을 노산대군으로 승격시키고, 묘역을 돌보도록 하라."

대군은 왕의 적자를 가리키는 말이거든요. 왕과 왕비의 아들이 대군이죠. 군은 후궁의 아들을 말해요. 단종은 일단 노산대군으로 승격되었어요. 그리고 다시 숙종에 의해 왕으로 복위되고, 단종이라는 묘호를 추존 받았어요. 왕으로 복위된 단종은 그제서야 위패를 종묘에 보관할 수 있게 되었어요. 단종의 사면 복권이 이루어진 거예요. 백성들의 신앙의 대상이 되었던 송비 역시 왕후로 복위되어 같이 종묘에 들게 되었지요.

사육신뿐 아니라 계유정난과 단종복위운동 과정에서 목숨을 잃은 사람은 수십 명에 달했어요. 사육신만 죽임을 당한 게 아니었어요. 그들도 모두 복권이 이루어졌죠. 단종이 복권된 다음 단종의 무덤도 능으로 격상되어 장릉으로 불리게 되었어요. 장릉에 가면 배식단이라는 작은 사당이 있어요. 그곳에는 단종복위운동에 관련된 사람들의 이름이 쓰여 있는데, 그 숫자가 2백 명이 넘습니다.

장릉은 한눈에 봐도 명당자리임을 알 수 있어요. 엄흥도가 묘를 쓸 때는 한겨울이었는데, 눈이 쌓인 산자락에서 유일하게 눈이 녹아 있던 자리를 골랐다고 해요. 지기가 좋고 햇볕이 들어 눈이 녹은 거였어요. 지금도 그 기운을 느낄 수 있는 게, 장릉 주변의 소나무들이 봉분을 향해 굽어 있는 거예요.

조선시대의 왕은 절대권력자죠. 그럼에도 불구하고 사면권을 함부로 행사하지 않았어요. 사면에서 제일 중요한 핵심은 바로 백성들의 요구예요. 백성들의 요청이 있었기 때문에 사면을 단행한 거예요. 3공화국이다, 5공화국이다 하던 권위주의 시절에는 대통령 멋대로 사면을 남발했어요. 옛날 조선시대만도 못했던 거죠. 이제는 국민들이 사면하지 말아야 된다고 하는데도 민심을 외면하고 사면할 수 있는 시대가 아니에요. 또한 사면은 시혜를 베푸는 것이어서는 안되죠. 법으로 확정된 판결을 바꾸기 위해서는 그에 합당한 절차와 명분이 뒷받침되어야 하는 겁니다. 따라서 국민이 사면

해도 된다고 해야 국가 지도자가 국민의 뜻을 받들어 사면을 단행할 수 있는 거죠.

토사구팽된 임진왜란 일등공신 유성룡

토사구팽兎死狗烹이라는 말이 있잖습니까? 사냥이 끝나면 사냥개를 잡아먹는다는 말이에요. 필요할 때는 실컷 부려먹다가 쓸모없어지면 헌신짝처럼 버리는 세태를 비유한 표현이죠. 임진왜란은 우리 역사상 가장 잔혹한 전쟁이었어요. 바람 앞의 등불처럼 된 나라를 위기에서 구한 일등공신은 뭐니뭐니해도 백성들이었어요. 그 다음의 공로자를 꼽으라면 이순신 장군이나 권율 장군 같은 사람이 되겠죠. 이순신이나 권율 같은 사람을 아울러 나라를 되찾는 동력을 끌어낸 사람으로 서애 유성룡을 빼놓을 수는 없어요. 이순신이나 권율의 능력을 알아보고 천거한 사람도 유성룡이었어요.

임진왜란 때의 임금은 선조였어요. 선조는 자기보다 똑똑한 사람을 좋아하지 않는 사람이었어요. 콤플렉스가 많았거든요. 큰 전공을 세우고도 선조에 의해 고초를 겪은 이순신 장군의 사례를 보면 잘 알 수 있지요. 유성룡 역시 누구보다 공이 큰 사람이었지만, 전쟁이 끝나면서 버림을 받고 말았죠. 한마디로 토사구팽을 당한 거였어요.

전쟁이 막바지에 이르자 반대파들이 유성룡을 몰아내는 작업을 시작합니다. 가짜 뉴스를 만들고 없는 사실을 만들어 음해를 시작한 거예요. 우선 그들은 유성룡이 명나라에 사신으로 가지 않은 것을 죄목으로 거론했어요. 영의정이었던 유성룡이 사신을 자청하지 않은 것은 회피한 것이나 다름없다는 것이었어요. 집요한 탄핵 상소 끝에 결국 유성룡은 영의정 자리에서 물러나게 되었어요.

반대파의 공격은 여기서 그치지 않았어요. 큰 죄를 지었으니 삭탈관작削奪官爵을 해야 한다는 것이었어요. 벼슬을 빼앗을 뿐만 아니라 벼슬아치의 명부에서 그 이름을 영원히 지워버려야 한다는 것이었죠. 그러면서 유성룡이 자신의 위세를 이용해 남인이라는 붕당을 만들고, 간사한 지혜로 일본과의 화의를 주창했다는 죄목을 덧붙였어요. 선조는 결국 그 요구를 받아들여 유성룡을 삭탈관작시켜 버렸죠.

그런데 소식을 들은 백성들이 난리가 난 거예요. 유성룡은 영의정뿐만 아니라 군대를 총괄하는 도체찰사의 역할도 맡아 불철주야 전장을 누볐거든요. 영의정으로서 호의호식하지 않고 누구보다 청렴했음을 백성들이 다 알고 있었던 거예요. 뿐만 아니라 전란 속에서 힘겨워하는 가난하고 어려운 백성을 보듬으려 노력했어요. 여론이 흉흉하게 돌아가기 시작했지요. 유성룡이 아니라 그처럼 청렴결백한 사람을 탄핵하는 사람들이 사악한 자들이라는 여론이 형성된 거예요.

유성룡의 탄핵을 밀어붙인 사람들은 큰일났다 싶었겠지요. 선조도 전전긍긍해야 했어요. 오랜 전쟁 탓에 자신에 대한 민심이 좋지 못했거든요. 이때 총대를 메고 나온 게 백사 이항복이에요. 백성들의 사면 요구를 받아 중재에 나선 거예요. 유성룡의 삭탈관작은 취소되었어요. 사면 복권이 이루어진 거죠.

영의정에서 파직된 유성룡은 이미 고향으로 내려가 있었어요. 정치에 환멸을 느낀 그는 복권되었음에도 불구하고 다시는 관직을 맡지 않았어요. 조정에서 여러 차례 불렀지만 고향에 은둔한 채 《징비록》을 집필하는 등의 일로 소일했어요. 몇 년 후 유성룡이 죽었을 때 한양 도성의 수많은 백성들이 그의 옛 집터에 모여들어 애도했다고 해요. 이 같은 백성들의 사랑과 요구가 있었기에 유성룡은 삭탈관작 직후에 바로 사면될 수 있었던 거예요.

인목대비는 살아서, 송시열은 죽어서 복권되다

정치적인 요인에 의해 사면 복권이 이루어진 사례도 많이 있어요. 왕실과 관련된 것으로는 인목대비 같은 경우를 들 수 있지요. 인목대비는 선조의 계비였죠. 광해군이 세자로 있을 때 영창대군을 낳는 바람에 정쟁에 휘말리게 되었어요. 광해가 임금이 되고 나서 역모사건이 일어납니다. 역모를 꾀하던 자들이 영창대군을 새 임금으로 옹립하려 했다고 실토했거든요. 영창대군은 강화도 유배에 처해졌다가 결국 죽임을 당하고 말았어요. 인목대비는 폐위된 몸으로 서궁에 갇혀 살아야 했어요.

그런데 반전이 일어납니다. 인조반정이 일어난 거예요. 광해가 쫓겨나고 인조가 왕이 되었죠. 인목대비는 복위되어 대왕대비가 되었어요. 정치적 상황 변화에 의해 사면 복권이 이루어진 전형적인 경우입니다. 철저히 정치적인 이유에 의한 사면인 거죠.

정치적인 사면의 대표적 사례로는 우암 송시열을 들 수 있을 거예요. 송시열이 속한 노론이 정권을 잡으면서 자동 사면이 이루어졌죠. 송시열은 노론의 영수였거든요. 노론을 중심으로 그를 따르는 무리들이 많아 나중에는 송자宋子라고까지 불렸어요. 공자, 주자 반열로 받들어진 거예요.

송시열은 숙종 때 사약을 받고 죽었어요. 숙종이 장희빈과의 사이에서 아들을 낳게 됐죠. 그때까지 숙종에게는 아들이 없었어요. 기쁜 나머지 숙종은 장희빈이 낳은 아들을 원자로 책봉하려고 했어요. 태어난 지 백 일도 안된 때였어요. 결국 원자로 책봉되고, 나중에 경종 임금이 되었죠.

원자로 책봉되면 특별한 일이 없는 한 대부분 세자로 책봉되고, 자연스럽게 국왕이 되는 거예요. 그것이 일반적인 관례이거든요. 그래서 후궁이 낳은 아들은 웬만해서는 원자로 책봉하지 않는 게 일반적이에요. 그런데 숙종이 장희빈을 너무 사랑했고, 또 둘 사이에 낳은 아들이 너무 예뻐서 바로 원자로 책봉했던 거죠.

원자를 책봉하는 과정에서 송시열은 숙종의 처사가 잘못된 것이라고 심하게 반대했어요. 숙종은 원자 책봉이 이미 끝났는데 원로 정치인이 정국을 어지럽게 만든다고 분개하였어요. 사사건건 왕권에 맞서는 송시열에 대해 숙종은 좋지 않은 감정을 가지고 있었거든요. 그래서 제주도로 유배를 보냈는데, 송시열을 따르는 무리들이 계속 상소를 올리는 거예요. 숙종은 친히 국문을 열겠다며 송시열을 한양으로 압송하라고 했어요. 송시열은 한양으로 올라오던 도중에 사약을 받고 죽었죠.

그런데 몇 년 후에 갑술환국이라고 하는 정치적 사건이 일어납니다. 노론이 다시 정권을 잡게 된 거예요. 남인을 몰아내고 정권을 장악한 노론은 자기들의 사상적 영수인 송시열을 복권시키게 되죠. 백성들의 이해와는 아무 상관이 없는, 철저히 당파적 입장에 의한 정치적 사면이었어요.

친일파 이완용, 조선의 주체성을 주장한 윤휴를 사면하다

마지막으로 다른 사례를 하나 이야기하려고 합니다. 어떻게 이해해야 할지 다소 혼란스러운 사면이라고 할 수 있어요. 1907년에 일제에 의해 고종이 황제의 자리에서 강제로 물러나고, 그의 아들인 순종이 황위에 오르거든요. 곧바로 정미7조약이 체결되고 대한제국의 군대가 해산되죠. 식민지화의 길이 착착 진행되고 있었던 거예요.

이때 우리나라 국가의 수반은 순종이지만, 당시 권력의 최고 우두머리는 이완용이라고 할 수 있어요. 물론 당시 조선 통감으로 있던 이토 히로부미 같은 일본인을 제외한 속에서 하는 이야기예요. 이완용은 그때 의정부 참정대신 자리에 있었어요. 순종이 황위에 오른 다음 이완용은 아주 특별한 사면을 주도합니다. 조선시대에 역적으로 몰리거나 정쟁에 휘말렸다가 그때까지 신원되지 못한 사람이 대상이었어요.

사면된 사람 중에는 백호 윤휴라는 사람이 있었어요. 윤휴는 공자의 학문을 조선 선비 시각으로 해석하겠다며 주체성을 강조했던 사람이에요. 송시열에 의해 사문난적으로 몰려 처형당했죠. 우리 역사에서 가장 진보적인 선비라고 할 수 있어요. 이완용이 윤휴 같은 사람을 사면한 데는 다 정치적 이유가 있었어요.

우암 송시열은 뿌리 깊은 보수주의자이고 사대주의자였어요. 송시열의 학통이 그대로 이어져서 위정척사운동으로 가는 거예요. 위정적사운동은 가장 보수적인 틀 속에서 개화를 반대하고 외세를 반대하는 운동이었거든요. 우암 송시열의 학통이 화서 이항로로 이어지고, 다시 면암 최익현으로 이어졌어요. 한말의 의병 투쟁은 이 위정척사운동을 중심으로 이루어졌던 거예요. 결국 위정척사운동을 중심으로 반일운동이 벌어지고 있었던 거죠.

이완용도 노론이었거든요. 그 역시 거슬러 올라가면 우암 송시열과 연결되는 거죠. 그런 이완용이 송시열과 대립했던 윤휴를 사면한 이유는 무엇일까요? 그것은 바로 자신의 정치적 입지 때문이었던 거죠. 자신이 위정척사파와 대척점에 서 있었기 때문에 위정척사파 학통의 뿌리 송시열에 의해 박해 받은 윤휴를 소환했던 거예요. 윤휴를 복권시킴으로써 결국 친일파를 옹호하고자 했던 거예요. 윤휴처럼 자신이 주체주의자다, 자신의 행동은 사실 우리나라를 온전히 하기 위한 거라는 논리였죠.

고종이 폐위되고 난 다음 수만 명의 군중이 덕수궁으로 몰려가 이완용의 매국행위를 규탄하였어요. 성난 민심이 들끓으며 이완용이 그 표적이 되었던 거예요. 이완용은 처세술에 뛰어나고 머리가 잘 돌아가는 사람이었거든요. 그가 주도한 사면이 단순한 사면으로 읽히지 않는 이유입니다.

박정희가 이순신을 영웅으로 만드는 일을 했지 않습니까? 만주 군관학교를 나와 일본군 장교를 지낸 박정희가 왜적을 물리친 이순신 장군을 앞세운 이유가 뭐겠어요. 이순신 장군의 이미지를 자기한테 투영함으로써 친일 딱지를 떼려고 했던 거죠. 이완용이 윤휴 같은 사람을 사면한 것과 같은 맥락을 느낄 수 있죠.

자기의 이미지를 바꾸고 말도 안되는 거짓말을 늘어놓기 위해 자기의 정통성을 백성들이 존중하는 옛사람에게 갖다 붙이는 일이 있는 거예요. 그런 사람들을 사면함으로써 자신이 그 후계자이고, 그러니 자기를 따라야 한다는 가짜 논리를 만들어내는 거죠. 그런 터무니없는 사면이 실제의 역사 속에 존재했던 거예요.

소서노가 선택한 도시,
천박한 서울

천박한 도시 서울의 민낯

오늘의 주제는 서울 이야기입니다. 끝을 모르고 오르는 집값 때문에 집이 없는 사람들, 그리고 청년들의 상실감이 크죠. 사람이 인격으로 평가되어야 하는데, 사는 동네며 집값으로 평가되고 있지 않습니까? 비극적인 거죠. 서울이 참 오래된 도시 아닙니까? 조선시대부터만 따져도 수도로서 6백 년이 넘은 거예요. 하지만 오래된 도시의 흔적을 찾기는 쉽지 않아요. 개발이랍시고 콘크리트만 갖다 들이부은 거죠. 안타깝게도 참으로 천박한 도시가 되고 말았어요.

집 한 채에 수십 억 원씩 하는 말도 안되는 일이 서울에서 벌어지고 있어요. 더 이상 물질만능주의가 판을 치고, 천박한 사람들이 살아가는 도시로 만들어서는 안되겠죠. 서울에 대해 좀 더 자긍심을 가졌으면 좋겠어요.

서울 강남은 원래 우리나라 백제의 수도 자리거든요. 옛 서울을 이야기할 때 많은 사람들이 경복궁이다, 종로다, 남대문이다 하는 지역을 떠올릴 거예요. 하지만 서울의 시작은 잠실 롯데월드 있는 곳이에요. 석촌호수 옆으로 몽촌토성이 있고, 서울아산병원 뒤쪽에는 풍납토성이 자리하고 있거든요. 바로 그 지역이 서울의 역사가 시작된 곳이에요. 이 지역이 백제의 수도가 되는 과정을 이해하기 위해서는 고구려 초기의 역사부터 시작해야 돼요.

석촌호수 일대가 석촌동인데요, 그곳 고분군 때문에 붙여진 이름이에요. 석촌石村이라는 말은 말 그대로 돌이 많은 동네라는 의미죠. 그 지역의 옛 무덤들이 돌을 쌓아 만든 무덤이거든요. 돌로 쌓은 무덤을 적석총積石塚이라고 부르는데, 석촌동 고분군은 적석총으로 이루어져 있어요.

만주 압록강변에 있는 고구려 광개토대왕릉이나 장수왕릉은 다 적석총이에요. '적'積은 '쌓는다'는 뜻이고, '총'塚은 무덤이에요. 왕릉이라 하더라도 무덤의 주인공이 누군지 모를 때는 '총'이라고 붙이는 거예요. 장수왕릉도 예전에는 장군총이라고 불렀죠. 무덤의 주인공이 누군지 몰랐거든요. 연구조사를 통해 장수왕의 무덤임이 밝혀진 다음부터는 장수왕릉이라고 부르게 됐죠.

석촌동에는 백제 초기 왕들의 무덤이 있는 거예요. 어느 무덤이 어떤 왕의 것인지는 불분명한 상태예요. 어쨌든 돌로 쌓은 무덤이 잔뜩 있기 때문에 그 지역을 석촌동이라고 부르게 됐죠. 그럼 그 무덤의 주인공들은 어디에서 왔을까요? 그걸 알기 위해서는 저 멀리 고구려 이전의 부여 시대까지 거슬러 올라가야 됩니다.

고대국가 부여에서 시작되는 2천 년 서울 역사의 뿌리

부여는 압록강 너머 북쪽에 자리하고 있던 나라예요. 그곳에 우리나라 역사상 가장 아름다웠던 여인이 살고 있었어요. 물론 아름다운 여인은 많이 있었지요. 조선시대의 황진이나 계월향 같은 사람이라든지 고려의 기황후도 미인으로 소문이 났어요. 그걸 비교할 수는 없는 거죠. 어쨌든 우리나라 역사에서 가장 아름다운 여인으로 처음 등장하는 사람은 유화 부인이에요.

백두산에서 서쪽으로 흘러가는 강은 압록강이고, 동쪽으로 흘러가는 강은 두만강 아닙니까? 북쪽으로 흘러가는 강은 송화강이에요. 송화강 일대를 다스리던 하백이라는 사람이 있었어요. 전설에는 강의 신으로 나와요. 그 하백의 딸이 유화예요.

어느 날 유화가 시녀들하고 강가를 거닐고 있었어요. 그 모습이 얼마나 아름다웠겠어요. 그때 한 젊고 잘생긴 남자가 유화의 눈앞에 나타난 거예요. 아리따운 유화의 모습에 반한 해모수는 자기를

                                    스물네 번째 이야기

하늘신의 아들이라고 소개했어요. 유화도 잘생긴 해모수에 마음이 끌렸죠. 그래서 두 사람이 사랑을 나누게 됩니다.

해모수는 다른 지역에서 온 사람이었어요. 송화강 일대에서 뭔가를 해보려고 왔겠죠. 그러다가 유화를 만나게 된 거예요. 유화가 아버지 몰래 해모수를 만났는데 덜컥 임신을 하게 되었어요. 점점 배가 불러오는 바람에 아버지 하백에게 들키고 말았죠. 유화가 자초지종을 이야기했지만 하백은 해모수를 받아들이지 않았어요. 그런 상황이면 해모수가 냉큼 달려와 따님을 사랑하니 결혼하게 해달라고 매달려야 정상이죠. 그런데 해모수가 사라져버린 거예요. 아마도 유화를 꼬드겨서 하백의 사위가 되면 자기도 큰 세력을 가질 수 있겠다 싶었는데, 하백이 허락을 하지 않으니까 그곳에서는 더 이상 미래가 없다고 생각했을 수 있지요.

유화는 아버지에게 버림받고 사랑하는 남자에게도 버림받는 신세가 되고 말았어요. 하백도 처녀가 아이를 가졌다며 유화를 내쫓아버렸거든요. 크게 상심한 유화는 실성한 듯이 정처 없이 숲속을 걷고 있었죠. 그 모습을 사냥을 나왔던 부여의 금와왕이 본 거예요. 금와왕은 유화를 자신의 궁궐로 데려갔어요.

금와金蛙라는 이름은 '금빛 개구리'라는 뜻이거든요. 금와왕의 아버지는 부여의 왕 해부루였어요. 역사학계에서는 해부루의 아들이 금와도 있고 해모수도 있었다고 봅니다. 해부루가 후계자로 금와를 선택하자, 해모수가 자기의 세력을 얻기 위해 돌아다니다가 유화에게 접근한 걸로 보는 거죠. 하지만 《삼국유사》에 의하면 해부루에게는 늦도록 아들이 없었다고 해요. 산천에 제사를 지내며 아들을 점지해달라고 빌었는데, 어느 날 타고 가던 말이 큰 돌 앞에 서서 눈물을 흘리는 거예요. 이상하게 여겨 그 돌을 들추어보니, 금빛 개구리 모양의 어린아이가 있었어요. 해부루는 하늘이 자기에게 자식을 주었다고 생각해 데려다 자기 아들로 삼았죠. 금와라고 이름 짓고 장성한 다음에 왕위를 물려주었다고 해요.

금와왕이 유화를 궁궐에 데리고 와 자초지종을 물으니 하백의 딸이라는 거예요. 그 후 유화는 금와왕의 궁궐에서 살게 되었어요. 시간이 흘러 유화가 출산을 하게 되었는데, 신기하게도 알을 낳은 거예요. 이런 걸 난생설화라고 하죠. 신라 김씨 왕들의 시조인 김알지도 알에서 태어났고, 가락국을 세운 박혁거세도 알에서 태어났지 않습니까? 하늘이 점지해준 사람이라는 것을 강조하기 위해 신비로운 탄생신화를 만든 거죠.

상서롭지 못한 일이라고 생각한 금와왕은 알을 갖다가 길거리에 버리라고 했어요. 길에다 버리면 밟아서 깨질 거라고 생각한 거죠. 하지만 소나 말이 알을 피해 다니는 거예요. 다시 들판에 버렸더니 새들이 와서 품어 주었다고 해요. 그래서 알을 유화에게 돌려주었어요. 그 알 속에서 사내아이가 태어났죠. 그 아이가 바로 주몽이에요.

우리나라 역사 제1호 벤처는 주몽

　자라나면서 주몽은 아주 비범했는데 특히 활을 잘 쏘았어요. 당시 부여 사람들은 활을 잘 쏘는 사람을 주몽이라고 불렀어요. 주몽이 사실은 보통명사인 셈이죠. 사람이 특출나면 시기 질투를 받기 마련 아닙니까? 무엇보다 금와왕 아들들의 견제가 심했어요. 대소태자는 자기의 자리를 빼앗길까봐 주몽을 죽이려고 했어요.

　위험을 느낀 주몽은 그곳을 탈출하게 됩니다. 주몽은 어머니 유화부인에게 인사를 드린 다음 오이, 마리, 협보 3명의 부하를 데리고 서둘러 길을 나섰어요. 주몽이 탈출하고 있다는 소식을 들은 대소는 군사들을 이끌고 주몽의 뒤를 쫓았어요. 정신없이 쫓기고 있는데 큰 강이 앞을 가로막은 거예요. 일촉즉발의 위기였죠. 이때 주몽이 하늘을 향해 소리칩니다.

　"나는 하늘의 신 천제의 손자이며, 물의 신 하백의 외손자다."

　그러자 놀라운 일이 벌어졌어요. 물 속의 자라며 온갖 물고기들이 몰려들어 다리를 만들어준 거예요. 네 사람은 가까스로 강을 건널 수 있었죠. 〈출애급기〉에서 홍해가 갈라지면서 모세 일행이 이집트를 탈출한 것과 같은 이적이 일어났던 거예요. 주몽 일행이 강을 건너자마자 물고기들은 강물 속으로 사라졌지요. 허무맹랑한 이야기이지만, 위인 앞에는 이런 그럴 듯한 전설이 붙는 법이죠.

　부여를 탈출한 주몽 일행은 졸본이라는 곳에 이르렀어요. 주몽은 거기서 한 여자를 만납니다. 소서노라는 여자예요. 〈주몽〉이라는 드라마에서는 젊고 예쁜 여인으로 나왔지만, 소서노는 이미 두 아이의 어머니였고 주몽보다 열다섯 살 정도 나이가 많은 삼십대 중반이었어요. 주몽은 소서노를 만나 일약 졸본 지역의 중심인물이 되는 거죠.

벤처라는 말이 있죠. 벤처 기업이라고 할 때의 벤처 말이에요. 그 말의 어원은 십자군전쟁 때 나온 말이라고 해요. 십자군전쟁 때 많은 영주들이 전쟁에 나갔지 않습니까? 전쟁에 나갔다가 죽은 영주들이 많이 있겠지요. 영주는 한 지역을 다스리는 거의 왕과 같은 존재들인데요. 영주가 죽었으니 그 부인들은 과부가 되어 외롭게 지낼 거 아니에요. 십자군전쟁에서 살아 돌아온 기사들이 있지 않겠습니까? 그들 중에 잘생기고 무예 실력이 출중한 기사들이 영주 부인을 꼬드겨서 새로운 영주가 된 경우가 많이 있었다고 해요. 맨 몸뚱이 외에는 아무 것도 가진 게 없던 사람들이 하루아침에 영주가 된 거예요. 이 사람들을 벤처라고 했어요. 벤처는 한방에 모든 것을 갖게 된 사람이에요. 이런 의미에서 우리나라 역사 제1호 벤처는 주몽이었다고 생각합니다.

주몽은 부하 몇 명 외에는 아무것도 가진 게 없었거든요. 그에 비해 소서노는 우태라는 남자의 부인이었는데, 우태는 그 지역의 정치 지도자였어요. 고조선의 회복을 위해 한나라와 벌인 전쟁에서 죽었죠. 우태 이야기는 광개토대왕비문에도 나와요. 우태가 죽는 바람에 소서노 혼자서 그 지역을 다스리고 있었어요. 게다가 소서노의 아버지는 연타발이란 사람인데, 졸본 지역의 최고 실력자였어요. 연타발은 원래 상인이었어요. 보통 상인이 아니라 동아시아 일대를 누비고 다니던 상인 세력의 우두머리였던 거예요. 그런 거상들은 물품의 유통 상권을 장악하고 있을 뿐 아니라 정보력도 굉장히 뛰어나죠. 연타발에게는 자식이 소서노밖에 없었거든요. 그래서 연타발의 재력과 상권, 정치적 영향력까지 소서노가 다 물려받은 거예요. 또 연타발처럼 카리스마 넘치는 사람이 소서노의 뒤에서 든든한 후견인의 역할을 하고 있었죠.

소서노는 한마디로 그 지역을 다스리던 여주女主였어요. 군왕에 버금가는 존재였던 거예요. 단재 신채호는 소서노를 우리나라 역사상 최고의 여인이라고 평했거든요. 단재는 근대 들어 우리나라 고대사 연구를 가장 먼저 한 사람이에요. 소서노에 관한 기록도 단재가 다 기록해놓았어요. 직접 졸본과 집안 같은 만주 일대를 돌아다니면서 체계적으로 정리한 거예요. 이제부터 살펴보겠지만 소서노는 고구려와 백제 두 나라를 세운 중심인물이에요. 여자로서 나라를 세운 사람은 우리나라 역사에서 소서노가 유일해요.

소서노: 우리 역사에서 나라를 세운 유일한 여성

이런 소서노 앞에 주몽이 나타난 거예요. 주몽은 나이는 어렸지만 훤칠하게 잘생긴데다 활솜씨를 비롯한 무예가 뛰어나고 총명한 젊은이였어요. 주몽을 본 소서노는 주몽과 나이를 뛰어넘는 사랑을 하게 됩니다. 주몽이 먼저 접근했을 수도 있고, 다분히 정략적일 수도 있어요. 하지만 분명한 것은 소서노처럼 지역 기반과 재력을 지닌 지도자가 주몽의 능력을 알아보고 선택했다는 거예요. 소서노가 얼마나 적극적인 여성이었는지 알 수 있는 거죠.

주몽은 소서노가 다스리던 지역의 작은 나라를 고구려라는 큰 나라로 발전시킵니다. 소서노의 재력과 헌신적인 뒷받침을 받아 이룬 거였어요. 주몽은 고구려의 초대 왕이 되고 소서노는 초대 왕비가 되었지요. 《삼국사기》에도 소서노가 고구려를 건국하는 데 주몽을 크게 도와주었다는 이야기가 나옵니다. 주몽도 소서노의 아들인 비류와 온조를 자기 자식처럼 대했죠.

그런데 주몽이 배신을 때린 거예요. 슬쩍 자기 고향에 사람을 보낸 겁니다. 소서노와 결혼하면서 총각이라고 둘러댔지만, 주몽에게는 이미 결혼한 여인이 있었어요. 예씨라는 여인이었어요. 주몽이 급하게 부여 땅을 떠나올 때 예씨 부인은 자신이 임신했다는 사실을 알려주었어요. 그러자 주몽은 아들을 낳거든 자신이 숨겨둔 신표를 찾아 자기를 찾아오라고 일러둡니다. 자기가 자리를 잡으면 연락을 주겠다는 약속도 하고, 두 부부가 밤새 눈물을 흘리면서 헤어졌겠죠. 그러다가 고구려의 왕이 되고 보니까 첫 번째 부인과 뱃속의 자식 생각이 났던 거예요.

부여에 남겨진 예씨 부인은 홀로 아이를 낳았어요. 이름을 유리라고 지었는데, 이 아이가 아주 짓궂은 개구쟁이로 큰 거예요. 유리는 아버지를 닮아 굉장히 활솜씨가 뛰어났다고 해요. 하루는 새총을 가지고 놀다가 장난기가 발동해 어느 부인이 머리에 이고 있던 물항아리에 구멍을 낸 거예요. 물이 줄줄 새게 되었죠. 화가 난 여인이 '애비 없이 자란 놈'이라고 꾸짖었어요. 유리는 진흙으로 구슬을 만든 다음 새총을 다시 쏘아 구멍 난 곳을 메웠다고 하니, 그 솜씨를 알 만하죠. 씩씩거리며 집에 돌아온 유리는 자기는 왜 아버지가 없느냐고 어머니한테 따져 물었어요.

예씨 부인이 사실은 고구려를 세운 주몽이 아버지라고 자초지종을 이야기해주었어요. 그리고 아버지를 만나러 가기 위해서는 아버지가 숨겨놓은 신표를 찾아야 하는데, 일곱 모가 난 바위 위의 소나무 밑에 증표를 숨겨 두었다는 주몽의 말을 전했어요. 그 때부터 유리는 일곱 모가 난 바위를 찾기 위해 온 산을 뒤지고 다녔어요. 하지만 도무지 그런 모양의 돌은 찾을 수가 없었어요.

그러던 어느 날이었죠. 산과 들을 누비고 다니다가 집에 돌아와 마루 위에 철퍼덕 주저앉았어요. 넋이 나간 듯이 앉아 있는데 마루 옆의 주춧돌이 눈에 들어온 거예요. 자세히 보니 주춧돌의 생김새는 일곱 모가 분명했어요. 또 주춧돌 위에는 소나무로 만든 기둥이 세워져 있었어요. 주춧돌과 기둥 사이의 틈으로 손을 집어넣었더니 녹슨 칼이 잡혔어요. 절반으로 부러진 칼이었죠. 신표가 틀림없었어요.

유리와 예씨 부인은 그 칼을 가지고 주몽을 찾아갔어요. 그러자 주몽은 기쁨에 겨워 유리를 태자로 삼아버렸어요. 소서노는 얼마나 황당했겠어요. 심한 배신감을 느꼈죠. 자신의 아들이 왕위를 잇지 못한다는 생각은 해본 적도 없을 것 아니겠습니까? 난데없이 눈 뜨고 나라를 통째 빼앗기는 상황이 벌어진 거예요.

그런 속에서도 소서노는 침착했어요. 그리고 결단을 내리죠. 주 몽에 맞서 싸우기로 하면 상황을 되돌릴 수도 있었을 거예요. 실질 적으로 그 지역의 지도자는 소서노였거든요. 새로운 나라를 창업 하는 결정적인 힘도 주몽이 아니라 소서노한테서 나왔죠. 주몽이 비록 왕이라 하더라도 지역 기반이 없는 주몽의 세력이 얼마나 되 겠어요.

소서노의 남행과 백제의 건국

소서노는 아무도 예상하기 어려운 결정을 내립니다. 그래 당신 들은 여기 살아라, 우리는 더 좋은 데로 가서 다시 새로운 나라를 만들겠다 한 거예요. 앞서도 이야기했지만 소서노는 아버지 연타 발이 획득해둔 엄청난 정보력을 갖고 있었어요. 그래서 한반도나 만주 일대에서 가장 이상적인 땅을 찾은 거예요. 소서노가 가장 이 상적인 땅으로 낙점한 곳이 어디겠습니까? 바로 아리수, 지금의 한 강변이었어요.

아리수 지역은 큰 강이 흐르고 강 옆으로 넓은 들판이 펼쳐져 있죠. 아리수 뒤쪽으로는 큰 산이 자리하고 있어 외부의 침입을 막기에 좋은 환경을 갖추고 있어요. 인간이 거주하기에 아주 이상적인 곳이라고 할 수 있어요. 겨울이 너무너무 추운 졸본 지역에 비해 아리수 유역은 기후 환경도 훨씬 쾌적한 곳이죠.

소서노는 또 다른 창업국가를 만들 생각으로 자신의 두 아들과 자기를 따르는 무리를 거느리고 남쪽으로 내려온 거예요. 이들이 도착한 곳은 오늘의 잠실 일대예요. 석촌동, 풍납동 지역에 터를 잡았죠. 그 지역에도 이미 일찍부터 사람들이 거주하고 있었어요. 암사동 선사유적지를 통해서도 알 수 있는 사실이지요. 북쪽에서 이주해온 소서노 집단은 철기문명을 갖고 있는 사람들이었어요. 강력한 힘을 가지고 있기 때문에 큰 어려움 없이 새로운 나라를 세울 수 있었죠.

당시의 흔적으로 가장 잘 보존되어 있는 것은 무덤이에요. 무덤을 통해서도 그들이 누구이고 어디에서 이주해온 사람들인지 알 수 있는 거죠. 장례문화 같은 것은 쉽사리 잘 변하지 않고 오래 지속되기 때문이에요. 처음에 나라 이름을 십제라고 했거든요. 십제라는 이름이 백제로 바뀌었는데, 이름에서부터 나라가 커지고 국력이 신장되었음을 알 수 있지 않습니까? 소서노를 따라온 신하들, 특히 귀족 신분의 사람이 죽으면 그들의 뿌리인 부여의 장례문화에 따라 무덤을 축조했거든요. 초기의 왕들이 죽어도 마찬가지였어요. 그래서 석촌동 지역에 돌로 쌓은 적석총이 많이 만들어진 거죠. 그리고 왕성인 풍납토성을 쌓고 그 옆에 더 규모가 큰 몽촌토성도 쌓았어요.

풍납동 일대의 자연환경을 살핀 소서노는 그곳에 터를 잡자고 했어요. 온조는 어머니의 말을 따랐죠. 그래서 그곳에 위례성을 쌓고 도읍으로 정한 거예요. 소서노의 큰아들 비류는 생각이 달랐어요. 그는 자신의 부하들과 함께 지금의 인천인 미추홀에 정착하거든요. 아마도 북쪽 고향과의 교류나 무역, 소금 생산 같은 요인이 작용했겠지요. 하지만 미추홀은 농토가 부족한데다 땅에 소금기가 높아 농사짓기에 적합하지 않았어요. 그래서 결국 미추홀 세력은 위례성으로 합류하게 됩니다. 소서노가 세상을 뜬 다음에 온조는 백제의 명실상부한 지도자의 자리에 오르고, 백제라는 나라가 후대로 이어지게 되지요.

서울 풍납토성.

서울 강남은 백제 수도 하남 위례성의 옛터

이처럼 오늘의 서울이 원래 시작되었던 곳은 바로 한강 남쪽의 잠실 일대였어요. 보통 서울이라고 하면 다 조선시대를 떠올리죠. 한양 도성의 사대문 안쪽을 서울의 출발지로 생각하는 거죠. 그러나 지금의 확장된 서울이 우리 역사에서 최초로 수도 역할을 한 것은 이미 백제 초기부터였던 거예요. 그 당시 백제의 수도를 하남 위례성이라고 불렀어요. '하남'河南은 한강의 남쪽이라는 의미예요. '위례'는 울, 울타리에서 유래하였다는 설이 있는데, 성곽을 뜻하는 거죠. 한강의 남쪽 지역에 큰 울타리, 큰 성을 쌓았다고 해서 하남 위례성이라고 불리게 되었다는 거예요.

몽촌토성 옆에는 석촌동 고분과 다른 형태의 무덤들이 자리하고 있어요. 방이동고분이라고 부르거든요. 방이동 무덤군은 널방무덤이라고 불려요. 북쪽에서 내려온 세력이 한강 유역에 정착한 다음 차츰 그 지역에서 독자적인 문화를 만들어갔음을 알 수 있는 거죠.

한강 남쪽은 마한 지역이거든요. 50여 개의 작은 나라들이 제각기 터를 잡고 있었어요. 백제는 그들 작은 나라를 복속해가기 시작합니다. 당시 마한 지역에서 가장 힘이 센 나라는 지금의 천안인 직산 일대를 무대로 한 목지국이었어요. 목지국을 제압함으로써 백제는 마한 전체를 세력권에 넣게 되었죠. 고대국가의 토대를 마련한 백제는 근초고왕 때 최전성기를 맞았어요. 평양까지 진출한 근초고왕은 고구려의 고국원왕을 죽이고 오늘의 황해도 일대의 땅을 백제의 영토로 만들었거든요.

　백제에 당한 패배를 갚아준 고구려 왕이 광개토대왕이에요. 광개토대왕은 신라를 자기편으로 끌어들인 다음 백제를 공격해 자기 할아버지 고국원왕의 원수를 갚았어요. 백제는 많은 땅을 빼앗겼어요. 더 결정적인 것은 장수왕의 침입이었어요. 평양으로 수도를 옮기고 대대적인 남진정책을 편 장수왕의 공격 앞에 백제의 왕성이 함락되고 말았거든요. 개로왕마저 죽임을 당하자 백제는 수도를 지금의 공주인 웅진으로 옮기게 됩니다. 이때부터 백제의 웅진·사비 시대가 시작되는 거예요. 웅진·사비 시대는 2백 년이 채 못되는 기간임에 비해, 《삼국사기》의 기록에 따르면 한성시대는 5백 년 가까이나 되는 거죠.

강남 개발은 유신정권과 건설업자 야합의 산물

　서울 강남 지역은 이렇듯 오랜 역사를 가지고 있고, 한반도 역사에서 중요한 역할을 했던 곳이에요. 일제강점기부터 확장되기 시작한 서울의 영역이 해방후 더욱 팽창하면서 강남 지역은 1960년대 초에 서울로 편입이 되었죠. 박정희 정권 때인 1970년대부터 강남 지역에 부동산 광풍이 몰아치기 시작했어요.

　박정희 정권의 실세들이 헐값에 사들인 땅에 도시개발계획을 세운 거예요. 여기에 건설업자들이 야합하게 되는 거죠. 1970년대의 한국 경제발전이라는 게 건설 경기에 올라탄 형국이었거든요. 땅값이 천정부지로 오르고, 정보를 선점하고 있던 사람들은 일확천금을 쥐게 되었어요. 강남 개발은 한마디로 유신정권과 건설업자들의 야합을 통해서 이루어진 거예요. 짧은 시간에 인구가 늘고 시가지가 팽창하는 바람에 강남, 송파, 서초 하는 형태로 행정구역이 나뉘게 되었죠.

강남 개발을 성공시키기 위해 정권이 동원한 전략의 하나는 명문 고등학교를 이전시키는 거였어요. 서울 도심에 있던 전통 있는 고등학교를 대거 강남 지역으로 보내버렸어요. 그 결과 강남이라는 교육특구가 형성된 거예요. 우리 한국사회의 가장 큰 병폐 중의 하나는 지나친 교육열이에요. 그 결과 대학의 서열화가 고착화되어버렸죠. 강남 일대에 명문 고등학교들이 모이고, 그곳 명문 고등학교에 보내기 위해 학원이 밀집하게 되고, 어려서부터 좋은 학원에 보내야 한다며 사람들이 몰려들고, 그래서 집값이 폭등하는 기현상이 생긴 거예요.

이런 시스템 속에서는 부동산 정책만으로 집값을 잡기는 어려워요. 하지만 의외로 해법이 간단할 수 있어요. 대학을 평준화하는 거예요. 그리고 서울대를 지방으로 이전해야 돼요. 그렇게 하지 않고서는 공공기관을 지방으로 이전해봤자 큰 성과가 나오기 힘들어요. 서울대를 이전하고 국립대학을 전부 평준화해서 대학입시를 입학자격시험제도로 바꾸는 거예요. 사립대학의 문제도 큰데요. 전 세계적으로 우리나라 사립대학의 비율이 월등히 높아요. 공영

형 사립대학을 확대해 대학의 운영을 투명하게 바꿔야 돼요. 그래야 사학비리가 근절될 수 있어요. 우리나라 사학재단의 다수를 정치인이 운영하고 있거든요. 정치인들과 연결되어 있는 재단도 많고요. 사학개혁이 이루어질 수 없는 구조인 거죠.

대학의 서열화를 없애고 평준화해야 서울의 집값을 잡을 수 있어요. 집 없는 서민들의 시름을 덜고 내집 마련의 꿈도 살려줄 수 있는 거죠. 부동산 불로소득으로 수십억 원을 벌어들이는 사람이 있고, 너도 나도 부동산투기에 매달리는 곳이 어찌 천박한 도시가 아니겠어요. 집값으로 사람이 평가되는 비극적 현실이 안타까울 뿐입니다. 기원후 2천 년의 역사에서 서울이 수도로 역할했던 기간이 무려 1천여 년에 이릅니다. 자랑스러운 오랜 역사만큼이나 서울이 좀 더 품격 있는 도시가 되기를 바라는 마음 간절합니다.

이미지 출처

16쪽   위키피디아

21쪽   《일본역사사진첩》(위키피디아)

26쪽   위키피디아

33쪽   위키피디아

43쪽   국립한글박물관(문화재청)

49쪽   위키피디아

52쪽   문화재청

58쪽   수원화성박물관

64쪽   국립중앙박물관

77쪽   위키피디아

82쪽   수원화성박물관

85쪽   (주)쇼박스

99쪽   문화재청

105쪽   문화재청

111쪽   문화재청

121쪽   국립고궁박물관(문화재청)

131쪽   위키피디아

142쪽   국립중앙박물관

144쪽   국립중앙박물관

151쪽   독립기념관(위키피디아)

153쪽   문화재청

157쪽   문화재청

162쪽   Le Journal illustre 1895.10.8
        (위키피디아)

166쪽   《帝國畫報》(일본위키)

173쪽   《매일신보》1917.9.27(위키피디아)

184쪽   문화재청

187쪽   《북관유적도첩》(위키피디아)

192쪽   서울대학교 규장각한국학연구원
        (문화재청)

194쪽   부산시립박물관(문화재청)

206쪽   국립무형유산원(문화재청)

222쪽   충청북도 유형문화재(문화재청)

231쪽   위키피디아

240쪽   위키피디아

247쪽   문화재청

254쪽   문화재청

262쪽   국립중앙박물관

275쪽   〈화성원행의궤도〉(국립중앙박물관)

281쪽   〈화성능행도〉(국립고궁박물관)

287쪽   문화재청

292쪽   문화재청

314쪽   문화재청